普通高等教育"十一五"规划教材
普通高等院校数学精品教材

经贸数学
微积分

主　编　柳宿荣　梅家斌
副主编　袁泽政　陈晶晶
　　　　曹剑文　刘红玲

华中科技大学出版社
中国·武汉

内容简介

本书是为经管、经贸、财经类大专生所编写的数学教材,该教材共分上、下两册.本书是上册部分,内容包括函数、极限与连续、导数与微分、中值定理与导数的应用、不定积分、定积分共六章.

本书针对经管、经贸、财经类大专生数学知识相对薄弱的特点,在取材上以"必须、够用"为原则,同时注重结合专业特点,在选题上尽量与经济问题相结合,在教法上坚持"数学为人人"的理念,力求通俗、实用、生动、有趣.

对数学要求不高的其他专业的大专生也可使用本书.

图书在版编目(CIP)数据

经贸数学:微积分/柳宿荣　梅家斌　主编.—武汉:华中科技大学出版社,2009年7月
ISBN 978-7-5609-5476-9

Ⅰ.经… Ⅱ.①柳… ②梅… Ⅲ.①经济数学-高等学校-教材　②微积分-高等学校-教材
Ⅳ.F224.0　O172

中国版本图书馆 CIP 数据核字(2009)第 104570 号

经贸数学:微积分　　　　　　　　　　　　　　　　　柳宿荣　梅家斌　主　编

策划编辑:周芬娜
责任编辑:王汉江　　　　　　　　　　　　　　　　　　　封面设计:潘　群
责任校对:汪世红　　　　　　　　　　　　　　　　　　　责任监印:周治超
出版发行:华中科技大学出版社(中国·武汉)
　　　　　武昌喻家山　邮编:430074　电话:(027)87557437
录　　排:武汉佳年华科技有限公司
印　　刷:武汉中远印务有限公司
开　本:710mm×1000mm　1/16　　　印张:10.25　　　　　字数:190 000
版　次:2009年7月第 1 版　　　　　印次:2009年7月第 1 次印刷　　定价:17.00元
ISBN 978-7-5609-5476-9/F·486

(本书若有印装质量问题,请向出版社发行部调换)

前　言

　　本书是专为经管、经贸、财经类大专生量身定做的教材,其内容包括函数、极限与连续、导数与微分、中值定理与导数的应用、不定积分、定积分,共六章.

　　微积分是各类本、专科学生必修的一门重要基础课,它既是学习其他后续课程必备的基础和工具,同时又是专业技术人员素质教育的重要组成部分.

　　本教材是编者根据教育部高等学校大专经济类各专业微积分课程的基本要求,结合自己长期从事微积分教学与研究的经验编写而成的.针对经贸、经管、财经类大专生数学知识和训练相对薄弱的特点,本着"数学为人人"的理念,本书在内容的取舍上,不拘泥于追求理论上的完整性与系统性,而是按照"必须、够用"的要求.更多的是让学生去理解数学的思想,掌握数学的方法与运算技巧.

　　本书在编写过程中,始终结合学生的专业特点,利用数学方法解决经济问题,在各章中都列举了大量的经济应用例子及一些简单的数学模型,这也是本书的一大特色.这样有助于激发学生的学习兴趣,同时对提高学生解决实际问题的能力是大有裨益的.

　　全书语言流畅,内容深入浅出,通俗易懂,可读性强,形象直观,便于自学.

　　本套书由柳宿荣、梅家斌担任主编,由袁泽政、陈晶晶、曹剑文、刘红玲担任副主编.由于作者水平有限,错误和疏漏在所难免,恳请有关专家、同行及广大读者批评指正.

编　者

2009 年 4 月

目　录

第1章　函数 (1)
1.1　函数关系 (1)
1.1.1　常量和变量 (1)
1.1.2　函数的概念 (1)
1.1.3　函数的定义域 (2)
1.1.4　函数的表示法 (3)
1.1.5　函数的几种简单性质 (4)
1.2　初等函数 (6)
1.2.1　反函数 (6)
1.2.2　基本初等函数 (7)
1.2.3　复合函数 (10)
1.2.4　初等函数 (10)
习题 1 (11)

第2章　极限与连续 (13)
2.1　数列的极限 (13)
2.1.1　数列 (13)
2.1.2　数列的极限 (13)
2.1.3　数列极限的性质与运算法则 (14)
2.2　函数的极限 (14)
2.2.1　当 $x \to \infty$ 时，函数 $y = f(x)$ 的极限 (15)
2.2.2　当 $x \to x_0$ 时，函数 $f(x)$ 的极限 (15)
2.3　无穷小量与无穷大量 (17)
2.3.1　无穷小量 (17)
2.3.2　无穷大量 (18)
2.3.3　无穷大与无穷小的关系 (18)
2.3.4　无穷小的比较 (19)
2.3.5　等价无穷小 (19)
2.4　极限的运算法则 (20)
2.5　两个重要极限 (23)
2.6　函数的连续性 (25)
2.6.1　函数连续的定义 (25)

2.6.2　单侧连续 ··· (25)
　　2.6.3　函数的间断点 ··· (26)
　　2.6.4　初等函数的连续性 ··· (28)
　　2.6.5　闭区间上连续函数的性质 ·· (29)
2.7　极限概念在经济学中的应用 ·· (30)
　　2.7.1　连续复利公式与贴现因子 ·· (30)
　　2.7.2　供求分析中的蛛网模型 ·· (33)
习题 2 ··· (34)

第 3 章　导数与微分 ··· (37)

3.1　导数的概念 ·· (37)
　　3.1.1　引例 ··· (37)
　　3.1.2　导数的定义 ··· (38)
　　3.1.3　利用定义求导数 ·· (38)
　　3.1.4　左导数与右导数 ·· (41)
　　3.1.5　可导性与连续性的关系 ··· (42)
　　3.1.6　导数的几何意义 ·· (43)
　　3.1.7　高阶导数 ··· (44)
3.2　导数的运算 ·· (44)
　　3.2.1　基本初等函数的求导公式 ·· (44)
　　3.2.2　导数的四则运算法则 ··· (45)
　　3.2.3　复合函数的求导法则 ··· (46)
　　3.2.4　反函数的求导法则 ·· (47)
3.3　三种常用的求导方法 ·· (48)
　　3.3.1　隐函数求导法 ·· (48)
　　3.3.2　对数求导法 ··· (49)
　　3.3.3　由参数方程所确定的函数求导方法 ······································· (50)
3.4　微分 ··· (51)
　　3.4.1　微分的概念 ··· (51)
　　3.4.2　微分的几何意义 ·· (52)
　　3.4.3　基本初等函数的微分公式与微分运算法则 ····························· (53)
　　3.4.4　微分在近似计算中的应用 ·· (54)
习题 3 ··· (55)

第 4 章　中值定理与导数的应用 ··· (58)

4.1　中值定理 ··· (58)
　　4.1.1　罗尔定理 ··· (58)
　　4.1.2　拉格朗日中值定理 ·· (59)

4.2 洛必达法则 ··· (61)
    4.2.1 $\frac{0}{0}$型,$\frac{\infty}{\infty}$型未定式 ································· (61)
    4.2.2 可化为$\frac{0}{0}$型,$\frac{\infty}{\infty}$型的未定式 ················· (63)
4.3 函数的单调性 ··· (66)
4.4 函数的极值与最值 ··· (69)
    4.4.1 函数的极值及其求法 ·· (69)
    4.4.2 最大值与最小值 ·· (71)
4.5 经济应用——边际分析、弹性分析与优化分析 ······························ (73)
    4.5.1 简单的经济函数 ·· (73)
    4.5.2 边际分析 ·· (79)
    4.5.3 生产的最优化理论 ·· (81)
    4.5.4 弹性分析 ·· (82)
习题 4 ·· (86)

第 5 章 不定积分 ··· (89)
5.1 原函数与不定积分的概念 ··· (89)
    5.1.1 原函数的概念 ·· (89)
    5.1.2 不定积分的概念 ·· (90)
    5.1.3 不定积分的几何意义 ·· (91)
5.2 不定积分的性质及其基本积分公式 ··· (92)
    5.2.1 不定积分的性质 ·· (92)
    5.2.2 基本积分公式 ·· (92)
5.3 不定积分的积分法 ··· (94)
    5.3.1 直接积分法 ·· (94)
    5.3.2 第一换元积分(凑微分)法 ·· (95)
    5.3.3 第二换元积分法 ·· (99)
    5.3.4 分部积分法 ·· (102)
5.4 积分表的使用 ··· (105)
习题 5 ·· (106)

第 6 章 定积分 ··· (108)
6.1 定积分的概念与性质 ··· (108)
    6.1.1 引例 ·· (108)
    6.1.2 定积分的概念 ·· (110)
    6.1.3 定积分的几何意义 ·· (113)
    6.1.4 定积分的基本性质 ·· (114)

6.2 微积分基本公式 ·· (117)
6.2.1 积分上限的函数及其导数 ································· (118)
6.2.2 微积分基本定理 ·· (120)
6.3 定积分的换元积分法 ·· (122)
6.4 定积分的分部积分法 ·· (124)
6.5 定积分的应用 ·· (126)
6.5.1 平面图形的面积 ·· (126)
6.5.2 积分学在经济分析中的应用举例 ····················· (129)
6.6 无穷积分 ··· (133)
习题 6 ··· (135)
附录 A 数学家的故事 ··· (137)
附录 B 初等数学中的一些常用公式 ······························ (145)
附录 C 积分表 ··· (147)
参考文献 ··· (156)

第1章 函　数

在生产实践和经济活动中，常常会遇到一些变化的量，它们之间存在着一定的依存关系，而函数就是这种依存关系在数学中的反映，是数学中最重要的基本概念之一，是高等数学研究的主要对象.本章在复习中学已有知识的基础上，进一步阐明函数的一般定义，总结已学过的一些函数及函数的相关性质和结构，最后介绍一些经济学中的常用函数.

1.1　函数关系

1.1.1　常量和变量

我们在观察某一现象的过程时，常常会遇到各种不同的量，其中有的量在过程中不发生变化，我们称其为常量；有的量在过程中是变化的，也就是可以取不同的数值，我们称其为变量.例如，一种产品的单价为一定值时，销售数量越多，销售收入就越多，在这里单价为一常量，销售数量和销售收入为变量.

通常，用字母 a、b、c 等表示常量，用字母 x、y、z 等表示变量.在微积分中主要是研究变量及变量之间的关系.

1.1.2　函数的概念

在同一个自然现象、社会现象或技术活动过程中，往往同时有几个变量，这几个变量互相联系并遵循一定的变化规律.

定义 1　设 D 是一个非空实数集合，如果有一个对应规则 f，使每一个 $x \in D$，都有一个确定的实数 y 与之对应，则称这个对应规则 f 是定义在 D 上的一个**函数关系**，或称变量 y 是变量 x 的**函数**，记为 $y=f(x)$，其中 $x \in D$ 称为**自变量**，y 称为**因变量**.集合 D 称为函数的**定义域**，也可以记为 $D(f)$.

函数值的全体 $W=\{y|y=f(x), x \in D\}$ 称为函数的**值域**.

对于 $x_0 \in D(f)$ 所对应的 y 值，称为当 $x=x_0$ 时，函数 $y=f(x)$ 的函数值，记为 y_0 或 $y|_{x=x_0}$ 或 $f(x_0)$，如图 1-1 所示.

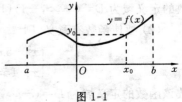

图 1-1

在中学数学中,我们已经知道定义域和对应规则是确定函数关系的两个要素,它们是判断两个函数是否表示相同函数关系的标准.下面来看两个例子.

例1 研究函数 $y=x$ 和 $y=\dfrac{x^2}{x}$ 是不是相同的函数关系.

解 $y=x$ 是定义在 $(-\infty,+\infty)$ 上的函数关系,而 $y=\dfrac{x^2}{x}$ 是定义在 $(-\infty,0)\cup(0,+\infty)$ 上的函数关系.因为它们的定义域不同,所以这两个函数是不同的函数关系.

例2 研究函数 $f(x)=x$ 与 $g(x)=\sqrt{x^2}$ 是不是相同的函数关系.

解 $f(x)=x$ 和 $g(x)=\sqrt{x^2}$ 的定义域都是 $(-\infty,+\infty)$,而

$$g(x)=\sqrt{x^2}=|x|=\begin{cases} x, & x\geqslant 0, \\ -x, & x<0. \end{cases}$$

所以,二者是定义域相同而对应规则与值域不同的两个不同的函数.

1.1.3 函数的定义域

根据函数的定义可知:函数的定义域是确定函数的一个重要因素,在实际问题中,函数的定义域应根据实际意义来确定.

对于由数学解析表达式所表示的函数,其定义域就是使函数的表达式有意义的自变量所取的一切实数组成的集合.在求解过程中,通常要注意以下几点:

(1) 在分式中,分母不能为零;

(2) 在根式中,负数不能开偶次方根;

(3) 在对数式中,真数必须大于零,底数应大于零且不等于1;

(4) 在反三角函数式中,应满足反三角函数的定义要求;

(5) 如果函数的解析表达式中含有分式、根式、对数式和反三角函数式中的两者或两者以上的,求定义域时应取各部分定义域的交集.

例3 求下列各函数的定义域:

(1) $y=\lg(x^2-1)$; (2) $y=\dfrac{\sqrt{x^2-5x+6}}{x-1}$;

(3) $y=\arcsin\dfrac{x-1}{3}$; (4) $y=\sqrt{16-x^2}+\lg\sin x$.

解 (1) 要使函数有意义,则 $x^2-1>0$,即 $|x|>1$,解得 $x>1$ 或 $x<-1$,故该函数的定义域为 $D=(-\infty,-1)\cup(1,+\infty)$.

(2) 要使函数有意义,则

$$\begin{cases} x^2-5x+6\geqslant 0, \\ x-1\neq 0 \end{cases} \Rightarrow \begin{cases} x\geqslant 3 \text{ 或 } x\leqslant 2, \\ x\neq 1, \end{cases}$$

故该函数的定义域为 $D=(-\infty,1)\cup(1,2]\cup[3,+\infty)$.

(3) 要使函数有意义,则
$$-1\leqslant \frac{x-1}{3}\leqslant 1 \Rightarrow -2\leqslant x\leqslant 4,$$
故该函数的定义域为 $D=[-2,4]$.

(4) 要使函数有意义,则必须满足
$$\begin{cases}16-x^2\geqslant 0,\\ \sin x>0\end{cases} \Rightarrow \begin{cases}-4\leqslant x\leqslant 4,\\ 2n\pi<x<2n\pi+\pi, n\in \mathbf{Z},\end{cases}$$
公共解为 $[-4,-\pi)\cup(0,\pi)$,如图 1-2 所示,
故所给函数的定义域为 $[-4,-\pi)\cup(0,\pi)$.

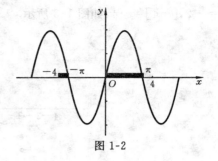

图 1-2

1.1.4 函数的表示法

常用的函数表示法有三种:表格法、图像法和解析法.

1. 表格法(又称列表法)

用自变量的一些数值与相应因变量的对应数值列成表格来表示变量之间的对应关系的方法称为表格法. 函数的列表法便于直接由自变量的值去查找相应的因变量的值,但用表格法表示函数关系有时是不够全面的.

2. 图像法(又称图示法)

在平面直角坐标系中用图形来表示函数 $y=f(x)$ 的方法称为图像法. 图像法表示函数具有直观性,便于观察函数所具有的变化规律,是研究函数必不可少的工具. 这种表示函数的方法直观,可以清楚地看到函数在何时取得最大值、最小值,以及在哪一段函数值增加的慢,哪一段函数值增加的快. 但是,这种表示法不便于精确计算.

3. 解析法(又称公式法)

用数学表达式表示变量之间的对应关系的方法称为解析法. 解析法是函数的精确描述,是最常用的方法,在微积分中起着重要的作用. 根据函数的解析表达式的形式不同,函数又可分为**显函数**、**隐函数**和**分段函数**三种.

(1) 显函数:函数 y 由自变量 x 的解析表达式直接表示. 例如,$y=\sin x+e^x-5$.

(2) 隐函数:函数的自变量 x 与因变量 y 的对应关系由方程 $F(x,y)=0$ 来确定. 例如,$2^{xy}+\sin(x+y)=\sqrt{x^2+y^2}$.

(3) 分段函数:函数在其定义域的不同范围内,对应法则用不同式子来表达的函数. 例如,符号函数和取整函数(见例 4).

例 4 (1) 符号函数
$$y=\operatorname{sgn} x=\begin{cases}1, & x>0,\\ 0, & x=0,\\ -1, & x<0,\end{cases}$$
它的定义域 $D=(-\infty,+\infty)$,值域 $W=\{-1,0,1\}$.

(2) 取整函数 $y=[x]$,$[x]$ 表示不超过 x 的最大整数. 例如,$[2.3]=2$,$[-1.7]$

=−2，[−4]=−4，如图 1-3 所示．

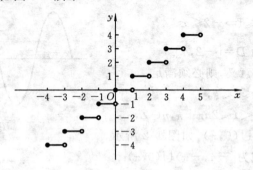

图 1-3　阶梯曲线

注　分段函数是一个函数，只是自变量 x 在不同范围内取值时，对应函数值要用不同的表达式计算．

必须注意的是：函数的三种表示法各有其优缺点，在具体应用时，通常是把这三种表示法配合着进行使用的，在高等数学的学习过程中或分析社会经济现象时经常采用图像法，即将函数的图形画出来以便帮助分析．

1.1.5　函数的几种简单性质

1. 函数的奇偶性

定义 2　设函数 $y=f(x)$ 的定义域为 D，如果对于任一 $x\in D$，都有 $-x\in D$ 且使 $f(-x)=f(x)$ 恒成立，则称 $y=f(x)$ 为**偶函数**；若对于任一 $x\in D$，都有 $-x\in D$ 且使 $f(-x)=-f(x)$ 恒成立，则称 $y=f(x)$ 为**奇函数**．

偶函数的图形关于 y 轴对称，如图 1-4(a)所示；奇函数的图形关于原点对称，如图 1-4(b)所示．

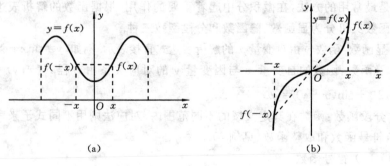

图 1-4

例 5　判断 $y=\lg\dfrac{1-x}{1+x}$ 的奇偶性．

解　因为

$$f(-x)=\lg\frac{1-(-x)}{1+(-x)}=\lg\frac{1+x}{1-x}=-\lg\frac{1-x}{1+x}=-f(x),$$

所以 $y=\lg\dfrac{1-x}{1+x}$ 为 $(-1,1)$ 内的奇函数.

必须强调的是:当 $x\in D$,要求 $-x\in D$ 时,即 D 是关于原点对称的集合这一条件是讨论函数奇偶性的前提条件.

容易证明:两个奇(偶)函数之和仍是奇(偶)函数;两个奇(偶)函数之积是偶函数;一个奇函数与一个偶函数之积是奇函数.

2. 函数的单调性

定义 3 如果函数 $f(x)$ 在区间 (a,b) 内随着 x 增大而增大,即对于 (a,b) 内任意两点 x_1 及 x_2,当 $x_1<x_2$ 时,有 $f(x_1)<f(x_2)$,则称函数 $f(x)$ 在区间 (a,b) 内是**严格单调增**的,其函数图形如图 1-5(a)所示.

如果函数 $f(x)$ 在区间 (a,b) 内随着 x 增大而减少,即对于 (a,b) 内任意两点 x_1 及 x_2,当 $x_1<x_2$ 时,有 $f(x_1)>f(x_2)$,则称函数 $f(x)$ 在区间 (a,b) 内是**严格单调减**的,其函数图形如图 1-5(b)所示.

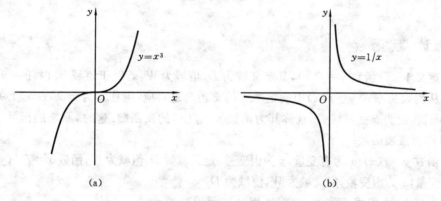

图 1-5

由定义 3 易知:严格单调增加函数的图形在自变量从左向右变化时,函数的图形逐渐上升(见图 1-5(a));严格单调减少函数的图形在自变量从左向右变化时,函数的图形逐渐下降(见图 1-5(b))的.

单调增加函数和单调减少函数统称为**单调函数**,函数的这种特性称为**单调性**.

3. 函数的有界性

定义 4 设函数 $y=f(x)$ 在区间 I(I 可以是函数的定义域,也可以是定义域的一部分)上有定义,若存在一个正数 M,使得对任一 $x\in I$,都有 $|f(x)|\leqslant M$,则称 $y=f(x)$ 在区间 I 上**有界**;若这样的 M 不存在,则称 $f(x)$ 在 I 上**无界**.

例如,由于对任何实数 x,有 $|\sin x|\leqslant 1$,因此函数 $y=\sin x$ 在区间 $(-\infty,+\infty)$ 内有界.

在整个定义域上有界的函数,其图形必介于直线 $y=-M$ 与直线 $y=M$ 之间,如图 1-6 所示.

注 有的函数在它的定义域上无界,但在某个区间上有界,或在定义域的某一部分有界,如 $f(x)=\dfrac{1}{x}$ 在区间 $(1,2)$ 内有界,但在区间 $(0,1)$ 内无界,由此可以说一个函数是有界的或者说是无界的,应同时指出其自变量的取值范围.

4. 函数的周期性

设函数 $y=f(x)$ 的定义域为 D,如果存在一个正数 l,使得对于任一 $x\in D$,有 $x\pm l\in D$,且 $f(x+l)=f(x)$ 恒成立,则称 $y=f(x)$ 为**周期函数**,l 称为函数 $y=f(x)$ 的**周期**.通常,我们所说的周期函数的周期是指最小正周期.例如,$y=\sin x$,$y=\cos x$ 的周期为 2π.

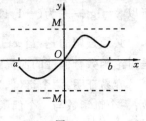

图 1-6

周期函数的图形特点是:如果把一个周期为 l 的函数在一个周期内的图形向左或向右平移 l 的正整数倍,则它将与周期函数的其他部分图形重合.

1.2 初等函数

1.2.1 反函数

定义 1 设函数 $y=f(x)$,其定义域为 D,值域为 W,若对于值域 W 内任一 y,都可以从函数关系式 $y=f(x)$ 中确定唯一的 x 值与之对应,则称 x 为定义在 W 上关于 y 的函数,记为 $x=f^{-1}(y)$,且称其为函数 $y=f(x)$ 的**反函数**.这时,原来的函数 $y=f(x)$ 称为**直接函数**.

函数 $y=f(x)$,x 为自变量,y 为因变量,定义域为 D,值域为 W;函数 $x=f^{-1}(y)$,y 为自变量,x 为因变量,定义域为 W,值域为 D.

习惯上,人们用 x 表示自变量,用 y 表示因变量,因此 $x=f^{-1}(y)$ 通常表示为 $y=f^{-1}(x)$.

函数 $y=f(x)$ 的图形与其反函数 $y=f^{-1}(x)$ 图形在相同的坐标系中关于直线 $y=x$ 对称.例如,函数 $y=2^x$ 与函数 $y=\log_2 x$ 互为反函数,则它们的图形在同一直角坐标系中是关于直线 $y=x$ 对称的,如图 1-7 所示.

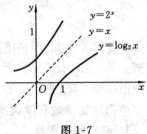

图 1-7

例 1 求函数 $y=2x+1$ 的反函数.

解 从函数 $y=2x+1$ 中直接解出 x,得 $x=\dfrac{y-1}{2}$,交换变量符号,得 $y=2x+1$ 的反函数为 $y=\dfrac{x-1}{2}$.

然而,并不是所有函数都有反函数.那么,函数 $y=f(x)$ 满足什么条件,它的反函数才存在呢? 我们不加证明地给出如下定理.

定理 1(反函数的存在定理) 若 $y=f(x)$ 在 (a,b) 上严格单调增(减),其值域为 W,则它的反函数必然在 W 上确定,且严格单调增(减).

对 $y=f(x)$ 值域中的每个 y，定义域 D 中有唯一的 x 与之对应，且满足 $y=f(x)$，才有反函数. 由此可见，一一对应是一个函数存在反函数的充要条件. 严格单调函数一定有反函数. 例如，$y=x^2$，其定义域为 $(-\infty,+\infty)$，值域为 $[0,+\infty)$. 对于 y 取定的非负值，可求得 $x=\pm\sqrt{y}$. 若我们不加限制条件，由 y 的值就不能唯一确定 x 的值，也就是在区间 $(-\infty,+\infty)$ 上，函数不是严格单调增（减），故其没有反函数. 如果我们加上条件，要求 $x\geqslant 0$，则对 $y\geqslant 0$，$x=\sqrt{y}$ 就是 $y=x^2$ 在要求 $x\geqslant 0$ 时的反函数.

1.2.2 基本初等函数

幂函数、指数函数、对数函数、三角函数、反三角函数和常数统称为**基本初等函数**. 在初等数学中，我们已经深入学习过这些函数，微积分中常见的函数都是由这些函数构成的.

基本初等函数是指以下几类函数.

(1) 常数函数　$y=C$.

(2) 幂函数　$y=x^\mu$（μ 为实常数）.

(3) 指数函数　$y=a^x$（$a>0, a\neq 1$）.

(4) 对数函数　$y=\log_a x$（$a>0, a\neq 1$）.

(5) 三角函数　$y=\sin x, y=\cos x, y=\tan x, y=\cot x, y=\sec x, y=\csc x$.

(6) 反三角函数　$y=\arcsin x, y=\arccos x, y=\arctan x, y=\text{arccot}\, x$ 等.

这里指数函数与对数函数（同底）互为反函数，每个反三角函数是相应三角函数在一个单调区间上的反函数.

基本初等函数的性质与图形如表 1-1 所示（T 表示周期）.

表 1-1　基本初等函数的性质

名称	表达式	定义域	图形	特性
常数函数	$y=C$	$\mathbf{R}$		
幂函数	$y=x^\mu$	随 μ 而异，但在 $\mathbf{R}^+$ 上均有定义		过点 $(1,1)$ $\mu>0$ 时在 $\mathbf{R}^+$ 单调增 $\mu<0$ 时在 $\mathbf{R}^+$ 单调减

续表

名称	表达式	定义域	图形	特性
指数函数	$y=a^x$ $a>0, a\neq 1$	$\mathbf{R}$		$y>0$,过点$(0,1)$ $a>1$ 单调增 $0<a<1$ 单调减
对数函数	$y=\log_a x$ $a>0, a\neq 1$	$\mathbf{R}^+$		过点$(0,1)$ $a>1$ 单调增 $0<a<1$ 单调减
正弦函数	$y=\sin x$	$\mathbf{R}$		奇函数,$T=2\pi$ $|y|\leqslant 1$
余弦函数	$y=\cos x$	$\mathbf{R}$		偶函数,$T=2\pi$ $|y|\leqslant 1$
正切函数	$y=\tan x$	$x\neq k\pi+\dfrac{\pi}{2}, k\in \mathbf{Z}$		奇函数,$T=\pi$ 在每个周期内单调增

续表

名称	表达式	定义域	图形	特性
余切函数	$y=\cot x$	$x\neq k\pi, k\in \mathbf{Z}$		奇函数，$T=\pi$ 在每个周期内单调减
反正弦函数	$y=\arcsin x$	$[-1,1]$		奇函数，单调增 $-\dfrac{\pi}{2}\leqslant y\leqslant \dfrac{\pi}{2}$
反余弦函数	$y=\arccos x$	$[-1,1]$		单调减，$0\leqslant y\leqslant \pi$
反正切函数	$y=\arctan x$	$\mathbf{R}$		奇函数，单调增 $-\dfrac{\pi}{2}<y<\dfrac{\pi}{2}$
反余切函数	$y=\text{arccot}\, x$	$\mathbf{R}$		单调减，$0<y<\pi$

注 正割函数 $y=\sec x=\dfrac{1}{\cos x}$、余割函数 $y=\csc x=\dfrac{1}{\sin x}$，它们的性质可分别由余弦函数与正弦函数的性质导出，此处从略. 此外，反三角函数有以下性质：

$$\sin(\arcsin x)=x, \quad \cos(\arccos x)=x, \quad \tan(\arctan x)=x, \quad \cot(\text{arccot}\, x)=x.$$

1.2.3 复合函数

定义 2 设 $y=f(u), u \in D(f)$,而 $u=\varphi(x)$ 的值域为 W_φ,如果 $D(f) \cap W_\varphi \neq \varnothing$ ($\varnothing$ 为空集),那么可将 $u=\varphi(x)$ 代入 $y=f(u)$,得到新的函数 $y=f[\varphi(x)]$,并称该函数是由 $y=f(u)$ 与 $u=\varphi(x)$ 复合而成的**复合函数**,其中 x 为**自变量**,u 为**中间变量**,y 为**因变量**.

例如,对于 $y=\sqrt{u}, u=2x+1$ 这两个简单函数来说,$y=\sqrt{u}$ 的定义域为 $[0,+\infty)$,$u=2x+1$ 的值域为 $(-\infty,+\infty)$,且 $[0,+\infty) \cap (-\infty,+\infty)=[0,+\infty)$ 为非空,所以这两个函数可以复合而成函数 $y=\sqrt{2x+1}$,其定义域为 $\left[-\dfrac{1}{2},+\infty\right)$.

应该指出的是:并不是任意两个函数都可以组成一个复合函数的,如函数 $y=\arcsin u$ 与函数 $u=2+x^2$ 是不能复合成一个函数的.因为对于 $u=2+x^2$ 的定义域 $(-\infty,+\infty)$ 中的任何 x 值所对应的 u 值都大于或等于 2,使 $y=\arcsin u$ 都没有定义.因此,函数 $y=f(u), u=\varphi(x)$ 可以构成复合函数的关键是外层函数 $f(u)$ 的定义域和内层函数 $\varphi(x)$ 的值域有公共部分.

复合函数也可以由多个函数复合而成,如 $y=e^{\sqrt{x^2+1}}$ 可以看成是由 $y=e^u, u=\sqrt{v}, v=x^2+1$ 这三个简单函数复合而成的.

例 2 将下列复合函数分解成基本初等函数:

(1) $y=(\arcsin\sqrt{x})^2$;   (2) $y=e^{\sqrt{\sin(x+1)}}$;   (3) $y=\cos^3(2x+6)$.

解 (1) $y=(\arcsin\sqrt{x})^2$ 是由 $y=u^2, u=\arcsin v, v=\sqrt{x}$ 三个基本初等函数复合而成的,u、v 为中间变量.

(2) $y=e^{\sqrt{\sin(x+1)}}$ 是由 $y=e^u, u=\sqrt{v}, v=\sin w, w=x+1$ 四个简单函数复合而成的,u、v、w 为中间变量.

(3) $y=\cos^3(2x+6)$ 是由 $y=u^3, u=\cos v, v=2x+6$ 三个简单函数复合而成的,u、v 为中间变量.

将一个复杂的解析表达式分解成若干个基本初等函数的复合或表示成基本初等函数的四则运算,对后面学习导数和微分运算是非常重要的.

1.2.4 初等函数

由基本初等函数与常数经过有限次的四则运算及有限次的函数复合步骤所构成的并可用一个式子表示的函数,称为**初等函数**.

例如:$y=2^{\cos x}+\ln(\sqrt[3]{4^{3x}+3}+\sin 8x)$ 是初等函数;而分段函数

$$y=\begin{cases} 2x+1, & x>0, \\ e^x, & x \leqslant 0 \end{cases}$$

是用两个数学式子表明同一个函数的,所以不是初等函数.

习 题 1

1. 求下列函数的定义域：

(1) $y=\sqrt{9-x^2}$；

(2) $y=\dfrac{1}{\sqrt{1-x^2}}$；

(3) $y=\sqrt{2+x}+\dfrac{1}{\lg(1-x)}$；

(4) $y=\sqrt{\dfrac{1+x}{1-x}}$；

(5) $y=\arcsin\dfrac{x-1}{2}$；

(6) $y=\begin{cases} \sin x, & 0\leqslant x<\dfrac{\pi}{2}, \\ x, & \dfrac{\pi}{2}\leqslant x<\pi. \end{cases}$

2. 在下列各题中，$f(x)$ 和 $g(x)$ 是否表示同一函数？为什么？

(1) $f(x)=x, g(x)=\sqrt{x^2}$；

(2) $f(x)=\lg x^2, g(x)=2\lg x$；

(3) $f(x)=\sin x, g(x)=\sqrt{1-\cos^2 x}$；

(4) $f(x)=|\cos x|, g(x)=\sqrt{1-\sin^2 x}$；

(5) $f(x)=x\sqrt[3]{x}, g(x)=\sqrt[3]{x^4}$.

3. 求下列函数值：

(1) $f(x)=3x+2$，求 $f(1), f(1+h)$ 及 $\dfrac{f(1+h)-f(1)}{h}$；

(2) $\varphi(t)=t^2$，求 $\varphi(2), [\varphi(3)]^3, \varphi(-1)$；

(3) $\varphi(x)=\begin{cases} 2^x, & -1<x<0, \\ 2, & 0\leqslant x<1, \\ x-1, & 1\leqslant x\leqslant 3, \end{cases}$ 求 $\varphi(3), \varphi(2), \varphi(0), \varphi(0.5), \varphi(-0.5)$.

4. 判断下列函数中哪些是偶函数？哪些是奇函数？哪些是非奇非偶函数？

(1) $y=2x^4(x^2-1)$；

(2) $y=x+\sin x$；

(3) $y=x\cos x$；

(4) $y=x(x-1)(x+1)$；

(5) $y=\ln(x+\sqrt{1+x^2})$.

5. 确定下列函数的定义域并作出函数图形：

(1) $f(x)=\begin{cases} 1, & x>0, \\ 0, & x=0, \\ -1, & x<0; \end{cases}$

(2) $f(x)=\begin{cases} 2-x, & 0<x<2, \\ x-1, & 3\leqslant x<4; \end{cases}$

(3) $f(x)=\begin{cases} \sqrt{1-x^2}, & |x|\leqslant 1, \\ x-1, & 1<|x|<2. \end{cases}$

6. (1) 如果 $y=u^2, u=\log_a x$，将 y 表示成 x 的函数；

(2) 如果 $y=\sqrt{u}, u=2+v^2, v=\cos x$，将 y 表示成 x 的函数.

7. 下列函数可以看成由哪些简单函数复合而成：

(1) $y=\sqrt{3x-1}$；

(2) $y=(1+\ln x)^3$；

(3) $y=\cos^2(2x-1)$; (4) $y=e^{e-x^2}$.

8. 一块正方形纸板的边长为 a，将其四角各截去一个大小相同的边长为 x 的小正方形，再将四边折起做成一个无盖方盒，试将此无盖方盒的容积 V 表示为所截小正方形边长的函数．

9. 设某厂生产某种商品的总成本函数为 $C(q)=0.15q+105$，其中 q 表示产量，若以单价为 $p=0.3$ 元出售，试求保本点；如果以另一种方式生产这种商品，其总成本函数为 $C(q)=0.12q+110$，试问这对生产者是否有利？

10. 存入银行现金 1 000 元，年利率 7％，每年结算一次，按复利计算．试求 5 年后的本利和是多少？

11. 设年利率为 12％，每年复利一次，问经过多长时间，本金可变为原来的 3 倍？

12. 某人要借款 3 000 元，借期 2 年，他将会接受下列哪种方式的贷款．

(1) 年利率 4.1％，按单利计算；

(2) 年利率 4％，按复利计算，复利周期为 1 年．

第 2 章 极限与连续

极限是高等数学的重要概念之一,是研究微积分学的重要工具,微积分的导数、积分等概念都是用极限来定义的.本章介绍极限的概念、性质及运算法则,在此基础上建立函数连续的概念,讨论连续函数的性质.

2.1 数列的极限

2.1.1 数列

定义 1 一个定义在正整数集合上的函数 $y_n = f(n)$(称为整标函数),当自变量 n 按正整数 $1,2,3,\cdots$ 依次增大的顺序取值时,函数值按对应的顺序排成一列数:
$$f(1), f(2), f(3), \cdots, f(n), \cdots$$
该数列称为一个**无穷数列**,简称**数列**,简记为 $\{y_n\}$.数列中的每一个数称为数列的项,$f(n)$ 称为数列的**一般项**或**通项**.下面举例说明数列的概念.

(1) 数列 $\left\{\dfrac{1}{2}, \dfrac{1}{4}, \dfrac{1}{8}, \dfrac{1}{16}, \cdots\right\}$,其通项为 $y_n = \dfrac{1}{2^n}$.

(2) 数列 $\left\{2, \dfrac{3}{2}, \dfrac{4}{3}, \dfrac{5}{4}, \cdots\right\}$,其通项为 $y_n = 1 + \dfrac{1}{n}$.

(3) 数列 $\{2, 4, 6, 8, \cdots\}$,其通项为 $y_n = 2n$.

(4) 数列 $\{0, 1, 0, 1, \cdots\}$,其通项为 $y_n = \dfrac{1+(-1)^n}{2}$.

(5) 数列 $\{1, -1, 1, -1, \cdots\}$,其通项为 $y_n = (-1)^{n+1}$.

2.1.2 数列的极限

考察下面的数列:当 n 逐渐增大时,它们的变化趋势.

(1) 数列 $y_n = 1 + \dfrac{1}{n}$,随着 n 的无限增大,y_n 的值无限接近于 1.

(2) 数列 $y_n = \dfrac{1}{2^n}$,随着 n 的无限增大,y_n 的值无限接近于 0.

(3) 数列 $y_n = \dfrac{1+(-1)^n}{2}$,随着 n 的无限增大,y_n 的奇数项为 0,偶数项为 1,随着

n 的无限增大,它的通项在 0 和 1 之间变动.

(4) 数列 $y_n=(-1)^{n+1}$,随着 n 的无限增大,y_n 的值在 1 和 -1 之间变动.

(5) 数列 $y_n=2n$,随着 n 的无限增大,y_n 的值也无限增大.

由以上直观分析可以看出,当 n 无限增大时,数列的变化趋势有两种情况:要么无限趋近于某个确定的常数;要么不趋近于任何确定的常数.

定义 2 对于数列 $\{y_n\}$,若当 n 无限增大时,y_n 无限趋近于某个确定的常数 A,则称当 n 趋于无穷大时,数列 $\{y_n\}$ 以常数 A 为**极限**,记为 $\lim\limits_{n\to\infty}y_n=A$.

如果一个数列有极限,就称数列**收敛**,否则就称数列**发散**或**不收敛**. 数列以 A 为极限,也称数列收敛于 A. 显然,如数列(1)、(2)是收敛的,数列(3)、(4)、(5)没有极限,这三个数列是发散的.

通过数列的图形,容易得到以下极限:

(1) $\lim\limits_{n\to\infty}\dfrac{1}{n}=0$;   (2) $\lim\limits_{n\to\infty}\dfrac{n+1}{n}=1$;   (3) $\lim\limits_{n\to\infty}c=c$.

注 (1) 并不是所有数列都收敛,如 $y_n=(-1)^n$,取值随 n 的奇偶性交替取 -1 和 1,所以不收敛.

(2) 数列极限就是考察 n 趋于无穷大时 y_n 的变化趋势,所以不考察数列前面的有限项时,不影响这种变化趋势.

2.1.3 数列极限的性质与运算法则

下面,我们不加证明地给出数列极限的一些重要性质.

定理 1 单调有界数列必有极限.

如果一个数列有极限,则此数列一定有界,但有界数列不一定有极限. 例如:数列 $y_n=(-1)^n$ 有界,但它是发散的.

显然,无界数列一定发散.

定理 2 如果一个数列有极限,则其极限是唯一的.

定理 3 如果 $\lim\limits_{n\to\infty}x_n=a$,$\lim\limits_{n\to\infty}y_n=b$,则有以下数列极限的运算法则:

(1) $\lim\limits_{n\to\infty}(x_n+y_n)=\lim\limits_{n\to\infty}x_n+\lim\limits_{n\to\infty}y_n=a+b$;

(2) $\lim\limits_{n\to\infty}(x_n-y_n)=\lim\limits_{n\to\infty}x_n-\lim\limits_{n\to\infty}y_n=a-b$;

(3) $\lim\limits_{n\to\infty}(x_ny_n)=\lim\limits_{n\to\infty}x_n\lim\limits_{n\to\infty}y_n=ab$;

(4) $\lim\limits_{n\to\infty}\dfrac{x_n}{y_n}=\dfrac{\lim\limits_{n\to\infty}x_n}{\lim\limits_{n\to\infty}y_n}=\dfrac{a}{b}$ $(b\neq 0)$;

(5) $\lim\limits_{n\to\infty}(cx_n)=c\lim\limits_{n\to\infty}x_n=ca$($c$ 为常数);$\lim\limits_{n\to\infty}x_n^m=(\lim\limits_{n\to\infty}x_n)^m=a^m$.

2.2 函数的极限

数列是定义于正整数集合上的函数,它的极限是一种特殊函数(即整标函数)的极限.下面主要讨论一般函数 $y=f(x)$ 的极限.

2.2.1 当 $x\to\infty$ 时,函数 $y=f(x)$ 的极限

观察函数 $y=\dfrac{1}{x}$,从图 2-1 可以看出:当 $|x|$ 无限变大时,$y=\dfrac{1}{x}$ 无限接近于常数 0,此时称 0 为函数 $y=\dfrac{1}{x}$ 当 $x\to\infty$ 时的极限.

定义 1 如果当 $|x|$ 无限变大时,函数 $f(x)$ 无限接近于某个确定的常数 A,则称当 x 趋于无穷大时,函数 $f(x)$ 以常数 A 为极限,记为

$$\lim_{x\to\infty}f(x)=A, \quad \text{或者} \quad x\to\infty, f(x)\to A.$$

自变量 x 趋近于无穷大有三种情况:① $|x|$ 无限增大,称 $x\to\infty$;② $x>0$ 且 x 无限增大,称 $x\to+\infty$;③ $x<0$,且 $|x|$ 无限增大,称 $x\to-\infty$.

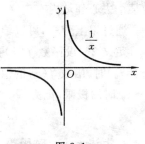

图 2-1

如果 $x>0$ 且当 x 无限增大时($x\to+\infty$),函数 $f(x)$ 以常数 A 为极限,则记为 $\lim\limits_{x\to+\infty}f(x)=A$;如果 $x<0$ 且当 $|x|$ 无限增大时($x\to-\infty$),函数 $f(x)$ 以常数 A 为极限,则记为 $\lim\limits_{x\to-\infty}f(x)=A$.

由函数的图形观察可知:$\lim\limits_{x\to+\infty}\arctan x=\dfrac{\pi}{2}$,$\lim\limits_{x\to-\infty}2^x=0$,$\lim\limits_{x\to+\infty}\left(\dfrac{1}{2}\right)^x=0$,$\lim\limits_{x\to-\infty}\arctan x=-\dfrac{\pi}{2}$.

定理 1 $\lim\limits_{x\to\infty}f(x)=A$ 的充分必要条件是 $\lim\limits_{x\to+\infty}f(x)=A$ 且 $\lim\limits_{x\to-\infty}f(x)=A$.

2.2.2 当 $x\to x_0$ 时,函数 $f(x)$ 的极限

下面考虑自变量 x 的变化过程为 $x\to x_0$ 时,对应的函数值 $f(x)$ 的变化趋势. 如果在 $x\to x_0$ 的过程中,对应的函数值 $f(x)$ 无限接近于确定的数值 A,那么就说 A 是 $f(x)$ 在 $x\to x_0$ 时的极限.

下面,考察 $f_1(x)=\dfrac{x^2-1}{x-1}$,$f_2(x)=x+1$,$f_3(x)=\begin{cases}x+1,&x\neq 0\\1,&x=0\end{cases}$ 在 $x\to 1$ 时的变化规律,列表如下(见表 2-1).

表 2-1 几种函数的极限变化规律

x	0.5	0.9	0.99	0.999	0.999 9	0.999 99	⋯	1.000 1	1.001	1.01	1.1	1.5
$f_1(x)$	1.5	1.9	1.99	1.999	1.999 9	1.999 99	⋯	2.000 1	2.001	2.01	2.1	2.5
$f_2(x)$	1.5	1.9	1.99	1.999	1.999 9	1.999 99	⋯	2.000 1	2.001	2.01	2.1	2.5
$f_3(x)$	1.5	1.9	1.99	1.999	1.999 9	1.999 99	⋯	2.000 1	2.001	2.01	2.1	2.5

由表2-1中不难发现当 $x \to 1$ 时,$f_1(x)$,$f_2(x)$,$f_3(x)$ 有相同的变化趋势,即函数值都无限接近于2,亦即它们的极限为2.但是,它们在 $x=1$ 时的情况是不同的:$f_1(x)$ 在 $x=1$ 处无定义,$f_2(x)$ 在 $x=1$ 处有定义且 $f_2(1)=2$,而 $f_3(x)$ 在 $x=1$ 处有定义,且其值为1.这说明当 $x \to x_0$ 时,$f(x)$ 的极限与 $f(x)$ 在 $x=x_0$ 时的情况没关系.因此,在考察自变量趋于有限值时函数 $f(x)$ 的极限时,首先应假定 $f(x)$ 在点 x_0 的某个去心邻域内有定义.

通过以上分析,可以给出如下 $x \to x_0$ 时函数的极限定义.

定义 2 设函数 $f(x)$ 在点 x_0 的某邻域内有定义(x_0 可以除外),如果当 $x \to x_0$ ($x \neq x_0$)时,函数 $f(x)$ 的值无限趋近某个确定的常数 A,则称常数 A 为函数 $f(x)$ 当 $x \to x_0$ 时的**极限**,记为

$$\lim_{x \to x_0} f(x) = A \quad \text{或} \quad f(x) \to A (x \to x_0).$$

在上述 $x \to x_0$ 时函数 $f(x)$ 的极限概念中,x 是以任何方式趋向于 x_0 的,有时为了讨论问题的需要,只需考察 x 仅从 x_0 的左侧趋于 x_0(记为 $x \to x_0^-$)或仅从 x_0 的右侧趋于 x_0(记为 $x \to x_0^+$)时,$f(x)$ 的变化趋势.这就引出了左极限和右极限的概念.

(1) $x \to x_0^-$ 的情形:x 在 x_0 的左侧,当 x 趋于 x_0 时,函数 $f(x)$ 以 A 为极限,那么常数 A 就称为函数 $f(x)$ 当 $x \to x_0$ 时的**左极限**,记为 $\lim\limits_{x \to x_0^-} f(x) = A$ 或 $f(x_0 - 0) = A$.

(2) $x \to x_0^+$ 的情形:x 在 x_0 的右侧,当 x 趋于 x_0 时,函数 $f(x)$ 以 A 为极限,那么常数 A 就称为函数 $f(x)$ 当 $x \to x_0$ 时的**右极限**,记为 $\lim\limits_{x \to x_0^+} f(x) = A$ 或 $f(x_0 + 0) = A$.

左极限和右极限统称为**单侧极限**.根据 $x \to x_0$ 时,函数 $f(x)$ 的极限定义及左极限和右极限的定义,可以得到下面的定理.

定理 2 $\lim\limits_{x \to x_0} f(x) = A$ 的充分必要条件是 $f(x_0 - 0) = f(x_0 + 0) = A$.

因此,即使 $f(x_0 + 0)$ 和 $f(x_0 - 0)$ 都存在,但如果两者不相等,那么 $\lim\limits_{x \to x_0} f(x)$ 的极限也就不存在.

定理2通常用来判断分段函数在分段点的极限是否存在.

由基本初等函数的图形,很容易得到结论:基本初等函数在其定义域内的每一点的极限等于该点的函数值.例如:$\lim\limits_{x \to x_0} C = C$($C$ 为常数);$\lim\limits_{x \to x_0} x = x_0$.

例 1 讨论函数 $y = \dfrac{|x|}{x}$ 在 x 趋近于 0 时的左、右极限.

解 因为

$$\lim_{x \to 0^+} \frac{|x|}{x} = \lim_{x \to 0^+} \frac{x}{x} = \lim_{x \to 0^+} 1 = 1,$$

$$\lim_{x \to 0^-} \frac{|x|}{x} = \lim_{x \to 0^-} \frac{-x}{x} = \lim_{x \to 0^-} (-1) = -1,$$

所以该函数的左极限为 -1,右极限为 1,它们不相等(见图 2-2).

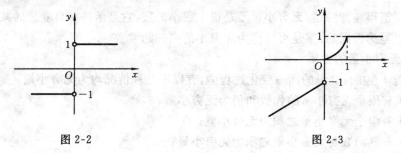

图 2-2　　　　　　　　　　　图 2-3

例 2　讨论函数
$$f(x)=\begin{cases} x-1, & x<0, \\ x^2, & 0\leqslant x<1, \\ 1, & x\geqslant 1 \end{cases}$$
在 $x\to 0$ 及 $x\to 1$ 时的极限是否存在(见图 2-3).

解　当 $x\to 0$ 时,有
$$\lim_{x\to 0^-}f(x)=\lim_{x\to 0^-}(x-1)=-1,$$
$$\lim_{x\to 0^+}f(x)=\lim_{x\to 0^+}x^2=0,$$
因左极限和右极限存在但不相等,所以 $\lim\limits_{x\to 0}f(x)$ 不存在.

当 $x\to 1$ 时,有
$$\lim_{x\to 1^-}f(x)=\lim_{x\to 1^-}x^2=1,$$
$$\lim_{x\to 1^+}f(x)=\lim_{x\to 1^+}1=1,$$
因左极限和右极限存在且相等,所以 $\lim\limits_{x\to 1}f(x)$ 存在且极限值为 1.

2.3　无穷小量与无穷大量

2.3.1　无穷小量

在极限理论中,有一类情况是非常重要的,即在某一个变化过程中,函数的极限为零.

1. 无穷小量的定义

定义 1　若函数 $f(x)$ 在自变量 x 的某一变化过程中以零为极限,则称在此变化过程中,$f(x)$ 为无穷小量,简称无穷小.

特别地,以零为极限的数列 $\{x_n\}$ 也称为当 $n\to\infty$ 时的无穷小量. 例如:因 $\lim\limits_{n\to\infty}\dfrac{1}{2^n}=0$,所以当 $n\to\infty$ 时,数列 $\dfrac{1}{2^n}$ 是无穷小量;因 $\lim\limits_{x\to\infty}\dfrac{1}{x}=0$,所以当 $x\to\infty$ 时,函数 $\dfrac{1}{x}$ 是无穷

小量；因 $\lim\limits_{x\to 1}(x-1)=0$，所以函数 $x-1$ 为当 $x\to 1$ 时的无穷小量.

特别值得注意的是：无穷小量不是很小很小的数，它是函数在自变量的某一变化过程中以零为极限的. 零是可以作为无穷小的唯一的常数.

2. 无穷小量的性质

定理 1 在自变量的同一变化过程中，有以下几种情况均为无穷小量：

(1) 有限个无穷小量的代数和仍为无穷小量；

(2) 有限个无穷小量之积为无穷小量；

(3) 有界函数与无穷小量之积为无穷小量；

(4) 常数与无穷小量之积为无穷小量.

例如，$\lim\limits_{x\to 0}x\sin\dfrac{1}{x}$，因为 $\lim\limits_{x\to 0}x=0$，$\left|\sin\dfrac{1}{x}\right|\leqslant 1$，故 $\lim\limits_{x\to 0}x\sin\dfrac{1}{x}=0$，即 $x\sin\dfrac{1}{x}$ 是 $x\to 0$ 的无穷小量.

注 "有限"是不可以去掉的，即无穷多个无穷小量的代数和未必是无穷小量. 例如，n 个 $\dfrac{1}{n}$ 的和当 $n\to\infty$ 时的极限，$\lim\limits_{n\to\infty}\left(\dfrac{1}{n}+\dfrac{1}{n}+\cdots+\dfrac{1}{n}\right)=\lim\limits_{n\to\infty}\left(n\cdot\dfrac{1}{n}\right)=\lim\limits_{n\to\infty}1=1$. 所以，如果我们不加考虑地应用这个性质，就会出现问题.

3. 函数极限与无穷小量的关系

定理 2 $\lim\limits_{x\to x_0}f(x)=A$ 的充要条件为 $f(x)=A+\alpha(x)$，其中 $\alpha(x)$ 在 $x\to x_0$ 时为无穷小量，即 $\lim\limits_{x\to x_0}\alpha(x)=0$.

以上我们仅对 $x\to x_0$ 时的情况进行了讨论，上述结论对其他类型（如 $x\to\infty$，$x\to+\infty$，$x\to x_0^+$，$x\to x_0^-$ 等）均成立.

2.3.2 无穷大量

无穷大量是与无穷小量相对的概念.

定义 2 若函数 $f(x)$ 在自变量 x 的某一变化过程中绝对值无限增大，则称在该变化过程中，$f(x)$ 为**无穷大量**或**无穷大**.

注 函数 $f(x)$ 当 $x\to x_0$ 时为无穷大，其极限 $\lim\limits_{x\to x_0}f(x)$ 是不存在的，利用记号 $\lim\limits_{x\to x_0}f(x)=\infty$ 来记 $f(x)$ 是无穷大，只是为了书写方便，同时也表明了当 $x\to x_0$ 时 $f(x)$ 虽然无极限，但还是有明确的变化趋向. 无穷大量是一个绝对值可无限增大的变量，不是绝对值很大很大的固定数.

2.3.3 无穷大与无穷小的关系

定理 3 在自变量的同一变化过程中，如果 α 是无穷小量且 $\alpha\neq 0$，则 $\dfrac{1}{\alpha}$ 就是无穷大量；反之，如果 α 为无穷大量，则 $\dfrac{1}{\alpha}$ 为无穷小量. 即自变量在同一变化过程中，无穷大量与无穷小量(恒不为零时)互为倒数关系.

例如:$\lim\limits_{x\to\infty}\dfrac{1}{x^2}=0$(无穷小),$\lim\limits_{x\to\infty}x^2=\infty$(无穷大);$\lim\limits_{n\to\infty}2^n=\infty$(无穷大),$\lim\limits_{n\to\infty}\dfrac{1}{2^n}=0$(无穷小).

2.3.4 无穷小的比较

两个无穷小的和、差、积都是无穷小,那么无穷小量的商是否仍然是无穷小呢?下面我们观察如下的例子.

例如:当 $x\to 0$ 时,$x,2x,x^2,\sin x,x^2\sin\dfrac{1}{x}$ 都是无穷小,但是 $\lim\limits_{x\to 0}\dfrac{x}{2x}=\dfrac{1}{2}$,$\lim\limits_{x\to 0}\dfrac{x^2}{2x}=0$,$\lim\limits_{x\to 0}\dfrac{x}{x^2}=\infty$,$\lim\limits_{x\to 0}\dfrac{\sin x}{x}=1$,$\lim\limits_{x\to 0}\dfrac{x^2\sin\dfrac{1}{x}}{x^2}=\lim\limits_{x\to 0}\sin\dfrac{1}{x}$ 不存在,由此知无穷小的商可能是无穷小,也可能是有限数,还可能不存在或为无穷大.

$\lim\limits_{x\to 0}\dfrac{x^2}{2x}=0$ 说明 x^2 比 x 与 $2x$ 趋于零的速度快得多. 为了比较不同的无穷小量趋于零的速度的大小,我们引入**无穷小阶**的概念.

定义 3 设 α,β 是同一过程中的两个无穷小量,且 $\alpha\neq 0$.

(1) 如果 $\lim\dfrac{\beta}{\alpha}=1$,则称 α 与 β 是**等价无穷小量**,记为 $\alpha\sim\beta$. 例如,当 $x\to 0$ 时,$\sin x\sim x$.

(2) 如果 $\lim\dfrac{\beta}{\alpha}=0$,则称 β 是比 α **高阶的无穷小量**,记为 $\beta=o(\alpha)$. 例如,当 $x\to 0$ 时,$x^2=o(2x)$. 因为 $\lim\limits_{n\to\infty}\dfrac{1/n^2}{1/n}=0$,当 $n\to\infty$ 时,$\dfrac{1}{n^2}=o\left(\dfrac{1}{n}\right)$.

(3) 如果 $\lim\dfrac{\beta}{\alpha}=c\neq 0$($c$ 为常数),则称 α 与 β 是**同阶无穷小量**. 例如,当 $x\to 0$ 时,x 与 $2x$ 是同阶无穷小. 因为 $\lim\limits_{x\to 1}\dfrac{x^2-1}{x-1}=2$,当 $x\to 1$ 时,x^2-1 与 $x-1$ 是同阶无穷小.

2.3.5 等价无穷小

根据等价无穷小的定义,可以证明当 $x\to 0$ 时,有下列常用等价无穷小关系:

$$\sin x\sim x,\quad \sin kx\sim kx(k\neq 0),\quad \tan x\sim x,\quad 1-\cos x\sim\dfrac{x^2}{2},\quad \arcsin x\sim x,$$

$$\arctan x\sim x,\quad \ln(1+x)\sim x,\quad e^x-1\sim x,\quad a^x-1\sim x\ln a(a>0).$$

例 1 证明:当 $x\to 0$ 时,$\arcsin x\sim x$.

证 设 $y=\arcsin x$,则 $x=\sin y$. 当 $x\to 0$ 时,$y\to 0$,因此

$$\lim_{x\to 0}\frac{\arcsin x}{x}=\lim_{y\to 0}\frac{y}{\sin y}=1,$$

所以 $\arcsin x \sim x\ (x\to 0)$.

利用等价无穷小代换可以简化极限运算. 关于等价无穷小,有下面两个定理.

定理 4 β 与 α 是等价无穷小的充分必要条件为 $\beta=\alpha+o(\alpha)$.

定理 5 设 $\alpha\sim\alpha', \beta\sim\beta'$, 且 $\lim\dfrac{\beta'}{\alpha'}$ 存在, 则 $\lim\dfrac{\beta}{\alpha}=\lim\dfrac{\beta'}{\alpha'}$.

例 2 求 $\lim\limits_{x\to 0}\dfrac{\tan(2x^2)}{1-\cos x}$.

解 当 $x\to 0$ 时, $\tan 2x^2\sim 2x^2$, $1-\cos x\sim\dfrac{x^2}{2}$, 由定理 5, 得

$$\lim_{x\to 0}\frac{\tan(2x^2)}{1-\cos x}=\lim_{x\to 0}\frac{2x^2}{\frac{1}{2}x^2}=4.$$

例 3 求 $\lim\limits_{x\to 0}\dfrac{\tan x-\sin x}{\sin^3 x}$.

解 当 $x\to 0$ 时, $\tan x-\sin x=\tan x(1-\cos x)\sim x\cdot\dfrac{1}{2}x^2$, $\sin^3 x\sim x^3$, 于是有

$$\lim_{x\to 0}\frac{\tan x-\sin x}{\sin^3 x}=\lim_{x\to 0}\frac{\frac{1}{2}x^3}{x^3}=\frac{1}{2}.$$

此题如果如下求解: 当 $x\to 0$ 时,

$$\sin x\sim x,\quad \tan x\sim x,\quad \sin^3 x\sim x^3,$$

于是有
$$\lim_{x\to 0}\frac{\tan x-\sin x}{\sin^3 x}=\lim_{x\to 0}\frac{x-x}{x^3}=0.$$

以上是错误的解法, 这是因为 $\tan x-\sin x$ 与 $x-x$ 不是等价无穷小. 定理 5 只适用于商式的函数, 且只能代换商式中分子或分母的某个因式, 而不能代替其加、减式中的某一项.

2.4 极限的运算法则

用极限的定义是不能求出极限的, 在实际的工作中, 我们遇到的大量极限问题是求极限而不是证明极限的存在. 本节讨论极限的四则运算法则, 以便解决某些函数的求极限问题. 在下面的讨论中, 记号 lim 下面没有标明自变量的变化过程, 但实际上是指对 $x\to x_0$ 和 $x\to\infty$ 都适合.

定理 1(极限运算法则) 设 $\lim f(x)=A, \lim g(x)=B$, 则有以下的运算法则.

(1) $\lim[f(x)\pm g(x)]=A\pm B=\lim f(x)\pm\lim g(x)$;

(2) $\lim[f(x)g(x)]=A\cdot B=\lim f(x)\cdot\lim g(x)$;

(3) $\lim \dfrac{f(x)}{g(x)} = \dfrac{A}{B} = \dfrac{\lim f(x)}{\lim g(x)}$ ($B \neq 0$).

定理 1 中的(1)、(2)可以推广到有限个函数的情形. 例如：如果 $\lim f(x) = A$, $\lim g(x) = B, \lim h(x) = C$, 则

$$\lim[f(x) + g(x) - h(x)] = A + B - C = \lim f(x) + \lim g(x) - \lim h(x),$$
$$\lim[f(x) \cdot g(x) \cdot h(x)] = A \cdot B \cdot C = \lim f(x) \cdot \lim g(x) \cdot \lim h(x).$$

上述定理中的(2)有如下推论.

推论 1 如果 $\lim f(x)$ 存在, 而 c 为常数, 则 $\lim cf(x) = c \lim f(x)$.

此推论说明: 求极限时, 常数因子可以提到极限符号外面.

推论 2 如果 $\lim f(x)$ 存在, 而 n 为正整数, 则 $\lim[f(x)]^n = [\lim f(x)]^n$.

必须强调的是: 四则运算法则只有在极限存在的前提下才能使用. 定理 1 中的(1)、(2)在推广到有限个的情况时, "有限个"是关键.

例 1 求 $\lim\limits_{x \to 2}(2x^2 - 3x + 1)$.

解 原式 $= \lim\limits_{x \to 2} 2x^2 - \lim\limits_{x \to 2} 3x + \lim\limits_{x \to 2} 1 = 2\lim\limits_{x \to 2} x^2 - 3\lim\limits_{x \to 2} x + \lim\limits_{x \to 2} 1$
$= 2(\lim\limits_{x \to 2} x)^2 - 3 \times 2 + 1 = 2 \times 2^2 - 3 \times 2 + 1 = 3.$

从这个例子可以看出: 在求有理整函数(多项式)当 $x \to x_0$ 的极限时, 只要把 x_0 代替函数中的 x 就行了. 一般地, 设多项式函数 $f(x) = a_0 x^n + a_1 x^{n-1} + \cdots + a_{n-1} x + a_n$, 则有

$$\lim\limits_{x \to x_0} f(x) = \lim\limits_{x \to x_0}(a_0 x^n + a_1 x^{n-1} + \cdots + a_{n-1} x + a_n)$$
$$= a_0 \lim\limits_{x \to x_0} x^n + a_1 \lim\limits_{x \to x_0} x^{n-1} + \cdots + a_{n-1} \lim\limits_{x \to x_0} x + a_n$$
$$= a_0 x_0^n + a_1 x_0^{n-1} + \cdots + a_{n-1} x_0 + a_n = f(x_0).$$

例 2 求 $\lim\limits_{x \to 1} \dfrac{3x^2 + x}{2x - 1}$.

解 本题中, 因为分母的极限不为零, 所以

$$\lim\limits_{x \to 1} \dfrac{3x^2 + x}{2x - 1} = \dfrac{\lim\limits_{x \to 1}(3x^2 + x)}{\lim\limits_{x \to 1}(2x - 1)} = \dfrac{3\left[\lim\limits_{x \to 1} x\right]^2 + \lim\limits_{x \to 1} x}{2\lim\limits_{x \to 1} x - \lim\limits_{x \to 1} 1} = \dfrac{4}{1} = 4.$$

类似地, 设 $P(x), Q(x)$ 为多项式函数, $f(x) = \dfrac{P(x)}{Q(x)}$ ($Q(x_0) \neq 0$), 则

$$\lim\limits_{x \to x_0} f(x) = \lim\limits_{x \to x_0} \dfrac{P(x)}{Q(x)} = \dfrac{\lim\limits_{x \to x_0} P(x)}{\lim\limits_{x \to x_0} Q(x)} = \dfrac{P(x_0)}{Q(x_0)} = f(x_0).$$

例 3 求 $\lim\limits_{x \to 1} \dfrac{x^3 - 1}{x^2 - 1}$.

解 因为 $\lim\limits_{x \to 1}(x^3 - 1) = 1^3 - 1 = 0, \lim\limits_{x \to 1}(x^2 - 1) = 1^2 - 1 = 0$, 所以极限运算法则不适用. 可以首先约去分子分母极限为零的公因式 $x - 1$, 即

$$\lim_{x\to 1}\frac{x^3-1}{x^2-1}=\lim_{x\to 1}\frac{x^3-1}{x^2-1}=\lim_{x\to 1}\frac{(x-1)(x^2+x+1)}{(x-1)(x+1)}$$

$$=\lim_{x\to 1}\frac{x^2+x+1}{x+1}=\frac{\lim\limits_{x\to 1}(x^2+x+1)}{\lim\limits_{x\to 1}(x+1)}=\frac{3}{2}.$$

例 4 求 $\lim\limits_{x\to 4}\frac{\sqrt{x}-2}{x-4}$.

解 本题中的分子、分母在 $x\to 4$ 时,其极限为零,极限的运算法则失效,所以应采用如下的方法求解.

$$\lim_{x\to 4}\frac{\sqrt{x}-2}{x-4}=\lim_{x\to 4}\frac{(\sqrt{x}-2)(\sqrt{x}+2)}{(x-4)(\sqrt{x}+2)}=\lim_{x\to 4}\frac{x-4}{(x-4)(\sqrt{x}+2)}=\lim_{x\to 4}\frac{1}{\sqrt{x}+2}=\frac{1}{4}.$$

例 5 求 $\lim\limits_{x\to 1}\frac{x}{x^2-1}$.

解 因为分母的极限为零,所以不能用极限的运算法则(3)求解,而

$$\lim_{x\to 1}\frac{x^2-1}{x}=\frac{1^2-1}{1}=0,$$

即 $\alpha(x)=\frac{x^2-1}{x}$,当 $x\to 1$ 时是无穷小量,则其倒数 $\beta(x)=\frac{x}{x^2-1}$ 为无穷大量,所以

$$\lim_{x\to 1}\frac{x}{x^2-1}=\infty.$$

例 6 求 $\lim\limits_{x\to\infty}\frac{4x^3+2x^2-1}{3x^4+1}$.

解 因为 $\lim\limits_{x\to\infty}(4x^3+2x^2-1)=\infty$,$\lim\limits_{x\to\infty}(3x^4+1)=\infty$,所以极限运算法则在此处不适用. 因为 $\lim\limits_{x\to\infty}\frac{1}{x}=0$,所以函数的分子、分母分别除以 x^4,有

$$\lim_{x\to\infty}\frac{4x^3+2x^2-1}{3x^4+1}=\lim_{x\to\infty}\frac{\frac{4}{x}+\frac{2}{x^2}-\frac{1}{x^4}}{3+\frac{1}{x^4}}=\frac{\lim\limits_{x\to\infty}\left(\frac{4}{x}+\frac{2}{x^2}-\frac{1}{x^4}\right)}{\lim\limits_{x\to\infty}\left(3+\frac{1}{x^4}\right)}=\frac{\lim\limits_{x\to\infty}\left(\frac{4}{x}+\frac{2}{x^2}-\frac{1}{x^4}\right)}{\lim\limits_{x\to\infty}\left(3+\frac{1}{x^4}\right)}$$

$$=\frac{4\lim\limits_{x\to\infty}\frac{1}{x}+2\left(\lim\limits_{x\to\infty}\frac{1}{x}\right)^2-\left(\lim\limits_{x\to\infty}\frac{1}{x}\right)^4}{\lim\limits_{x\to\infty}3+\left(\lim\limits_{x\to\infty}\frac{1}{x}\right)^4}$$

$$=\frac{4\times 0+2\times 0-0}{3+0}=\frac{0}{3}=0.$$

例 7 求 $\lim\limits_{x\to\infty}\frac{4x^3+2x^2-1}{3x^3-x+1}$.

解 先用 x^3 除分子分母,然后求极限得

$$\lim_{x\to\infty}\frac{4x^3+2x^2-1}{3x^3-x+1}=\lim_{x\to\infty}\frac{4+\frac{2}{x}-\frac{1}{x^3}}{3-\frac{1}{x^2}+\frac{1}{x^3}}=\frac{\lim\limits_{x\to\infty}\left(4+\frac{2}{x}-\frac{1}{x^3}\right)}{\lim\limits_{x\to\infty}\left(3-\frac{1}{x^2}+\frac{1}{x^3}\right)}=\frac{4}{3}.$$

例8 求 $\lim\limits_{x\to\infty}\dfrac{3x^4+1}{4x^3+2x^2-1}$.

解 分子 x 的次数高于分母 x 的次数,由例 6 知

$$\lim_{x\to\infty}\frac{4x^3+2x^2-1}{3x^4+1}=0.$$

根据无穷小与无穷大的关系,即得

$$\lim_{x\to\infty}\frac{3x^4+1}{4x^3+2x^2-1}=\infty.$$

一般地,当 $a_0\neq 0, b_0\neq 0$,且 m 和 n 为非负整数时,有

$$\lim_{x\to\infty}\frac{a_0x^n+a_1x^{n-1}+\cdots+a_{n-2}x^2+a_{n-1}x+a_n}{b_0x^m+b_1x^{m-1}+\cdots+b_{m-2}x^2+b_{m-1}x+b_m}=\begin{cases}0, & n<m,\\ \dfrac{a_0}{b_0}, & n=m,\\ \infty, & n>m.\end{cases}$$

2.5 两个重要极限

下面,具体地介绍这两个重要极限.

1. 重要极限一

$$\lim_{x\to 0}\frac{\sin x}{x}=1 \tag{1}$$

在使用公式(1)时要注意它的特征:① $\Delta\to 0$,极限为 $\dfrac{0}{0}$ 型;② $\dfrac{\sin\Delta}{\Delta}$ 中 Δ 部分要完全相同.

例如:当 $x\to 1$ 时,$(x-1)^2\to 0$,

$$\lim_{x\to 1}\frac{\sin(x-1)^2}{(x-1)^2}=\lim_{x\to 1}\left[\frac{\sin(x-1)}{x-1}\right]^2=1.$$

例1 $\lim\limits_{x\to 0}\dfrac{\tan x}{x}$.

解 $\lim\limits_{x\to 0}\dfrac{\tan x}{x}=\lim\limits_{x\to 0}\dfrac{\sin x}{x}\cdot\dfrac{1}{\cos x}=\lim\limits_{x\to 0}\dfrac{\sin x}{x}\lim\limits_{x\to 0}\dfrac{1}{\cos x}=1.$

例2 $\lim\limits_{x\to 0}\dfrac{\sin kx}{x}$.

解 $\lim\limits_{x\to 0}\dfrac{\sin kx}{x}=\lim\limits_{x\to 0}\dfrac{\sin kx}{kx}\cdot k=k.$

例3 $\lim\limits_{x\to 0}\dfrac{1-\cos x}{x^2}$.

解 $\lim\limits_{x\to 0}\dfrac{1-\cos x}{x^2}=\lim\limits_{x\to 0}\dfrac{2\sin^2\dfrac{x}{2}}{x^2}=\lim\limits_{x\to 0}\dfrac{\sin^2\dfrac{x}{2}}{\left(\dfrac{x}{2}\right)^2}\cdot\dfrac{1}{2}=\dfrac{1}{2}\lim\limits_{x\to 0}\left(\dfrac{\sin\dfrac{x}{2}}{\dfrac{x}{2}}\right)^2.$

由 $x \to 0$ 时,$\dfrac{x}{2} \to 0$ 知 $\lim\limits_{x \to 0} \dfrac{\sin \dfrac{x}{2}}{\dfrac{x}{2}} = 1$,所以

$$\lim_{x \to 0} \frac{1-\cos x}{x^2} = \frac{1}{2}\lim_{x \to 0}\left(\frac{\sin\dfrac{x}{2}}{\dfrac{x}{2}}\right)^2 = \frac{1}{2}\left[\lim_{x \to 0}\frac{\sin\dfrac{x}{2}}{\dfrac{x}{2}}\right]^2 = \frac{1}{2} \times 1^2 = \frac{1}{2}.$$

例 4 $\lim\limits_{x \to 0}\dfrac{\tan x - \sin x}{x^3}$.

解
$$\lim_{x \to 0}\frac{\tan x - \sin x}{x^3} = \lim_{x \to 0}\frac{\dfrac{\sin x}{\cos x} - \sin x}{x^3} = \lim_{x \to 0}\frac{1}{\cos x} \cdot \frac{\sin x}{x} \cdot \frac{1-\cos x}{x^2}$$
$$= \lim_{x \to 0}\frac{1}{\cos x} \cdot \lim_{x \to 0}\frac{\sin x}{x} \cdot \lim_{x \to 0}\frac{1-\cos x}{x^2} = \frac{1}{2}.$$

2. 重要极限二

$$\lim_{n \to \infty}\left(1+\frac{1}{n}\right)^n = e, \quad e = 2.718\ 281\ 828\ 459\cdots$$

对于连续自变量 x,也有

$$\lim_{x \to \infty}\left(1+\frac{1}{x}\right)^x = e \qquad (*)$$

注意公式的特征:$\lim\limits_{A \to \infty}\left(1+\dfrac{1}{A}\right)^A = e$ 中 A 的部分是相同的且趋于无穷,或 $\lim\limits_{B \to \infty}(1+A)^B = e$ 中 $AB = 1$ 且 B 趋于无穷.

例 5 求 $\lim\limits_{n \to \infty}\left(1+\dfrac{1}{n}\right)^{3+n}$.

解
$$\lim_{n \to \infty}\left(1+\frac{1}{n}\right)^{3+n} = \lim_{n \to \infty}\left[\left(1+\frac{1}{n}\right)^n \cdot \left(1+\frac{1}{n}\right)^3\right]$$
$$= \lim_{n \to \infty}\left(1+\frac{1}{n}\right)^n \cdot \lim_{n \to \infty}\left(1+\frac{1}{n}\right)^3 = e \times 1 = e.$$

例 6 $\lim\limits_{x \to \infty}\left(1+\dfrac{2}{x}\right)^{3x}$.

解 因为当 $x \to \infty$ 时,$\dfrac{x}{2} \to \infty$,所以

$$\lim_{x \to \infty}\left(1+\frac{2}{x}\right)^{3x} = \lim_{x \to \infty}\left[\left(1+\frac{2}{x}\right)^{\frac{x}{2}}\right]^6 = \left[\lim_{x \to \infty}\left(1+\frac{2}{x}\right)^{\frac{x}{2}}\right]^6 = e^6.$$

例 7 $\lim\limits_{x \to \infty}\left(\dfrac{x}{x+1}\right)^x$.

解
$$\lim_{x \to \infty}\left(\frac{x}{x+1}\right)^x = \lim_{x \to \infty}\frac{1}{\left(1+\dfrac{1}{x}\right)^x} = \frac{1}{e}.$$

若令 $x=\dfrac{1}{u}$，当 $x\to\infty$ 时，$u\to 0$，公式（*）可化为 $\lim\limits_{u\to 0}(1+u)^{\frac{1}{u}}=\mathrm{e}$。

例 8 $\lim\limits_{x\to 0}(1-x)^{\frac{1}{x}}$。

解 $\lim\limits_{x\to 0}(1-x)^{\frac{1}{x}}=\lim\limits_{x\to 0}[1+(-x)]^{(-\frac{1}{x})\cdot(-1)}=\{\lim\limits_{x\to 0}[1+(-x)]^{-\frac{1}{x}}\}^{-1}=\mathrm{e}^{-1}$。

2.6 函数的连续性

2.6.1 函数连续的定义

在现实世界中，很多事物的变化是连续不断的，如气温的变化、人的身高的变化、企业的利润的变化等。这些量当时间变化很微小时，变化也很微小，这种特点就是**函数的连续性**。

定义 1 若函数 $f(x)$ 在点 x_0 的某邻域有定义，当 $x\to x_0$ 时，函数 $f(x)$ 的极限存在且等于 $f(x_0)$，即
$$\lim\limits_{x\to x_0}f(x)=f(x_0),$$
则称函数 $f(x)$ 在点 x_0 处连续。

上述定义揭示了函数连续的三层意义：

(1) $f(x)$ 在点 x_0 处有定义；

(2) $\lim\limits_{x\to x_0}f(x)$ 存在；

(3) $\lim\limits_{x\to x_0}f(x)=f(x_0)$。

例 1 证明函数 $y=ax+b$ 在其定义域内是连续的。

证 函数 $y=ax+b$ 的定义域为 $(-\infty,+\infty)$，对任意的 $x_0\in(-\infty,+\infty)$，因为
$$\lim\limits_{x\to x_0}y=\lim\limits_{x\to x_0}f(x)=\lim\limits_{x\to x_0}(ax+b)=a\lim\limits_{x\to x_0}x+b=ax_0+b=f(x_0),$$
所以由定义 1 知，函数 $y=ax+b$ 在点 x_0 处连续，由 x_0 的任意性知，函数 $y=ax+b$ 在其定义域内是连续的。

2.6.2 单侧连续

由定义 1 知，函数在某点 x_0 处连续是指函数在点 x_0 处的极限存在，且极限值为该点函数值。而极限存在的充分必要条件是左极限、右极限存在且相等。相应地，可以定义左连续、右连续的概念。

定义 2 设函数 $y=f(x)$ 在 $(a,x_0]$ 上有定义，如果 $\lim\limits_{x\to x_0^-}f(x)=f(x_0-0)$ 存在且等于 $f(x_0)$，即
$$f(x_0-0)=f(x_0),$$

则称函数 $y=f(x)$ 在点 x_0 处**左连续**. 如果函数 $y=f(x)$ 在 $[x_0,b)$ 上有定义，$\lim\limits_{x\to x_0^+}f(x)=f(x_0+0)$ 存在且等于 $f(x_0)$，即

$$f(x_0+0)=f(x_0),$$

则称函数 $y=f(x)$ 在点 x_0 处**右连续**.

函数在区间上每点都连续，则称函数在该区间上连续，或称函数是该区间上的**连续函数**. 此区间称为函数的**连续区间**. 如果区间包括端点，那么函数在左端点处连续是指右连续，在右端点处连续是指左连续.

例 2 判断函数 $y=f(x)=\begin{cases}x^2+1, & x>1 \\ x-1, & x\leqslant 1\end{cases}$ 在 $x=1$ 处的连续性.

解 $\lim\limits_{x\to 1^-}f(x)=\lim\limits_{x\to 1^-}(x-1)=0=f(1-0)$，$\lim\limits_{x\to 1^+}f(x)=\lim\limits_{x\to 1^+}(x^2+1)=2=f(1+0)$，$f(1+0)\neq f(1-0)$，所以 $\lim\limits_{x\to 1}f(x)$ 不存在，故所给函数在 $x=1$ 处不连续.

2.6.3 函数的间断点

1. 间断点的定义

通过上面的例题的讨论可以知道，函数在某些点处是连续的，在另外一些点处是不连续的.

定义 3 如果函数 $y=f(x)$ 在点 x_0 处不连续，则称 $f(x)$ 在点 x_0 处**间断**，称点 x_0 为 $f(x)$ 的**间断点**.

给定一个函数，如何判断函数在哪些点处连续、哪些点处不连续呢？由函数连续的意义知，如果函数 $y=f(x)$ 有下列情形之一，则称 $f(x)$ 在点 x_0 处一定是间断的.

(1) $f(x)$ 在点 x_0 处没有定义；

(2) $f(x)$ 在点 x_0 处有定义，但 $\lim\limits_{x\to x_0}f(x)$ 不存在；

(3) $f(x)$ 在点 x_0 处有定义，且 $\lim\limits_{x\to x_0}f(x)$ 存在，但 $\lim\limits_{x\to x_0}f(x)\neq f(x_0)$.

2. 间断点的分类

(1) 跳跃间断点 若点 x_0 为函数 $y=f(x)$ 的间断点，且 $f(x_0+0)$，$f(x_0-0)$ 都存在，但 $f(x_0+0)\neq f(x_0-0)$，则称点 x_0 为函数 $y=f(x)$ 的跳跃型间断点（见图 2-4）.

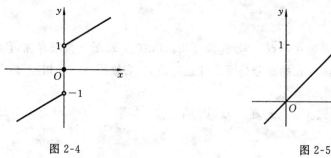

图 2-4 图 2-5

一般地,左、右极限都存在但不相等的间断点称为函数 $f(x)$ 的**跳跃间断点**.

(2) 可去间断点　若点 x_0 为函数 $y=f(x)$ 的间断点,但 $\lim\limits_{x\to x_0}f(x)$ 存在,则称点 x_0 为函数 $y=f(x)$ 的**可去间断点**. 只要补充定义 $f(x_0)$ 或重新定义 $f(x_0)$,令 $f(x_0)=\lim\limits_{x\to x_0}f(x)$,则函数 $f(x)$ 将在点 x_0 处连续. 由于函数在点 x_0 处的间断性通过再定义 $f(x_0)$ 就能去除,因而称点 x_0 是可去间断点(见图 2-5).

(3) 无穷间断点　若点 x_0 为函数 $y=f(x)$ 的间断点,而 $\lim\limits_{x\to x_0^+}f(x)$,$\lim\limits_{x\to x_0^-}f(x)$ 至少有一个是无穷大,则称点 x_0 为函数 $f(x)$ 的**无穷间断点**.

(4) 震荡间断点　若点 x_0 为函数 $y=f(x)$ 的间断点,函数 $y=f(x)$ 在点 x_0 处反复震荡,则称点 x_0 为函数 $f(x)$ 的**震荡间断点**.

例 3　设 $f(x)=\begin{cases}x-1, & x<0,\\ 0, & x=0,\\ x+1, & x>0,\end{cases}$ 试判断函数在点 $x=0$ 处的连续性?

解　因
$$f(x_0+0)=\lim_{x\to 0^+}f(x)=\lim_{x\to 0^+}(x+1)=1,$$
$$f(x_0-0)=\lim_{x\to 0^-}f(x)=\lim_{x\to 0^-}(x-1)=-1,$$
则 $f(x_0+0)\neq f(x_0-0)$,故 $x=0$ 为函数 $y=f(x)$ 的跳跃间断点.

例 4　判断 $f(x)=\dfrac{\sin x}{x}(x\neq 0)$ 在点 $x=0$ 处的连续性.

解　函数 $f(x)=\dfrac{\sin x}{x}(x\neq 0)$ 在点 $x=0$ 处没定义,所以不连续. 由于 $\lim\limits_{x\to 0}f(x)=1$,故点 $x=0$ 为 $f(x)$ 的可去间断点. 可以补充定义 $f(0)=1$,于是
$$F(x)=\begin{cases}\dfrac{\sin x}{x}, & x\neq 0,\\ 1, & x=0\end{cases}$$
成为一连续函数.

例 5　讨论函数 $f(x)=\begin{cases}2x+1, & x\neq -1,\\ 1, & x=-1\end{cases}$ 在点 $x=-1$ 处的连续性.

解　因为 $\lim\limits_{x\to -1}f(x)=\lim\limits_{x\to -1}(2x+1)=-1\neq f(-1)=1$,所以
$$f(x)=\begin{cases}2x+1, & x\neq -1,\\ 1, & x=-1\end{cases}$$
在点 $x=-1$ 处不连续,点 $x=-1$ 为 $f(x)$ 的可去间断点.

例 6　设 $f(x)=\dfrac{1}{x}$,讨论函数在 $x=0$ 的连续性.

解　由于 $\lim\limits_{x\to 0^+}\dfrac{1}{x}=+\infty$,$\lim\limits_{x\to 0^-}\dfrac{1}{x}=-\infty$,函数 $f(x)=\dfrac{1}{x}$ 在点 $x=0$ 处不连续,点 $x=0$ 为无穷间断点.

例7 讨论函数 $f(x)=\sin\dfrac{1}{x}$ 在点 $x=0$ 处的连续性.

解 由于 $\lim\limits_{x\to 0}\sin\dfrac{1}{x}$ 不存在,所以点 $x=0$ 是函数的间断点,且曲线在点 $x=0$ 处发生震荡,所以点 $x=0$ 为 $y=\sin\dfrac{1}{x}$ 的震荡间断点.

通常,把可去间断点和跳跃间断点称为第一类间断点. 如果点 x_0 是函数 $y=f(x)$ 的第一类间断点,则左极限 $f(x_0-0)$ 和右极限 $f(x_0+0)$ 都存在. 不是第一类间断点的间断点,称为第二类间断点. 第二类间断点包括无穷间断点和震荡间断点.

2.6.4 初等函数的连续性

由函数在某点连续的定义和极限的四则运算法则可立即得出下面的定理.

定理1(四则运算的连续性) 设函数 $f(x)$ 和 $g(x)$ 在点 x_0 处连续,则它们的和(差)$f(x)\pm g(x)$、积 $f(x)\cdot g(x)$、商 $\dfrac{f(x)}{g(x)}(g(x_0)\neq 0)$ 也都在点 x_0 处连续.

定理2(反函数的连续性) 严格单调的连续函数的反函数是连续的.

定理3(复合函数的连续性) 设 $y=f(u)$ 在点 u_0 处连续,$u=\varphi(x)$ 在点 x_0 处连续且 $u_0=\varphi(x_0)$,则复合函数 $f[\varphi(x)]$ 在点 x_0 处也连续. 此定理用式子可表示为
$$\lim_{x\to x_0}f[\varphi(x)]=f[\lim_{x\to x_0}\varphi(x)]=f[\varphi(x_0)].$$

例如,函数 $u=\dfrac{1}{x-1}$ 在 $(-\infty,1)\cup(1,+\infty)$ 内连续,函数 $y=\sin u$ 在 $(-\infty,+\infty)$ 内连续,则 $y=\sin\dfrac{1}{x-1}$ 在 $(-\infty,1)\cup(1,+\infty)$ 内连续.

当定理3中条件改为"$y=f(u)$ 在点 $u=a$ 处连续且 $\lim\varphi(x)=a$",则 $\lim f[\varphi(x)]=f[\lim\varphi(x)]$,说明求复合函数 $f[\varphi(x)]$ 的极限时,极限符号与函数符号 f 可以交换次序.

例8 求 $\lim\limits_{x\to 0}\dfrac{\ln(1+x)}{x}$.

解 $\lim\limits_{x\to 0}\dfrac{\ln(1+x)}{x}=\lim\limits_{x\to 0}\ln(1+x)^{\frac{1}{x}}=\ln[\lim\limits_{x\to 0}(1+x)^{\frac{1}{x}}]=\ln e=1.$

注 $y=\ln u$ 在 $(0,+\infty)$ 内连续,$\lim\limits_{x\to 0}(1+x)^{\frac{1}{x}}=e$,$y=\ln u$ 在点 $x=e$ 处连续,极限符号与函数符号 f 可以交换次序.

例9 求 $\lim\limits_{x\to\infty}\left(\dfrac{1-2x}{3+2x}\right)^x$.

解 $\lim\limits_{x\to\infty}\left(\dfrac{1-2x}{3-2x}\right)^x=\lim\limits_{x\to\infty}e^{x\ln\frac{1-2x}{3-2x}}=e^{\lim\limits_{x\to\infty}x\ln\frac{1-2x}{3-2x}}.$

设 $I=x\ln\dfrac{1-2x}{3-2x}=x\ln\left(1-\dfrac{2}{3-2x}\right)$,当 $x\to\infty$ 时,$-\dfrac{2}{3-2x}\to 0$,有
$$\ln\left(1-\dfrac{2}{3-2x}\right)\sim -\dfrac{2}{3-2x},$$

则
$$\lim_{x\to\infty} I = \lim_{x\to\infty} x\ln\left(1-\frac{2}{3-2x}\right) = \lim_{x\to\infty} x \cdot \left(-\frac{2}{3-2x}\right) = 1,$$

所以
$$\lim_{x\to\infty}\left(\frac{1-2x}{3-2x}\right)^x = e^{\lim_{x\to\infty} x\ln\frac{1-2x}{3-2x}} = e.$$

注 设 $y=e^u$,$u=x\ln\dfrac{1-2x}{3-2x}$,$\lim\limits_{x\to\infty}u=\lim\limits_{x\to\infty}x\ln\dfrac{1-2x}{3-2x}=1$,而 $y=e^u$ 在点 $u=1$ 处连续,极限符号与函数符号 f 可以交换次序.

因初等函数是由基本初等函数经过有限次四则运算和有限次复合运算所构成的,故可以得出下面的定理.

定理 4(初等函数的连续性) 一切初等函数在其定义区间内都是连续的.

注 这里定义的区间是指包含在定义域内的区间.

根据函数 $f(x)$ 在点 x_0 处连续的定义知,如果已知 $f(x)$ 在点 x_0 处连续,那么求 $f(x)$ 当 $x\to x_0$ 时的极限时,只要求 $f(x)$ 在点 x_0 处的函数值就行了,即

$$\lim_{x\to x_0} f(x) = f(x_0).$$

例如,点 $x_0=0$ 是初等函数 $f(x)=\sqrt{1-x^2}$ 的定义区间 $[-1,1]$ 内的点,则 $f(x)$ 在点 $x=0$ 处连续,所以 $\lim\limits_{x\to 0}\sqrt{1-x^2}=\sqrt{1+0}=1$.

2.6.5 闭区间上连续函数的性质

前面已介绍的函数在一点处的连续性只是函数在该点某邻域内的局部性质,此外,函数若在闭区间上连续,它还有特殊的性质,下面不加证明给出.

定理 5(最大值和最小值定理) 函数 $f(x)$ 在闭区间 $[a,b]$ 上连续,则 $f(x)$ 在 $[a,b]$ 上必取得最大值和最小值(见图 2-6).

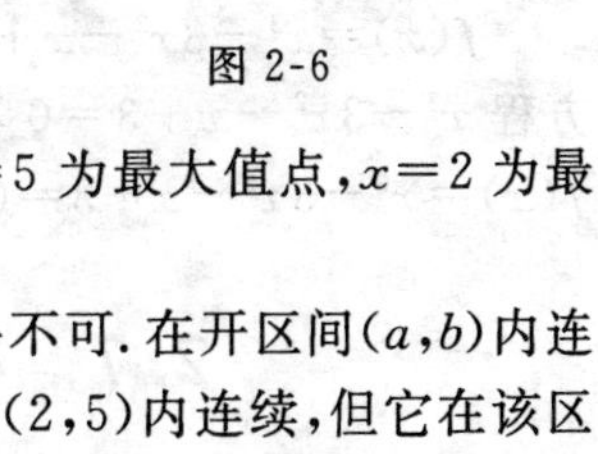

例如:$f(x)=\sin x$ 在闭区间 $[0,2\pi]$ 上连续,且 $f\left(\dfrac{\pi}{2}\right)=\sin\dfrac{\pi}{2}=1$,即在 $x=\dfrac{\pi}{2}$ 处取得最大值 1;又 $f\left(\dfrac{3\pi}{2}\right)=\sin\dfrac{3\pi}{2}=-1$,即在 $x=\dfrac{3\pi}{2}$ 处取得最小值 -1. 例如:函数 $y=2x+1$ 在 $[2,5]$ 上连续,$5=f(2)\leqslant f(x)\leqslant f(5)=11(x\in[2,5])$,11 为 $y=2x+1$ 在区间 $[2,5]$ 上的最大值,5 为 $y=2x+1$ 在区间 $[2,5]$ 上的最小值,故 $x=5$ 为最大值点,$x=2$ 为最小值点.

图 2-6

需要强调的是,定理中的两个条件(闭区间、连续)缺一不可. 在开区间 (a,b) 内连续的函数不一定有这一性质. 例如:函数 $y=2x+1$ 在区间 $(2,5)$ 内连续,但它在该区间内取不到最大值和最小值. 因为假设 $x_1\in(2,5)$,$2x_1+1$ 为 $y=2x+1$ 在 $(2,5)$ 内的最大值,由 $y=2x+1$ 是单调递增函数及 $x_1<5$ 知,必可找到 $x_2(x_1<x_2<5)$ 使得 $2x_1+1<2x_2+1$,因此 $2x_1+1$ 不是 $y=2x+1$ 在区间 $(2,5)$ 内的最大值. 而函数在闭区间上不连续时,它也不一定取得到最值. 例如:$y=\dfrac{1}{x}$ 在闭区间 $[-1,1]$ 上不连续,

函数在该区间上不仅无最值而且无界.

定理 6(有界性定理)　闭区间上的连续函数一定在该区间上有界.

定理 7(零点定理)　若函数 $f(x)$ 在闭区间 $[a,b]$ 上连续,且 $f(a)$ 与 $f(b)$ 异号,那么在开区间 (a,b) 内至少存在一点 ξ,使得 $f(\xi)=0$,亦即方程 $f(x)=0$ 在 (a,b) 内至少存在一个实根.

定理 8(介值定理)　如果函数 $f(x)$ 在闭区间 $[a,b]$ 上连续,且 $f(a)\neq f(b)$,则介于 $f(a)$ 与 $f(b)$ 之间的任何常数 C,至少存在一个 $\xi\in(a,b)$,使得 $f(\xi)=C$(见图 2-7).

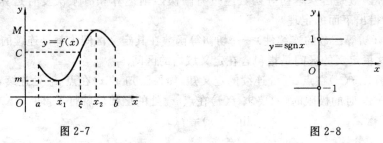

图 2-7　　　　　　　　　　图 2-8

如果函数在闭区间 $[a,b]$ 上不连续,则介值定理的结论不一定成立. 例如:函数 $f(x)=\operatorname{sgn}x$(见图 2-8)在闭区间 $[-1,1]$ 上有定义,$f(-1)=-1$,$f(1)=1$,取 $C=0.5$ 时,无论 x 取何值,$f(x)\neq 0.5$.

例 10　证明方程 $x^3-3x^2-x+3=0$ 在区间 $(-2,0),(0,2),(2,4)$ 内各有一个实根.

解　设 $f(x)=x^3-3x^2-x+3$,则 $f(x)=x^3-3x^2-x+3$ 为 $(-\infty,+\infty)$ 上的初等函数. 因 $[-2,0],[0,2],[2,4]\subset(-\infty,+\infty)$,由初等函数的连续性可知,$f(x)$ 分别在 $[-2,0],[0,2],[2,4]$ 上连续,且

$$f(-2)<0,\quad f(0)>0,\quad f(2)<0,\quad f(4)>0,$$

根据零点定理知,存在 $\xi_1\in(-2,0),\xi_2\in(0,2),\xi_3\in(2,4)$,使得

$$f(\xi_1)=0,\quad f(\xi_2)=0,\quad f(\xi_3)=0,$$

即　　$\xi_1^3-3\xi_1^2-\xi_1+3=0,\quad \xi_2^3-3\xi_2^2-\xi_2+3=0,\quad \xi_3^3-3\xi_3^2-\xi_3+3=0$.

故 $\xi_1\in(-2,0),\xi_2\in(0,2),\xi_3\in(2,4)$ 分别为方程的根,证毕.

$f(x)=x^3-3x^2-x+3$ 为三次方程,因此,在实数范围内它最多只有 3 个根,故方程 $x^3-3x^2-x+3=0$ 在区间 $(-2,0),(0,2),(2,4)$ 内各有一个实根.(实际上,$f(x)=x^3-3x^2-x+3=(x+1)(x-1)(x-3)=0$ 的根为 $-1,1,3$.)

2.7　极限概念在经济学中的应用

2.7.1　连续复利公式与贴现因子

设本金为 P_0,年利率为 r,每年计算利息一次,按复利计算的第 m 年末的本利和为

$$S_m = P_0(1+r)^m.$$

若称 P_0 为现值,称 S_m 为 m 年后的未来值,$(1+r)^m$ 称为**未来值因子**,由此式可得

$$P_0 = S_m(1+r)^{-m},$$

它将 m 年后的资金未来值 S_m 化为现值,$(1+r)^{-m}$ 称为**贴现因子**.

若每年计算 n 次,按复利计算的第 m 年末未来值的本利和为

$$S_m = P_0\left(1+\frac{r}{n}\right)^{nm}.$$

若 n 趋于无穷大,则有

$$S_m = \lim_{n\to\infty} P_0\left(1+\frac{r}{n}\right)^{nm} = P_0 \lim_{n\to\infty}\left[\left(1+\frac{r}{n}\right)^{\frac{n}{r}}\right]^{rm} = P_0 e^{rm},$$

这就是连续复利公式,它将现值 P_0 化为按连续复利计息的 m 年末的未来值 S_m,称 e^{rm} 为连续复利未来值因子. 公式

$$P_0 = S_m e^{-rm}$$

称为连续复利贴现公式,e^{-rm} 称为贴现因子.

若每年末的未来值相等,即

$$A_1 = A_2 = \cdots = A_m = A,$$

则称这种未来值为**年金**.

第 1 年末年金 A_1 的现值为 $A/(1+r)$,

第 2 年末年金 A_2 的现值为 $A/(1+r)^2$,

⋮

第 m 年末年金 A_m 的现值为 $A/(1+r)^m$,

那么,m 年普通年金现值的总和 P 为

$$P = A_1 + A_2 + \cdots + A_m = \frac{A}{1+r} + \frac{A}{(1+r)^2} + \cdots + \frac{A}{(1+r)^m}$$

$$= \frac{A}{1+r} \cdot \frac{1-(1+r)^{-m}}{1-(1+r)^{-1}} = \frac{A}{r}\left(1-\frac{1}{(1+r)^m}\right).$$

当年金期限 $m\to\infty$ 时,称为**永久年金**,此时

$$P = \lim_{m\to\infty} \frac{A}{r}\left(1-\frac{1}{(1+r)^m}\right) = \frac{A}{r}.$$

例 1 某企业建立一项奖励基金,每年发放一次,奖金总额为 1 万元,若以年利率 15% 计算,试求:

(1) 奖金发放年限为 10 年时,基金 P 应为多少?

(2) 若是永久年金,基金 P 又是多少?

解 (1) $A = 1$ 万元,$r = 0.15$,$m = 10$ 年,则

$$P = \frac{1}{0.15}\left(1-\frac{1}{(1+0.15)^{10}}\right) \text{万元} = 5.016\,5 \text{ 万元};$$

(2) $P = \dfrac{A}{r} = \dfrac{1}{0.15}$ 万元 $= 6.67$ 万元.

如果在每一年有一等量资金流入(收入或支出)A 发生,则

第 1 年的 A 元化为 m 年的未来值 $A_{m-1} = A(1+r)^{m-1}$;

第 2 年的 A 元化为 m 年的未来值 $A_{m-2} = A(1+r)^{m-2}$;

$\vdots$

第 $m-1$ 年的 A 元化为 m 年的未来值 $A_1 = A(1+r)$;

第 m 年的 A 元化为当期值 $A_0 = A$.

如果将每年发生一等量资金 A 化为 m 年末的未来值总和 F,则

$$\begin{aligned} F &= A_{m-1} + A_{m-2} + \cdots + A_1 + A_0 \\ &= A(1+r)^{m-1} + A(1+r)^{m-2} + \cdots + A(1+r) + A \\ &= A[1 + (1+r) + (1+r)^2 + \cdots + (1+r)^{m-2} + (1+r)^{m-1}] \\ &= \dfrac{A}{r}[(1+r)^m - 1], \end{aligned}$$

此式为等量资金流未来值公式,故

$$A = \dfrac{r}{(1+r)^m - 1} F,$$

它可将未来值 F 化为逐年等量资金流 A.

例 2 一项工程总投资贷款 100 万元,5 年建成,每年使用投资 20 万元,利率 15%,5 年末累计复利本利和是多少?

解 已知 $A = 20$ 万元,$r = 0.15$,$m = 5$ 年,则 5 年末累计复利本利和

$$F = \dfrac{20}{0.15}[(1+0.15)^5 - 1] \text{ 万元} = 134.8461 \text{ 万元}.$$

例 3 当 5 年后要得到包括利息在内的 10 万元资金,在银行以年利率 15% 复利计息的情况下,每年应存入多少?

解 已知 $F = 10$ 万元,$r = 0.15$,$m = 5$ 年,则

$$A = \dfrac{0.15}{(1+0.15)^5 - 1} \times 10 \text{ 万元} = 1.48316 \text{ 万元}.$$

若将 F 全部贴现,则有等量资金流现值公式为

$$P = F(1+r)^{-m} = \dfrac{(1+r)^m - 1}{r(1+r)^m} A.$$

反之,若要求每年支出或收入等量资金 A,且其总的现值为 P,则每年应付金额为

$$A = \dfrac{r(1+r)^m}{(1+r)^m - 1} P,$$

式中,$\dfrac{r(1+r)^m}{(1+r)^m - 1}$ 称为**资本还原因子**,可用来计算折旧费用.

例 4 某工程最初投资 10 万元,年利率 15%,10 年折旧完毕,每年应提取多少等量收入 A 作为折旧费用?

解 已知 $P=10$ 万元,$r=0.15$,$m=10$ 年,则
$$A=\frac{0.15(1+0.15)^{10}}{(1+0.15)^{10}-1}\times 10 \text{ 万元}\approx 1.992\,904 \text{ 万元}.$$

2.7.2 供求分析中的蛛网模型

1. 静态分析

讨论完全竞争条件下单个商品的市场模型:
$$\begin{cases}Q_d=f(p) & \text{(需求函数)},\\ Q_s=\varphi(p) & \text{(供给函数)},\\ Q_d=Q_s & \text{(均衡条件)}.\end{cases}$$

为便于讨论,将其简化为线性模型:
$$\begin{cases}Q_d=a-bp,\\ Q_s=-c+dp,\\ Q_d=Q_s,\end{cases}$$

其中 $a>0,c>0,b>0,d>0$.

当供求平衡时,有
$$\bar{p}=\frac{a+c}{b+d} \quad \text{(市场均衡价格)}.$$

考虑到商品的生产需要一定的时间,把所需时间定为一个单位,则该商品在 t 时刻的供应量 X_{st} 应由前一时刻的商品价格 p_{t-1} 决定,因此其模型应改为
$$\begin{cases}Q_d=a-bp_t,\\ Q_s=-c+dp_{t-1},\\ Q_d=Q_s.\end{cases}$$

假定某一新产品投入市场时,初始定价为 p_0,分析价格随时间变动的趋势.

其中: a 为最大需求量; $-b$ 为边际需求; $\dfrac{d}{c}$ 为最低供应价 (p_0 与它们的关系); $\dfrac{a}{b}$ 为最高需求价.

2. 动态分析

(1) 由于市场的需求,一种新产品投放市场初始定价为 p_0.

(2) 从图 2-9 看见,对应于此价格供应量小于需求量,供不应求,拉动价格上涨为 p_1,此时有
$$\begin{cases}Q_d=a-bp_1,\\ Q_s=-c+dp_0,\\ Q_d=Q_s,\end{cases}$$

解得 $p_1=\dfrac{a+c}{b}-\dfrac{d}{b}p_0$.

由 $\bar{p}=\dfrac{a+c}{b+d}$ 得 $a+c=(b+d)\bar{p}$,代入上式得

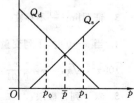

图 2-9

$$p_1 = \frac{a+c}{b} - \frac{d}{b}p_0 = \frac{(b+d)\bar{p}}{b} - \frac{d}{b}p_0$$

$$= \left(1 + \frac{d}{b}\right)\bar{p} - \frac{d}{b}p_0 = \bar{p} + (p_0 - \bar{p})\left(-\frac{d}{b}\right).$$

(3) 当价格上涨为 p_1 后,对应于此价格的供应量大于需求量. 当供大于求时,价格被迫压低为 p_2,类似于(2)的计算,可得

$$p_2 = \bar{p} + (p_0 - \bar{p})\left(-\frac{d}{b}\right)^2.$$

(4) 该厂经若干波动周期后,会有

$$p_n = \bar{p} + (p_0 - \bar{p})\left(-\frac{d}{b}\right)^n,$$

于是市场上商品价格的变动表现为数列 $p_0, p_1, p_2, \cdots, p_n, \cdots$.

当 $b > d$ 时,$\frac{d}{b} < 1$,数列 p_n 收敛于 $\bar{p}$,即

$$\lim_{n \to \infty} p_n = \lim_{n \to \infty}\left[\bar{p} + (p_0 - \bar{p})\left(-\frac{d}{b}\right)^n\right] = \bar{p}.$$

分析表明:在 $b > d$ 的条件下,无论初始定价 p_0 是多少,该厂价格波动若干周期后,商品的价格都会趋于一个稳定值 $\bar{p}$(市场均衡价).

条件 $b > d$ 的经济意义是:市场是由消费者主导的买方市场. b 是边际需求,d 是边际供应,边际需求量大于边际供应量就像一支"无形之手",把商品的价格推向市场均衡价,使得商品价格日趋稳定.

习 题 2

1. 写出下列各数列的通项,通过观察指出哪个收敛?哪个不收敛?收敛的极限值是多少?

(1) $1, -\frac{1}{2}, \frac{1}{3}, -\frac{1}{4}, \cdots$;

(2) $1, -2, 3, -4, \cdots$;

(3) $0, \frac{1}{3}, 0, \frac{1}{5}, 0, \frac{1}{7}, \cdots$.

2. 设 $f(x) = \begin{cases} x, & x < 3 \\ 3x - 1, & x \geq 3 \end{cases}$,作 $f(x)$ 的图形,并讨论当 $x \to 3$ 时 $f(x)$ 的左、右极限.

3. 证明 $\lim\limits_{x \to 0} \frac{|x|}{x}$ 不存在.

4. 当 $x \to 0$ 时,下列变量中哪些是无穷小量:

$100x^2$, $\sqrt[3]{x}$, $\frac{2}{x}$, $\frac{x}{0.01}$, $\frac{x}{x^2}$, $\frac{x^2}{x}$, $x^2 + 0.1x$, $\frac{1}{2}x - x^2$.

5. 求下列各极限:

(1) $\lim\limits_{x \to -2}(3x^2 - 5x + 1)$;

(2) $\lim\limits_{t \to 0} \frac{3t-5}{t+2}$;

(3) $\lim\limits_{x\to\sqrt{3}}\dfrac{x^2-3}{x^4+x^2+1}$;

(4) $\lim\limits_{t\to\infty}\dfrac{3t^2-5t+4}{t^2+2}$;

(5) $\lim\limits_{x\to 0}\dfrac{x+e^{x^2+3}+x^2}{e^3+x}$;

(6) $\lim\limits_{x\to 1}\dfrac{x^2-1}{2x^2-x-1}$;

(7) $\lim\limits_{x\to 0}\dfrac{4x^3-2x^2+x}{3x^2+2x}$;

(8) $\lim\limits_{x\to 1}\dfrac{x^2-3x+2}{1-x^2}$;

(9) $\lim\limits_{h\to 0}\dfrac{(x+h)^3-x^3}{h}$;

(10) $\lim\limits_{x\to\infty}\dfrac{x^3-2x+5}{2x^3-7}$;

(11) $\lim\limits_{u\to+\infty}\dfrac{\sqrt[4]{1+u^3}}{1+u}$;

(12) $\lim\limits_{n\to\infty}\dfrac{(n-1)^2}{n+1}$;

(13) $\lim\limits_{x\to\infty}\dfrac{(2x+1)^{30}(3x-2)^{20}}{(2x-1)^{50}}$;

(14) $\lim\limits_{x\to 0}\dfrac{x^2}{1-\sqrt{1+x^2}}$;

(15) $\lim\limits_{x\to -8}\dfrac{\sqrt{1-x}-3}{2+\sqrt[3]{x}}$;

(16) $\lim\limits_{x\to 1}\left(\dfrac{3}{1-x^3}-\dfrac{1}{1-x}\right)$;

(17) $\lim\limits_{x\to+\infty}(\sqrt{x^2+x+1}-\sqrt{x^2-x+1})$;

(18) $\lim\limits_{x\to+\infty}(\sqrt{(x+p)(x+q)}-x)$;

(19) $\lim\limits_{x\to\infty}\dfrac{x^2+1}{x^3+x}(3+\cos x)$;

(20) $\lim\limits_{x\to\infty}\dfrac{\sin x}{x}$.

6. 设 $f(x)=\sqrt{x}$,求 $\lim\limits_{h\to 0}\dfrac{f(x+h)-f(x)}{h}$.

7. 设 $f(x)=\begin{cases}3x+2, & x\leqslant 0,\\ x^2+1, & 0<x\leqslant 1,\\ \dfrac{2}{x}, & 1<x,\end{cases}$ 分别讨论 $x\to 0$ 及 $x\to 1$ 时 $f(x)$ 的极限是否存在?

8. 设 $f(x)=\begin{cases}\dfrac{1}{x^2}, & x<0,\\ 0, & x=0,\\ x^2-2x, & 0<x\leqslant 2,\\ 3x-6, & 2<x,\end{cases}$ 讨论 $x\to 0$ 及 $x\to 2$ 时,$f(x)$ 的极限是否存在,并且求 $\lim\limits_{x\to-\infty}f(x)$ 及 $\lim\limits_{x\to+\infty}f(x)$.

9. 已知 $\lim\limits_{x\to c}f(x)=4,\lim\limits_{x\to c}g(x)=1,\lim\limits_{x\to c}h(x)=0$,求下列极限:

(1) $\lim\limits_{x\to c}\dfrac{g(x)}{f(x)}$;

(2) $\lim\limits_{x\to c}\dfrac{h(x)}{f(x)-g(x)}$;

(3) $\lim\limits_{x\to c}[f(x)\cdot g(x)]$;

(4) $\lim\limits_{x\to c}[f(x)\cdot h(x)]$;

(5) $\lim\limits_{x\to c}\dfrac{g(x)}{h(x)}$.

10. 若 $\lim\limits_{x\to 3}\dfrac{x^2-2x+k}{x-3}=4$,求 k 值.

11. 若 $\lim\limits_{x\to 1}\dfrac{x^2+ax+b}{1-x}=5$,求 a,b 的值.

12. 当 $x\to 0$ 时,试将下列无穷小量与无穷小量 x 进行比较.

(1) $x^3+1\,000x$;

(2) $\sqrt{1+x}-\sqrt{1-x}$.

13. 求下列极限:

(1) $\lim\limits_{x\to 0}\dfrac{\tan x-\sin x}{x}$; (2) $\lim\limits_{x\to 0}\dfrac{\sin 2x}{\sin 3x}$;

(3) $\lim\limits_{x\to 0}\dfrac{x-\sin x}{x+\sin x}$; (4) $\lim\limits_{x\to 0}\dfrac{\tan x-\sin x}{\sin^3 x}$.

14. 求下列极限:

(1) $\lim\limits_{x\to\infty}\left(1+\dfrac{2}{x}\right)^{2x}$; (2) $\lim\limits_{x\to\infty}\left(1-\dfrac{2}{x}\right)^{\frac{x}{2}-1}$;

(3) $\lim\limits_{x\to 0}\left(\dfrac{2-x}{2}\right)^{\frac{2}{x}}$; (4) $\lim\limits_{x\to\infty}\left(\dfrac{x-1}{x+1}\right)^{x}$.

15. 证明下列函数在 $(-\infty,+\infty)$ 内是连续函数.

(1) $y=3x^2+1$; (2) $y=\cos x$.

16. 求下列函数的间断点:

(1) $y=\dfrac{1}{(x+2)^2}$; (2) $y=\dfrac{x^2-1}{x^2-3x+2}$;

(3) $y=\dfrac{\sin x}{x}$; (4) $y=\begin{cases}\dfrac{1-x^2}{1-x},& x\neq 1,\\ 0,& x=1\end{cases}$;

(5) $y=\begin{cases}0,& x<1,\\ 2x+1,& 1\leqslant x<2,\\ 1+x^2,& 2\leqslant x.\end{cases}$

17. 函数 $f(x)=\begin{cases}x-1,& x\leqslant 0,\\ x^2,& x>0\end{cases}$ 在点 $x=0$ 处是否连续? 并作出 $f(x)$ 的图形.

18. 函数 $f(x)=\begin{cases}2x,& 0\leqslant x<1,\\ 3-x,& 1\leqslant x\leqslant 2\end{cases}$ 在闭区间 $[0,2]$ 上是否连续? 并作出 $f(x)$ 的图形.

19. 设 $f(x)=\begin{cases}\dfrac{\sin x}{x},& x<0,\\ k(\text{常数}),& x=0,\\ x\sin\dfrac{1}{x}+1,& x>0,\end{cases}$ 问 k 为何值时,函数 $f(x)$ 在其定义域内连续.

20. 设 $f(x)=\begin{cases}\dfrac{\sin 2x}{x},& x<0,\\ 3x^2-2x+k,& x\geqslant 0,\end{cases}$ 问当 k 为何值时,函数 $f(x)$ 在其定义域内连续.

21. 下列函数 $f(x)$ 在点 $x=0$ 处是否连续? 为什么?

(1) $f(x)=\begin{cases}x^2\sin\dfrac{1}{x},& x\neq 0,\\ 0,& x=0\end{cases}$; (2) $f(x)=\begin{cases}e^{-1/x^2},& x\neq 0,\\ 0,& x=0\end{cases}$;

(3) $f(x)=\begin{cases}\dfrac{\sin x}{|x|},& x\neq 0,\\ 1,& x=0\end{cases}$; (4) $f(x)=\begin{cases}e^x,& x\leqslant 0,\\ \dfrac{\sin x}{x},& x>0.\end{cases}$

22. 证明方程 $x^5-3x=1$ 在区间 $(1,2)$ 内至少存在一个实根.

23. 证明曲线 $y=x^4-3x^2+7x-10$ 在区间 $(1,2)$ 内至少与 x 轴有一个交点.

24. 证明方程 $\sin x+x+a=0$ (a 为正常数) 在区间 $(-\infty,0)$ 内至少有一个实根.

第3章 导数与微分

在科学研究与实际生活中,除了会遇到变量之间的函数关系以外,还经常遇到需要考虑函数值随自变量的变化而变化的快慢问题,即相对变化率问题——导数,以及由近似计算产生的且与导数密切相关的微分.导数与微分在自然科学和社会科学领域中有着广泛的应用,是微分学的基本内容,是微积分的重要组成部分.本章以极限概念为基础,引进导数和微分的概念,并给出导数与微分的计算方法.

3.1 导数的概念

3.1.1 引例

下面以平面曲线的切线的斜率作为引例,来引出导数的概念.

已知曲线 $y=f(x)$,且曲线在点 $M(x_0,y_0)$ 处连续,其中 $y_0=f(x_0)$,在曲线上另取一点 $M_1(x_0+\Delta x,y_0+\Delta y)$,如图 3-1 所示,连接 M,M_1 两点,得割线 MM_1,则割线 MM_1 的极限位置 MT 就称为曲线 $y=f(x)$ 在点 M 处的切线.设割线 MM_1 的倾斜角为 φ,则割线 MM_1 的斜率为

$$k_{MM_1}=\tan\varphi=\frac{\Delta y}{\Delta x}=\frac{f(x_0+\Delta x)-f(x_0)}{\Delta x}.$$

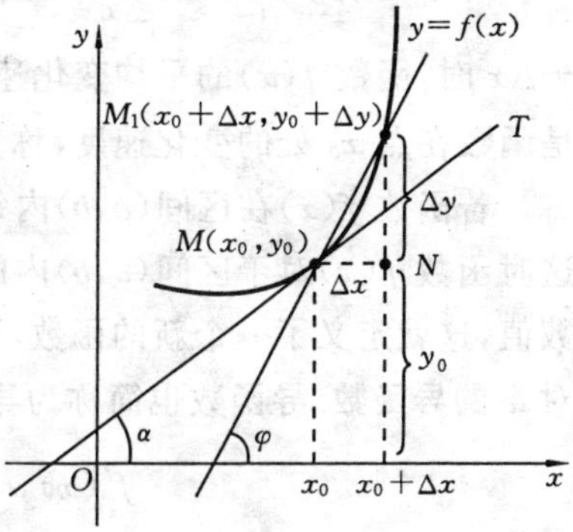

显然,由于曲线在点 $M(x_0,y_0)$ 处连续,故点 M_1 沿曲线趋近于点 M 等价于 $\Delta x \to 0$,此时,倾斜角 φ 趋于切线的倾斜角 α,再由正切函数的连续性知,割线的斜率 $\tan\varphi$ 将趋近于切线的斜率 $\tan\alpha$,于是,曲线 $y=f(x)$ 在点 $M(x_0,y_0)$ 处的切线斜率为

$$k=\tan\alpha=\lim_{\Delta x \to 0}\tan\varphi=\lim_{\Delta x \to 0}\frac{\Delta y}{\Delta x}=\lim_{\Delta x \to 0}\frac{f(x_0+\Delta x)-f(x_0)}{\Delta x}.$$

图 3-1

由此可见,曲线 $y=f(x)$ 在点 $M(x_0,y_0)$ 处的切线斜率为函数 $y=f(x)$ 的改变量 Δy 与自变量 x 的改变量 Δx 的比值 $\frac{\Delta y}{\Delta x}$ 在自变量的改变量 $\Delta x \to 0$ 时的极限.

上面的例子的数学形式可归结为计算函数的改变量 Δy 与其自变量的改变量

Δx 的比值 $\frac{\Delta y}{\Delta x}$(当 $\Delta x \to 0$ 时)的极限,抽象出这种形式的极限,就得到函数的变化率——导数的定义.

3.1.2 导数的定义

定义 1 设函数 $y=f(x)$ 在点 x_0 处的某一邻域内有定义,当自变量 x 在 x_0 处有改变量 Δx($x_0+\Delta x$ 也在该邻域内)时,相应地函数有改变量 $\Delta y=f(x_0+\Delta x)-f(x_0)$. 如果 $\lim\limits_{\Delta x \to 0}\frac{\Delta y}{\Delta x}$ 存在,则称此极限为函数 $y=f(x)$ 在点 x_0 处的**导数**,记为 $f'(x_0)$, $\frac{\mathrm{d}y}{\mathrm{d}x}\Big|_{x=x_0}$,$\frac{\mathrm{d}f}{\mathrm{d}x}\Big|_{x=x_0}$ 或 $y'|_{x=x_0}$,即

$$f'(x_0)=\lim_{\Delta x \to 0}\frac{f(x_0+\Delta x)-f(x_0)}{\Delta x}.$$

点 x_0 为**可导点**,也称函数 $y=f(x)$ 在点 x_0 处的导数存在或可导;如果 $\lim\limits_{\Delta x \to 0}\frac{\Delta y}{\Delta x}$ 不存在,则称函数 $y=f(x)$ 在点 x_0 处的导数不存在或不可导.

根据导数的定义,上述引例的问题可以用导数表述如下:过曲线某点的切线的斜率是函数 $y=f(x)$ 在点 x_0 处的导数,即

$$k=f'(x_0).$$

对于函数 $y=f(x)$,$\frac{\Delta y}{\Delta x}=\frac{f(x_0+\Delta x)-f(x_0)}{\Delta x}$ 反映的是自变量 x 从 x_0 变化到 $x_0+\Delta x$ 时,函数 $f(x)$ 的平均变化速度,称为函数的平均变化率,而导数 $f'(x_0)$ 反映的是函数在点 x_0 处的变化速度,称为函数在点 x_0 处的变化率.

若函数 $f(x)$ 在区间 (a,b) 内每一点都可导,就称函数 $f(x)$ 在区间 (a,b) 内可导. 这时函数 $f(x)$ 对于区间 (a,b) 内的每一个确定的 x 值来说,都对应着一个确定的导数值,这就定义了一个新的函数,通常称这个新函数为函数 $y=f(x)$ 在区间 (a,b) 内对 x 的**导函数**. 导函数也简称为**导数**,记为

$$f'(x), \quad \frac{\mathrm{d}y}{\mathrm{d}x}, \quad \frac{\mathrm{d}}{\mathrm{d}x}f(x) \quad \text{或} \quad y'.$$

对于函数在点 x_0 处的 $f'(x_0)$ 可以看做是导函数 $f'(x)$ 在点 x_0 处的函数值,即要求 $f'(x_0)$,可先求 $f'(x)$,再求 $f'(x)$ 在点 x_0 处对应的函数值即可.

3.1.3 利用定义求导数

利用定义求导数的一般步骤.

(1) 求函数的改变量 Δy:$\Delta y=f(x+\Delta x)-f(x)$.

(2) 求比值 $\frac{\Delta y}{\Delta x}$.

(3) 取极限 $f'(x)$：$f'(x)=\lim\limits_{\Delta x\to 0}\dfrac{\Delta y}{\Delta x}=\dfrac{f(x+\Delta x)-f(x)}{\Delta x}$.

例1 设 $f(x)=x^2$，求 $f'(x)$，$f'(0)$，$f'(x_0)$.

解 (1) 求函数的改变量. 当自变量在 x 处取改变量 Δx 时，函数相应取得的改变量 Δy 为

$$\Delta y=f(x+\Delta x)-f(x)=(x+\Delta x)^2-x^2=2x\cdot\Delta x+\Delta x^2.$$

(2) 求比值.

$$\dfrac{\Delta y}{\Delta x}=\dfrac{2x\Delta x+\Delta x^2}{\Delta x}=2x+\Delta x.$$

(3) 取极限. 因

$$f'(x)=\lim\limits_{\Delta x\to 0}\dfrac{\Delta y}{\Delta x}=\lim\limits_{\Delta x\to 0}(2x+\Delta x)=2x,$$

故 $f'(0)=f'(x)|_{x=0}=2\times 0=0$，$f'(x_0)=f'(x)|_{x=x_0}=2x_0$.

例2 设 $f(x)=C$（C 为常数），求 $f'(x)$.

解 (1) 求函数的改变量. 当自变量 x 取得改变量 Δx，函数相应取得的改变量 Δy 为

$$\Delta y=C-C=0.$$

(2) 求比值.

$$\dfrac{\Delta y}{\Delta x}=\dfrac{0}{\Delta x}=0.$$

(3) 取极限.

$$f'(x)=\lim\limits_{\Delta x\to 0}\dfrac{\Delta y}{\Delta x}=\lim\limits_{\Delta x\to 0}0=0.$$

故常数的导数为零，即 $(C)'=0$.

例3 设 $f(x)=\sin x$，求 $f'(x)$，$f'\left(\dfrac{\pi}{2}\right)$，$f'(0)$.

解 (1) 求函数改变量. 当自变量 x 取得改变量 Δx，函数相应取得的改变量 Δy 为

$$\Delta y=\sin(x+\Delta x)-\sin x=2\sin\dfrac{\Delta x}{2}\cdot\cos\left(x+\dfrac{\Delta x}{2}\right).$$

(2) 求比值.

$$\dfrac{\Delta y}{\Delta x}=\dfrac{2\sin\dfrac{\Delta x}{2}\cdot\cos\left(x+\dfrac{\Delta x}{2}\right)}{\Delta x}.$$

(3) 取极限. 因

$$f'(x)=\lim\limits_{\Delta x\to 0}\dfrac{\Delta y}{\Delta x}=\lim\limits_{\Delta x\to 0}\dfrac{\sin\dfrac{\Delta x}{2}}{\dfrac{\Delta x}{2}}\cdot\cos\left(x+\dfrac{\Delta x}{2}\right)=\cos x,$$

$$f'\left(\frac{\pi}{2}\right)=\cos\frac{\pi}{2}=0, \quad f'(0)=\cos 0=1.$$

于是,正弦函数的导数公式为 $(\sin x)'=\cos x$.

用同样的方法,不难得到余弦函数的导数公式为 $(\cos x)'=-\sin x$.

通过上述例题可以对导数的定义及求导过程有一个初步的了解,但有时为了方便,也可将导数写成其他形式.

形式 1 设 $h=\Delta x$,其导数形式可写为

$$f'(x_0)=\lim_{h\to 0}\frac{f(x_0+h)-f(x_0)}{h}.$$

例 4 求 $y=x^n$(n 为正整数)的导数.

解 (1) 求当自变量 x 取得改变量 $\Delta x=h$ 时,函数相应取得的改变量 Δy 为

$$\Delta y=f(x+h)-f(x)=(x+h)^n-x^n.$$

(2) 求比值.

$$\frac{\Delta y}{h}=\frac{(x+h)^n-x^n}{h}$$

$$=\frac{x^n+nx^{n-1}h+\frac{n(n-1)}{2!}x^{n-2}h^2+\frac{n(n-1)(n-2)}{3!}x^{n-3}h^3+\cdots+h^n-x^n}{h}$$

$$=nx^{n-1}+\frac{n(n-1)}{2!}x^{n-2}h+\frac{n(n-1)(n-2)}{3!}x^{n-3}h^2+\cdots+h^{n-1}.$$

(3) 取极限.

$$f'(x)=\lim_{h\to 0}\frac{\Delta y}{h}=\lim_{h\to 0}\left[nx^{n-1}+\frac{n(n-1)}{2!}x^{n-2}h+\frac{n(n-1)(n-2)}{3!}x^{n-3}h^2+\cdots+h^{n-1}\right]$$

$$=nx^{n-1}+0=nx^{n-1},$$

即 $$f'(x)=(x^n)'=nx^{n-1}. \qquad (*)$$

一般来说,式 $(*)$ 对任何实数都成立,即 $(x^\mu)'=\mu x^{\mu-1}$. 如 $(x^5)'=5x^4$, $(x^{\frac{3}{5}})'=\frac{3}{5}x^{-\frac{2}{5}}$, $\left(\frac{1}{x}\right)'=(x^{-1})'=-x^{-2}=-\frac{1}{x^2}$, $\left(\frac{1}{\sqrt[3]{x}}\right)'=(x^{-\frac{1}{3}})'=-\frac{1}{3}x^{-\frac{4}{3}}$.

形式 2 设 $x=x_0+\Delta x$,其导数形式可写为

$$f'(x_0)=\lim_{x\to x_0}\frac{f(x)-f(x_0)}{x-x_0}.$$

特别地,当 $x_0=0, f(0)=0$ 时,有

$$f'(0)=\lim_{x\to 0}\frac{f(x)-f(0)}{x-0}=\lim_{x\to 0}\frac{f(x)}{x}.$$

例 5 求对数函数 $f(x)=\log_a x$ ($a>0, a\neq 1$)的导数.

解 $$\lim_{\Delta x\to 0}\frac{f(x_0+\Delta x)-f(x_0)}{\Delta x}=\lim_{\Delta x\to 0}\frac{\log_a(x+\Delta x)-\log_a x}{\Delta x}=\lim_{\Delta x\to 0}\frac{\log_a\left(1+\frac{\Delta x}{x}\right)}{\Delta x}$$

$$= \lim_{\Delta x \to 0} \log_a \left(1 + \frac{\Delta x}{x}\right)^{\frac{1}{\Delta x}} = \log_a e^{\frac{1}{x}} = \frac{1}{x} \log_a e$$

$$= \frac{1}{x} \cdot \frac{\ln e}{\ln a} = \frac{1}{x \ln a},$$

即

$$(\log_a x)' = \frac{1}{x \ln a}.$$

特别地,当 $a = e$ 时,$(\ln x)' = \frac{1}{x}$.

3.1.4 左导数与右导数

函数的导数是函数改变量与自变量的改变量的比值的极限,因为极限有左极限与右极限,所以导数也有左导数与右导数的概念.

定义 2 设 $y = f(x)$ 在 $(a, x_0]$ 内有定义,若 $\lim\limits_{\Delta x \to 0^-} \dfrac{f(x_0 + \Delta x) - f(x_0)}{\Delta x}$ 存在,则称此极限为 $y = f(x)$ 在点 $x = x_0$ 处的**左导数**,记为 $f'_-(x_0)$,即

$$f'_-(x_0) = \lim_{\Delta x \to 0^-} \frac{f(x_0 + \Delta x) - f(x_0)}{\Delta x}.$$

同样,可以定义 $f(x)$ 在点 $x = x_0$ 处的**右导数**为

$$f'_+(x_0) = \lim_{\Delta x \to 0^+} \frac{f(x_0 + \Delta x) - f(x_0)}{\Delta x}.$$

显然,可以用下面的形式来定义左导数和右导数:

$$f'_-(x_0) = \lim_{x \to x_0^-} \frac{f(x) - f(x_0)}{x - x_0}, \quad f'_+(x_0) = \lim_{x \to x_0^+} \frac{f(x) - f(x_0)}{x - x_0}.$$

由极限定义不难得到下面的结论.

定理 1 函数 $y = f(x)$ 在点 $x = x_0$ 处可导的充分必要条件是 $y = f(x)$ 在 $x = x_0$ 的左、右导数存在且相等.

例 6 设 $f(x) = \begin{cases} 1 - \cos x, & -\infty < x < 0, \\ x^2, & 0 \leqslant x < 1, \\ x^3, & 1 \leqslant x < +\infty, \end{cases}$ 分别讨论 $f(x)$ 在点 $x = 0$ 和 $x = 1$ 处的可导性.

解 在分段函数的分段点处讨论可导性,必须求出左、右导数并判断它们是否存在且相等.

因为 $\quad f'_-(0) = \lim\limits_{x \to 0^-} \dfrac{f(x) - f(0)}{x - 0} = \lim\limits_{x \to 0^-} \dfrac{1 - \cos x}{x} = \lim\limits_{x \to 0^-} \dfrac{2 \sin^2 \dfrac{x}{2}}{x} = 0,$

$$f'_+(0) = \lim_{x \to 0^+} \frac{f(x) - f(0)}{x - 0} = \lim_{x \to 0^+} \frac{x^2}{x} = 0,$$

则有 $f'_-(0) = f'_+(0)$,所以 $y = f(x)$ 在点 $x = 0$ 可导,且 $f'(0) = 0$.

又因为 $f'_-(1) = \lim\limits_{x \to 1^-} \dfrac{f(x)-f(1)}{x-1} = \lim\limits_{x \to 1^-} \dfrac{x^2-1}{x-1} = 2,$

$$f'_+(1) = \lim\limits_{x \to 0^+} \dfrac{f(x)-f(1)}{x-1} = \lim\limits_{x \to 1^+} \dfrac{x^3-1}{x-1} = \lim\limits_{x \to 1^+}(x^2+x+1) = 3,$$

则有 $f'_+(1) \neq f'_-(1)$,所以 $y=f(x)$ 在点 $x=1$ 处不可导.

3.1.5 可导性与连续性的关系

定理 2 若函数 $y=f(x)$ 在点 $x=x_0$ 处可导,则函数 $y=f(x)$ 在点 $x=x_0$ 处一定连续.反之,若 $y=f(x)$ 在点 $x=x_0$ 处连续,则 $y=f(x)$ 在点 $x=x_0$ 处不一定可导.

下面举两个例子来说明.

例 7 设 $f(x)=|x|$,讨论 $f(x)$ 在点 $x=0$ 处的连续性与可导性.

解 如图 3-2 所示,其函数可表示为

$$f(x)=|x|=\begin{cases} x, & x \geqslant 0, \\ -x, & x < 0. \end{cases}$$

因为 $\lim\limits_{x \to 0^+} f(x) = \lim\limits_{x \to 0^+} x = 0$, $\lim\limits_{x \to 0^-} f(x) = \lim\limits_{x \to 0^-} (-x) = 0$,

且 $f(0)=0$,所以 $y=f(x)$ 在点 $x=0$ 处连续.

但是,$f(x)$ 在点 $x=0$ 处不可导.这是因为

$$f'_-(0) = \lim\limits_{x \to 0^-} \dfrac{f(x)-f(0)}{x} = \lim\limits_{x \to 0^-} \dfrac{-x}{x} = -1,$$

$$f'_+(0) = \lim\limits_{x \to 0^+} \dfrac{f(x)-f(0)}{x} = \lim\limits_{x \to 0^+} \dfrac{x}{x} = 1,$$

则有 $f'_-(0) \neq f'_+(0)$,故 $f(x)$ 在点 $x=0$ 处不可导.

因此 $y=f(x)$ 在点 $x=0$ 处连续但不可导.

图 3-2　　　　　　　　图 3-3

例 8 设 $f(x)=\sqrt[3]{x}$,讨论 $f(x)$ 在点 $x=x_0$ 处的连续性与可导性.

解 因 $\lim\limits_{x \to 0} f(x) = \lim\limits_{x \to 0} \sqrt[3]{x} = 0 = f(0),$

故 $f(x)=\sqrt[3]{x}$ 在点 $x=x_0$ 处连续,但

$$\lim\limits_{x \to 0} \dfrac{f(x)-f(0)}{x-0} = \lim\limits_{x \to 0} \dfrac{\sqrt[3]{x}}{x} = \infty \text{ (极限不存在)},$$

故 $f(x)=\sqrt[3]{x}$ 在点 $x=x_0$ 处连续但不可导(见图 3-3).

若 $y=f(x)$ 在点 x_0 处可导,则 $y=f(x)$ 在点 x_0 处必连续,反之不然. 换句话说, $y=f(x)$ 在点 x_0 处连续,是 $y=f(x)$ 在点 x_0 处可导的必要条件,但不是充分条件.

3.1.6 导数的几何意义

由前面的讨论可知,如果函数 $y=f(x)$ 在点 x_0 处可导,则其导数 $f'(x_0)$ 的几何意义是:$f'(x_0)$ 为曲线 $y=f(x)$ 在点 $(x_0,f(x_0))$ 处的切线的斜率. 特别地,若 $f'(x_0)=0$,则曲线 $y=f(x)$ 在点 $(x_0,f(x_0))$ 的切线平行于 x 轴;若 $f'(x_0)$ 不存在,且 $f'(x_0)=\infty$,则曲线 $y=f(x)$ 在点 $(x_0,f(x_0))$ 的切线垂直于 x 轴.

若 $f'(x_0)$ 存在且 $f'(x_0)\neq 0$,则曲线 $y=f(x)$ 在点 $(x_0,f(x_0))$ 处的切线方程为
$$y-f(x_0)=f'(x_0)(x-x_0),$$
其法线方程为
$$y-f(x_0)=-\frac{1}{f'(x_0)}(x-x_0).$$

若 $f'(x_0)=\infty$,则切线垂直于 x 轴,其切线方程为 $x=x_0$;其法线方程为 $y=f(x_0)$.

若 $f'(x_0)=0$,则切线平行于 x 轴,其切线方程为 $y=f(x_0)$,其法线方程为 $x=x_0$.

例 9 求曲线 $y=x^2$ 在点 $M(1,1)$ 处的切线方程和法线方程.

解 由导数的定义知 $(x^2)'=2x$,因而在点 M 处的切线斜率为
$$k=2\times 1=2,$$
所以过点 $M(1,1)$ 的切线方程为
$$y-1=2(x-1), \quad 即 \quad y=2x-1.$$

因法线的斜率与切线的斜率之积等于 -1,所以法线的斜率为 $-\frac{1}{2}$,所以过点 $M(1,1)$ 的法线方程为
$$y-1=-\frac{1}{2}(x-1), \quad 即 \quad y=-\frac{1}{2}x+\frac{3}{2}.$$

例 10 求过曲线 $y=\sqrt{x^3}$ 上一点且通过点 $(0,-4)$ 的切线方程.

解 设切点为 (x_0,y_0),则切线的斜率为
$$f'(x_0)=\frac{3}{2}\sqrt{x}\Big|_{x=x_0}=\frac{3}{2}\sqrt{x_0}.$$
由导数的几何意义知,所求的切线方程可写为
$$y-y_0=\frac{3}{2}\sqrt{x_0}(x-x_0).$$

而切点 (x_0,y_0) 在曲线 $y=\sqrt{x^3}$ 上,则有
$$y_0=\sqrt{x_0^3}. \tag{1}$$

切线通过点 $(0,-4)$,即点 $(0,-4)$ 满足切线方程,则

$$-4-y_0 = \frac{3}{2}\sqrt{x_0}(0-x_0). \tag{2}$$

联立式(1)、式(2),可以解出 $x_0=4, y_0=8$,即所求的切线方程为
$$3x-y-4=0.$$

3.1.7 高阶导数

定义 3 如果函数 $y=f(x)$ 的导函数 $f'(x)$ 在点 x 处可导,则称导函数 $f'(x)$ 在点 x 处的导数为 $y=f(x)$ 的二阶导数,记为

$$y'',\quad f''(x),\quad \frac{\mathrm{d}^2 y}{\mathrm{d}x^2} \quad 或 \quad \frac{\mathrm{d}^2 f(x)}{\mathrm{d}x^2}.$$

类似地,称二阶导数的导数为三阶导数;三阶导数的导数为四阶导数;$\cdots$;$n-1$ 阶导数的导数为 n 阶导数,分别记为

$$\frac{\mathrm{d}^3 y}{\mathrm{d}x^3},\frac{\mathrm{d}^4 y}{\mathrm{d}x^4},\cdots,\frac{\mathrm{d}^n y}{\mathrm{d}x^n};$$

或

$$\frac{\mathrm{d}^3 f}{\mathrm{d}x^3},\frac{\mathrm{d}^4 f}{\mathrm{d}x^4},\cdots,\frac{\mathrm{d}^n f}{\mathrm{d}x^n};$$

或

$$y''',\ y^{(4)},\cdots,\ y^{(n)};$$

或

$$f'''(x),\ f^{(4)}(x),\cdots,\ f^{(n)}(x).$$

二阶或二阶以上的导数称为高阶导数,相应地,称 $f'(x)$ 为一阶导数.

若 $y=f(x)$ 的 n 阶导数 $f^{(n)}(x)$ 存在,则称 $f^{(n)}(x)$ 为 n 阶可导,此时意味着 $f'(x), f''(x), \cdots, f^{(n)}(x)$ 都存在.

3.2 导数的运算

3.2.1 基本初等函数的求导公式

为了运算的方便,下面先给出基本初等函数的导数公式,这些公式有的在前一节中已经用导数的定义推导出来了,有的将随着导数的运算法则的引入而得以证明.

(1) $(C)'=0$ (C 为常数);

(2) $(x^\mu)'=\mu x^{\mu-1}$ (μ 为实数);

(3) $(a^x)'=a^x \ln a$ ($a>0, a\neq 1$);

(4) $(\mathrm{e}^x)'=\mathrm{e}^x$;

(5) $(\log_a x)'=\dfrac{1}{x\ln a}$ ($a>0, a\neq 1$);

(6) $(\ln x)'=\dfrac{1}{x}$;

(7) $(\sin x)'=\cos x$;

(8) $(\cos x)' = -\sin x$；

(9) $(\tan x)' = \sec^2 x$；

(10) $(\cot x)' = -\csc^2 x$；

(11) $(\sec x)' = \sec x \tan x$；

(12) $(\csc x)' = -\csc x \cot x$；

(13) $(\arcsin x)' = \dfrac{1}{\sqrt{1-x^2}}$；

(14) $(\arccos x)' = -\dfrac{1}{\sqrt{1-x^2}}$；

(15) $(\arctan x)' = \dfrac{1}{1+x^2}$；

(16) $(\operatorname{arccot} x)' = -\dfrac{1}{1+x^2}$.

例如： $(x^5)' = 5x^4$， $(x^{-3})' = -3x^{-4}$， $(x^{\frac{5}{2}})' = \dfrac{5}{2}x^{\frac{3}{2}}$，

$$(3^x)' = 3^x \ln 3, \quad (\log_3 x)' = \dfrac{1}{x \ln 3}.$$

3.2.2 导数的四则运算法则

定理1 设函数 $u=u(x), v=v(x)$ 均可导，则 $u \pm v$ 可导，且有 $(u \pm v)' = u' \pm v'$.

例1 已知 $y = \dfrac{1}{x} + x^5 + 7$，求 y'.

解 $y' = \left(\dfrac{1}{x}\right)' + (x^5)' + (7)' = -x^{-2} + 5x^4 + 0 = -\dfrac{1}{x^2} + 5x^4$.

定理2 设 $u=u(x), v=v(x)$ 可导，则 $u \cdot v$ 可导，且有 $(uv)' = u'v + uv'$.

此定理可以推广到有限个函数相乘的情况. 例如，若 u,v,w 分别可导，则
$$(uvw)' = (uv)'w + uv(w)' = u'vw + uv'w + uvw'.$$

例2 $y = \sqrt{x} \sin x$，求 y'.

解 $y' = (\sqrt{x})' \sin x + \sqrt{x} (\sin x)' = \dfrac{1}{2\sqrt{x}} \sin x + \sqrt{x} \cos x$.

推论 若 u 可导，c 为常数，则 $(cu)' = c'u + cu' = cu'$，即求导时，常数因子可以提到导数符号的外面来.

例3 已知 $y = 3\sin x + 4x^2$，求 y'.

解 $y' = (3\sin x)' + (4x^2)' = 3(\sin x)' + 4(x^2)' = 3\cos x + 4 \times 2x = 3\cos x + 8x$.

定理3 设 $u=u(x), v=v(x)$ 可导，且 $v(x) \neq 0$，则 $\dfrac{u}{v}$ 可导，且有

$$\left(\dfrac{u}{v}\right)' = \dfrac{u'v - uv'}{v^2}.$$

例4 已知 $f(x)=\tan x$，求 $f'(x)$.

解 $f'(x)=(\tan x)'=\left(\dfrac{\sin x}{\cos x}\right)'=\dfrac{(\sin x)'\cos x-\sin x(\cos x)'}{\cos^2 x}$

$=\dfrac{\cos^2 x+\sin^2 x}{\cos^2 x}=\dfrac{1}{\cos^2 x}=\sec^2 x.$

同理，可求另外三个基本公式：

$(\cot x)'=-\csc^2 x,\quad (\sec x)'=\sec x\cdot\tan x,\quad (\csc x)'=-\csc x\cdot\cot x.$

3.2.3 复合函数的求导法则

定理4 设 $u=\varphi(x)$ 在 x 可导，即 $\dfrac{du}{dx}=\varphi'(x)=u'_x$ 存在，$y=f(u)$ 在相应点 u 处有导数 $\dfrac{dy}{du}=f'(u)=y'_u$，则复合函数 $y=f[\varphi(x)]$ 在点 x 处的导数存在，且

$$\frac{dy}{dx}=\frac{dy}{du}\cdot\frac{du}{dx}=f'(u)\cdot\varphi'(x),$$

或写为 $\qquad y'_x=y'_u\cdot u'_x.$

上述公式表明，复合函数的导数等于复合函数对中间变量的导数乘以中间变量对自变量的导数. 如 $y=\sin nx$ 由 $y=\sin u,u=nx$ 复合而成，$y'_u=(\sin u)'=\cos u,u'_x=(nx)'=n$，则

$$y'_x=y'_u\cdot u'_x=\cos u\cdot n=n\cos nx.$$

$y=(x^2+2)^2$ 由 $y=u^2,u=x^2+2$ 复合而成，$y'_u=(u^2)'=2u,u'_x=2x$，则

$$y'_x=y'_u\cdot u'_x=2u\cdot 2x=4x(x^2+2).$$

此公式可推广到由有限次复合而成的函数情况. 例如，由 $y=f(u),u=g(v),v=h(x)$ 三个简单函数复合而成的复合函数 $y=f\{g[h(x)]\}$ 对 x 的导数是

$$y'_x=y'_u\cdot u'_v\cdot v'_x.$$

这种复合函数的求导法则也称为**链式法则**.

例5 设 $y=\ln\sin x$，求 y'.

解 设 $y=\ln u,u=\sin x$，则

$$y'=(\ln u)'_u\cdot(\sin x)'_x=\frac{1}{u}\cdot\cos x=\frac{\cos x}{\sin x}=\cot x.$$

例6 设 $y=e^{\tan\sqrt{x}}$，求 y'.

解 $y'=(e^u)'_u\cdot(\tan v)'_v\cdot(\sqrt{x})'_x=e^u\cdot\sec^2 v\cdot\dfrac{1}{2\sqrt{x}}$

$=e^{\tan\sqrt{x}}\cdot\sec^2\sqrt{x}\cdot\dfrac{1}{2\sqrt{x}}=\dfrac{\sec^2\sqrt{x}\cdot e^{\tan\sqrt{x}}}{2\sqrt{x}}.$

对复合函数的求导数过程熟悉以后，可以不必引入中间变量，直接按步骤求导.

例7 设 $y=\ln|x|$，求 y'.

解 因为 $y=\ln|x|=\begin{cases}\ln x, & x>0,\\ \ln(-x), & x<0.\end{cases}$

所以,当 $x>0$ 时, $(\ln|x|)'=(\ln x)'=\dfrac{1}{x}$;

当 $x<0$ 时, $(\ln|x|)'=[\ln(-x)]'=\dfrac{1}{-x}(-x)'=\dfrac{1}{x}$.

因此, $(\ln|x|)'=\dfrac{1}{x}\ (x\neq 0)$.

例8 已知 $f(u)$ 可导,求函数 $y=f(\sin x)$ 的导数.

解 $y'=[f(\sin x)]'=f'(\sin x)\cdot(\sin x)'=f'(\sin x)\cdot\cos x=\cos x\cdot f'(\sin x)$.

注 求此类抽象函数的导数时,应特别注意记号表示的含义,在这个例子中,$f'(\sin x)$ 表示对 $\sin x$ 求导,而 $[f(\sin x)]'$ 表示对 x 求导.

例9 已知 $f(u)$ 可导,设 $y=f(\cos^2 x)+f(e^{2x})$,求 y'.

解
$$\begin{aligned}y'&=f'(\cos^2 x)(\cos^2 x)'+f'(e^{2x})(e^{2x})'\\ &=f'(\cos^2 x)\cdot(2\cos x)\cdot(\cos x)'+f'(e^{2x})\cdot(e^{2x})\cdot(2x)'\\ &=f'(\cos^2 x)\cdot(2\cos x)\cdot(-\sin x)+f'(e^{2x})\cdot(e^{2x})\cdot 2\\ &=-\sin 2x\cdot f'(\cos^2 x)+2f'(e^{2x})\cdot e^{2x}.\end{aligned}$$

3.2.4 反函数的求导法则

定理5 如果单调连续函数 $x=f(y)$ 在某区间内可导,且 $f'(y)\neq 0$,则它的反函数 $y=f^{-1}(x)$ 在相应区间内可导,且有

$$y'=(f^{-1}(x))'=\dfrac{1}{f'(y)}\quad\text{或}\quad\dfrac{\mathrm{d}y}{\mathrm{d}x}=\dfrac{1}{\mathrm{d}x/\mathrm{d}y}.$$

下面利用此定理可以推出反三角函数和指数函数的求导公式.

例10 设 $y=\arcsin x$,求 y'.

解 函数 $x=\sin y$ 在 $\left(-\dfrac{\pi}{2},\dfrac{\pi}{2}\right)$ 内严格单调、可导,且 $(\sin y)'=\cos y>0$,$y\in\left(-\dfrac{\pi}{2},\dfrac{\pi}{2}\right)$. 根据反函数的求导定理知,$y=\arcsin x$ 在 $(-1,1)$ 内可导,且

$$y'=(\arcsin x)'=\dfrac{1}{(\sin y)'}=\dfrac{1}{\cos y}=\dfrac{1}{\sqrt{1-\sin^2 y}}=\dfrac{1}{\sqrt{1-x^2}}.$$

类似地,可得出反余弦函数的导数公式为

$$(\arccos x)'=-\dfrac{1}{\sqrt{1-x^2}}.$$

例11 设 $y=\arctan x$,求 y'.

解 函数 $x=\tan y$ 在区间 $\left(-\dfrac{\pi}{2},\dfrac{\pi}{2}\right)$ 内单调增加且连续可导,又

$$(\tan y)' = \sec^2 y > 0, \quad y \in \left(-\frac{\pi}{2}, \frac{\pi}{2}\right),$$

根据反函数的求导定理知,$y = \arctan x$ 在 $(-\infty, +\infty)$ 内可导,且

$$y' = (\arctan x)' = \frac{1}{(\tan y)'} = \frac{1}{\sec^2 y} = \frac{1}{1+\tan^2 y} = \frac{1}{1+x^2}.$$

类似地,可得出反余切函数的导数公式为

$$(\text{arccot} x)' = -\frac{1}{1+x^2}.$$

例 12 设 $y = a^x (a > 0,$ 且 $a \neq 1)$,求 y'.

解 函数 $x = \log_a y$ 在区间 $(0, +\infty)$ 内单调增加且连续可导,则

$$\frac{dx}{dy} = (\log_a y)' = \frac{1}{y \ln a}.$$

根据反函数的求导定理知,$y = a^x$ 的导数为

$$\frac{dy}{dx} = (a^x)' = \frac{1}{(\log_a y)'} = y \ln a = a^x \ln a.$$

例 13 设函数 $y = \sin x^2$,求 y''.

解 $$y' = 2x \cos x^2,$$
$$y'' = 2(x \cos x^2)' = 2[\cos x^2 + x(-2x \sin x^2)] = 2\cos x^2 - 4x^2 \sin x^2.$$

例 14 $f(x) = (x+10)^6$,求 $f''(-8)$.

解 $f'(x) = 6(x+10)^5, f''(x) = 30(x+10)^4, f''(-8) = 30 \times 2^4 = 480.$

3.3 三种常用的求导方法

3.3.1 隐函数求导法

对于自变量 x 在允许范围内的每一个值,因变量 y 是通过一个数学运算关系式计算所得值与之对应,表现形式一般是以 $y = f(x)$ 来表示,比如 $y = \sin x + x, y = x^3 \ln x$,等等,这种函数通常称为**显函数**. 除了显函数外,还会遇到另一种形式的函数,变量与变量之间是通过一个方程建立的关系,比如 $x^2 + y^2 = 1, 2x + 4y = 1$,等等. 像这种变量与变量之间是由某一个方程 $F(x,y) = 0$ 所确定的函数关系,称为**隐函数**.

有的隐函数可以转化为显函数,比如 $2x + 4y = 1$ 可以转化为 $y = \frac{1}{4}(1-2x)$,但有的隐函数转化为显函数就非常困难,甚至是不可能的,比如 $x^2 + x\cos y + e^{xy} = 1$,所以还要研究隐函数的求导方法.

对于隐函数求导的一般方法是:首先在等式两边对 x 求导,遇到 y 的关系式时将 y 看做中间变量(即 y 的关系式对 y 求导后,y 再对 x 求导),利用复合函数的求导法则,得到含 y' 的方程,解出 y' 即可.

例 1 设 $x^2+xy+y^2=4$,求 y'.

解 将方程两边对 x 求导,得 $2x+y+xy'+2y \cdot y'=0$,解得
$$y'=-\frac{2x+y}{x+2y} \quad (x+2y\neq 0).$$

例 2 求曲线 $2y^2=x^2(x+1)$ 在点 $(1,1)$ 处的切线方程.

解 将方程两边对 x 求导,得 $4yy'=3x^2+2x$,解得
$$y'=\frac{3x^2+2x}{4y}.$$

又点 $(1,1)$ 满足方程 $2y^2=x^2(x+1)$,所以点 $(1,1)$ 为切点.因所求切线的斜率为
$$k=y'\Big|_{x=1}=\frac{5}{4},$$

故所求的切线方程为 $y-1=\frac{5}{4}(x-1)$,化简得
$$5x-4y-1=0.$$

3.3.2 对数求导法

利用隐函数求导法,还可以得到一个简化求导运算的方法.它适合于由几个因子通过乘、除、乘方与开方所构成的比较复杂的函数或幂指函数的求导.这个方法是先取对数,化乘、除为加、减,化乘方、开方为乘积,再利用隐函数求导法则求导,所以称其为**对数求导法**.

例 3 设 $y=\sqrt{\frac{(x-1)(x-2)}{(3-x)(4-x)}}$,求 y'.

解 先在等式两边取绝对值后再取对数,得
$$\ln|y|=\frac{1}{2}\ln\left|\frac{(x-1)(x-2)}{(3-x)(4-x)}\right|$$
$$=\frac{1}{2}[\ln|x-1|+\ln|x-2|-\ln|3-x|-\ln|4-x|],$$

等式两边分别对 x 求导,得
$$\frac{1}{y}y'=\frac{1}{2}\left[\frac{(x-1)'}{x-1}+\frac{(x-2)'}{x-2}-\frac{(3-x)'}{3-x}-\frac{(4-x)'}{4-x}\right].$$

于是,有
$$y'=\frac{1}{2}\sqrt{\frac{(x-1)(x-2)}{(3-x)(4-x)}}\left(\frac{1}{x-1}+\frac{1}{x-2}+\frac{1}{3-x}+\frac{1}{4-x}\right).$$

例 4 设 $y=x^{\sin 3x} (x>0)$,求 y'.

解 本题中的函数是幂指函数,为了求该函数的导数,可以先将两边取对数,得
$$\ln y=\sin 3x \cdot \ln x.$$

两边同时对 x 求导,注意到 y 是 x 的函数,得

$$\frac{1}{y}y' = 3\cos 3x \cdot \ln x + \sin 3x \cdot \frac{1}{x}.$$

于是,得
$$y' = x^{\sin 3x}\left(3\cos 3x \cdot \ln x + \frac{\sin 3x}{x}\right).$$

3.3.3 由参数方程所确定的函数求导方法

前面研究的是由 $y=f(x)$ 和 $F(x,y)=0$ 给出的函数关系的导数问题,但在某些情况下,因变量 y 与自变量 x 的函数关系是通过第三个变量 t(称为参数)给出的.一般地,如果由参数方程

$$\begin{cases} x = \phi(t), \\ y = \theta(t), \end{cases} \alpha \leqslant t \leqslant \beta$$

确定 y 与 x 之间的函数关系,则称此函数关系所表示的函数是由参数方程所确定的函数.

下面研究由参数方程所确定的函数的求导方法. 若函数 $x=\phi(t), y=\theta(t)$ 都可导,且 $\phi'(t) \neq 0$,又 $x=\phi(t)$ 具有单调连续的反函数 $t=\phi^{-1}(x)$,则参数方程所确定的函数可以看成由 $y=\theta(t), t=\phi^{-1}(x)$ 复合而成,根据复合函数与反函数的求导法则,有

$$\frac{\mathrm{d}y}{\mathrm{d}x} = \frac{\mathrm{d}y}{\mathrm{d}t} \cdot \frac{\mathrm{d}t}{\mathrm{d}x} = \frac{\mathrm{d}y}{\mathrm{d}t} \cdot \frac{1}{\frac{\mathrm{d}x}{\mathrm{d}t}} = \frac{\theta'(t)}{\phi'(t)}.$$

例 5 求摆线 $\begin{cases} x = a(t-\sin t), \\ y = a(1-\cos t), \end{cases} a>0, 0 \leqslant t \leqslant 2\pi$ 在点 $t=\frac{\pi}{2}$ 处的切线方程.

解 先求摆线在任意点的切线斜率,即求摆线的导数,有

$$\frac{\mathrm{d}y}{\mathrm{d}x} = \frac{[a(1-\cos t)]'}{[a(t-\sin t)]'} = \frac{a\sin t}{a(1-\cos t)} = \cot\frac{t}{2},$$

即斜率 $k = \dfrac{\mathrm{d}y}{\mathrm{d}x}\bigg|_{t=\frac{\pi}{2}} = 1.$

当 $t=\frac{\pi}{2}$ 时,$x=a\left(\frac{\pi}{2}-1\right), y=a.$ 因此,过点 $\left(a\left(\frac{\pi}{2}-1\right), a\right)$ 的切线方程为

$$y - a = x - \frac{a\pi}{2} + a,$$

即
$$y = x + a\left(2 - \frac{\pi}{2}\right).$$

例 6 设 $\begin{cases} x = a\cos^3 t, \\ y = a\sin^3 t, \end{cases}$ 求 $\dfrac{\mathrm{d}y}{\mathrm{d}x}, \dfrac{\mathrm{d}^2 y}{\mathrm{d}x^2}.$

解
$$\frac{\mathrm{d}y}{\mathrm{d}x} = \frac{\mathrm{d}y/\mathrm{d}t}{\mathrm{d}x/\mathrm{d}t} = \frac{3a\sin^2 t \cdot \cos t}{3a\cos^2 t \cdot (-\sin t)} = -\tan t.$$

若要求二阶导数,则由下列的参数方程构成:

$$\begin{cases} x = a\cos^3 t, \\ \dfrac{\mathrm{d}y}{\mathrm{d}x} = -\tan t, \end{cases}$$

所以 $\dfrac{\mathrm{d}^2 y}{\mathrm{d}x^2} = \dfrac{\dfrac{\mathrm{d}}{\mathrm{d}t}\left(\dfrac{\mathrm{d}y}{\mathrm{d}x}\right)}{\dfrac{\mathrm{d}x}{\mathrm{d}t}} = \dfrac{\dfrac{\mathrm{d}}{\mathrm{d}t}(-\tan t)}{\dfrac{\mathrm{d}}{\mathrm{d}t}(a\cos^3 t)} = \dfrac{-\sec^2 t}{3a\cos^2 t \cdot (-\sin t)} = \dfrac{1}{3a\cos^4 t \cdot \sin t}.$

3.4 微 分

3.4.1 微分的概念

在本节中,将研究微分学中的另一个基本概念——微分.

在许多实际问题中,当分析运动过程时,常常要通过微小的局部的运动来寻找运动规律,于是需要考虑变量的微小改变量.一般来说,计算函数 $y=f(x)$ 的改变量 Δy 的精确值是比较困难的,所以往往需要找出简便的计算方法,来计算它的近似值.

例 1 一块正方形金属薄片(见图 3-4)当受到温度的影响时,它的边长由 x_0 变到 $x_0+\Delta x$,问此薄片的面积改变了多少?

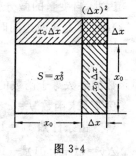

图 3-4

解 设正方形的边长为 x,面积为 A,则 $A=x^2$. 当薄片受到温度的影响时,面积的改变量可以看成是当自变量 x 由 x_0 变到 $x_0+\Delta x$ 时,函数 A 相应的改变量 ΔA,即

$$\Delta A = (x_0+\Delta x)^2 - x_0^2 = 2x_0\Delta x + (\Delta x)^2.$$

从上式可以看出, ΔA 包含两部分:第一部分 $2x_0\Delta x$,它是 Δx 的线性函数;第二部分是 $(\Delta x)^2$,取 $x_0=10, \Delta x=0.01, 2x_0\Delta x=0.02, (\Delta x)^2=0.0001$. 由此可见, $2x_0\Delta x$ 是面积增量 ΔA 的主要部分,而 $(\Delta x)^2$ 与 $2x_0\Delta x$ 相比是微不足道的,是次要部分,当 $|\Delta x|$ 很小时, $(\Delta x)^2$ 部分比 $2x_0\Delta x$ 要小得多. 也就是说,当 $|\Delta x|$ 很小时,第二部分可以忽略,于是第一部分就成了 ΔA 的主要部分;当 $|\Delta x|$ 很小时,面积增量 ΔA 可以近似地用 $2x_0\Delta x$ 表示,即 $\Delta A \approx 2x_0\Delta x$,略去的部分 $(\Delta x)^2$ 是比 Δx 高阶的无穷小,又因 $A'(x_0) = (x^2)'\big|_{x=x_0} = 2x_0$,所以 $\Delta A \approx A'(x_0)\Delta x$.

由此例可以引入函数微分的概念.

定义 1 设 $y=f(x)$ 在点 x_0 处的某邻域内有定义,当自变量在点 x_0 处取得改变量 Δx 时,如果存在常数 A,使得

$$\Delta y = A\Delta x + o(\Delta x)$$

成立,则称函数 $y=f(x)$ 在点 x_0 处**可微**, $A\Delta x$ 称为函数 $y=f(x)$ 在点 x_0 处的**微分**,记为 $\mathrm{d}y\big|_{x=x_0}$,即

$$dy\Big|_{x=x_0}=A\Delta x.$$

由上面的讨论和微分的定义可知:函数 $y=f(x)$ 在点 x_0 处可导时,函数 $y=f(x)$ 在点 x_0 处可微且 $dy\big|_{x=x_0}=f'(x_0)\Delta x$. 反之,若函数 $y=f(x)$ 在点 x_0 处可微,即

$$\Delta y=A\Delta x+o(\Delta x),$$

则 $\lim\limits_{\Delta x\to 0}\dfrac{\Delta y}{\Delta x}=A=f'(x_0)$.

由此可见:函数 $y=f(x)$ 在点 x_0 处可微的充分必要条件是函数 $y=f(x)$ 在点 x_0 处可导,且

$$dy\Big|_{x=x_0}=f'(x_0)\Delta x.$$

若函数 $y=f(x)$ 在区间 (a,b) 内的每一点都可微,则称函数 $y=f(x)$ 在 (a,b) 内是可微的. 函数 $y=f(x)$ 在点 x 处的微分就记为

$$dy=f'(x)\Delta x.$$

特别地,当函数 $y=x$ 时,由上式可得函数的微分为

$$dy=x'\Delta x=\Delta x, \quad 即 \quad dx=\Delta x.$$

因此,自变量的微分就是它的改变量,这样函数 $y=f(x)$ 的微分可以写成 $dy=f'(x)dx$. 在上式两边同时除以 dx,得到

$$\frac{dy}{dx}=f'(x),$$

即函数的导数等于函数的微分与自变量微分之比,因此导数也称为**微商**.

例2 求函数 $y=x^2$ 当 x 由 1 变为 1.01 时的改变量及微分.

解 由条件知 $x_0=1, \Delta x=0.01$,则

$$\Delta y=(1+0.01)^2-1^2=0.0201, \quad dy=(x^2)'\Big|_{x=1}\Delta x=2\times 1\times 0.01=0.02.$$

例3 求函数 $y=\ln x$ 的微分.

解
$$dy=(\ln x)'dx=\frac{1}{x}dx.$$

3.4.2 微分的几何意义

在直角坐标系中作函数 $y=f(x)$ 的图形,在曲线上取定一点 $M(x_0,y_0)$,过点 M 作曲线的切线 MT,则此切线的斜率为

$$f'(x)=\tan\alpha.$$

当自变量在点 x_0 处取得改变量 Δx 时,就得到曲线上另外一点 $N(x_0+\Delta x, y_0+\Delta y)$,过点 M 作有向线段 MQ,由图 3-5 可知

$$MQ=\Delta x, \quad QN=\Delta y, \quad \tan\alpha=\frac{\Delta y}{\Delta x},$$

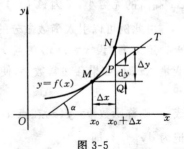

图 3-5

$$QP=|MQ|\tan\alpha=f'(x_0)\Delta x,$$

即
$$dy=QP.$$

由此可见,当 Δy 是曲线 $y=f(x)$ 上的点的纵坐标的增量时,dy 就是曲线的切线上点的纵坐标的相应增量,当 Δx 很小时,$|\Delta y-dy|$ 比 $|\Delta x|$ 小得多,因此在点 M 的邻近,可以用切线段近似地代替曲线段.

3.4.3 基本初等函数的微分公式与微分运算法则

从函数的微分的表达式
$$dy=f'(x)dx$$
可以看出,要计算函数的微分,只要计算函数的导数,再乘以自变量的微分即可.因此,可得出如下的微分公式和微分运算法则.

1. 基本初等函数的微分公式

(1) $dC=0$ (C 为常数);

(2) $d(x^\mu)=\mu x^{\mu-1}dx$ (μ 为实数);

(3) $d(a^x)=a^x\ln a\,dx$ ($a>0,a\neq 1$);

(4) $d(e^x)=e^x dx$;

(5) $d(\log_a x)=\dfrac{1}{x\ln a}dx$ ($a>0,a\neq 1$);

(6) $d(\ln x)=\dfrac{1}{x}dx$;

(7) $d(\sin x)=\cos x\,dx$;

(8) $d(\cos x)=-\sin x\,dx$;

(9) $d(\tan x)=\sec^2 x\,dx$;

(10) $d(\cot x)=-\csc^2 x\,dx$;

(11) $d(\sec x)=\sec x\cdot\tan x\,dx$;

(12) $d(\csc x)=-\csc x\cdot\cot x\,dx$;

(13) $d(\arcsin x)=\dfrac{1}{\sqrt{1-x^2}}dx$;

(14) $d(\arccos x)=-\dfrac{1}{\sqrt{1-x^2}}dx$;

(15) $d(\arctan x)=\dfrac{1}{1+x^2}dx$;

(16) $d(\text{arccot}\,x)=-\dfrac{1}{1+x^2}dx$.

2. 微分的四则运算法则

定理 1 设 $u=u(x),v=v(x)$ 均可微,则有

(1) $d(u\pm v)=du\pm dv$; (2) $d(uv)=vdu+udv$;

(3) $d(Cu) = Cdu$ (C 为常数)； (4) $d\left(\dfrac{u}{v}\right) = \dfrac{vdu - udv}{v^2}$ ($v \neq 0$).

例 4 设 $y = \tan x + 2^x - x^4 + \ln 7$，求 dy.

解 $dy = d(\tan x + 2^x - x^4 + \ln 7) = d(\tan x) + d(2^x) - d(x^4) + d(\ln 7)$
$= \sec^2 x dx + 2^x \ln 2 dx - 4x^3 dx + 0 = (\sec^2 x + 2^x \ln 2 - 4x^3) dx$.

例 5 设 $y = x^2 \ln x$，求 dy.

解 $dy = d(x^2 \ln x) = \ln x d(x^2) + x^2 d(\ln x) = 2x \ln x dx + x dx$.

3. 微分形式的不变性

如果 $y = f(u)$ 对 u 是可导的，则当 u 是自变量时，此时函数的微分为
$$dy = f'(u) du.$$
当 u 为中间变量，且 $u = \varphi(x)$ 为 x 的可导函数时，则 y 为 x 的复合函数. 由复合函数求导公式得 y 对 x 的导数为
$$\dfrac{dy}{dx} = \dfrac{dy}{du} \cdot \dfrac{du}{dx} = f'(u) \varphi'(x).$$
于是 $dy = f'(u) \varphi'(x) dx$，而 $du = \varphi'(x) dx$，所以
$$dy = f'(u) du.$$
由此可见，对函数 $y = f(u)$ 来说，不论 u 是自变量还是中间变量的可导函数，它的微分形式同样都是 $dy = f'(u) du$，这就称为**一阶微分形式的不变性**.

例 6 设 $y = e^{ax+b}$，求 dy.

解 令 $y = e^u$，$u = ax + b$，则
$$dy = d(e^u) = e^u du = e^{ax+b} d(ax+b) = a e^{ax+b} dx.$$

注 与复合函数求导类似，求复合函数的微分也可不写出中间变量，这样更加直接和方便.

例 7 设 $y = \cos^2(5x+1)$，求 dy.

解 $dy = 2\cos(5x+1) d[\cos(5x+1)] = 2\cos(5x+1)[-\sin(5x+1)] d(5x+1)$
$= -5\sin(10x+2) dx$.

例 8 由方程 $e^{xy} + x^2 - y^2 = 8$ 确定 y 是 x 的函数，求 dy.

解 将方程两边同时微分，得
$$d(e^{xy}) + d(x^2) - d(y^2) = d(8), \quad e^{xy} d(xy) + 2x dx - 2y dy = 0,$$
$$e^{xy}(y dx + x dy) + 2x dx - 2y dy = 0,$$
解得
$$dy = \dfrac{e^{xy} \cdot y + 2x}{2y - e^{xy} \cdot x} dx.$$

3.4.4 微分在近似计算中的应用

由前面引入微分的定义可知，函数 $y = f(x)$ 在点 x_0 处可微，当 $|\Delta x|$ 很小时，可用 dy 近似代替 Δy，从而得到如下两个近似计算公式：
$$\Delta y = f(x_0 + \Delta x) - f(x_0) \approx f'(x_0) \Delta x; \tag{1}$$

$$f(x_0+\Delta x)\approx f(x_0)+f'(x_0)\Delta x. \tag{2}$$

近似公式(1)可用来计算 Δy 的近似值,常用于误差估计;近似公式(2)则用来计算 $f(x_0+\Delta x)$ 的近似值.

例 9 一个外直径为 10 cm 的球,球壳厚度为 $\dfrac{1}{16}$ cm,试求球壳体积的近似值.

解 半径为 r 的球的体积公式为

$$V=f(r)=\frac{4}{3}\pi r^3.$$

球壳体积为 $|\Delta V|$,$r_0=5$,$\Delta r=-\dfrac{1}{16}$. 用 dV 作为 ΔV 的近似值,有

$$dV=f'(r)dr=4\pi r^2 dr=4\pi\times 5^2\times\left(-\frac{1}{16}\right) \text{cm}^3\approx -19.63 \text{ cm}^3.$$

故所求球壳体积 $|\Delta V|$ 的近似值 $|dV|$ 为 19.63 cm³.

例 10 求 $\sin 29°$ 的近似值.

解 由题意可设函数 $f(x)=\sin x$,则 $f'(x)=\cos x$.

又因 $\sin 29°=\sin(30°-1°)$,设 $x_0=30°=\dfrac{\pi}{6}$,$\Delta x=-1°=-\dfrac{\pi}{180}$,由近似公式(2)得

$$\sin 29°\approx \sin\frac{\pi}{6}+\cos\frac{\pi}{6}\times\left(-\frac{\pi}{180}\right)$$

$$\approx \frac{1}{2}+\frac{\sqrt{3}}{2}\times(-0.017\ 5)\approx 0.484\ 8.$$

可以证明当 $|x|$ 很小时,有以下近似公式:

(1) $\sin x\approx x$; (2) $\tan x\approx x$;
(3) $e^x\approx 1+x$; (4) $\ln(1+x)\approx x$.

习 题 3

1. 根据导数的定义求下列函数的导数:
   (1) $y=1-2x^2$; (2) $y=\dfrac{1}{x^2}$; (3) $y=\sqrt[3]{x^2}$.

2. 用导数定义求 $f(x)=\begin{cases} x, & x<0 \\ \ln(1+x), & x\geq 0 \end{cases}$ 在点 $x=0$ 处的导数.

3. 对线性函数 $y=f(x)=3x-2$,求:
   (1) 从 $x=0$ 到 $x=4$,自变量 x 的改变量 Δx;
   (2) 从 $x=0$ 到 $x=4$,因变量 y 的改变量 $\Delta y=f(4)-f(0)$;
   (3) 从 $x=0$ 到 $x=4$,$f(x)$ 的平均变化率;
   (4) 从 $x=a$ 到 $x=b$,$f(x)$ 的平均变化率(其中 a,b 是任意常数,且 $a<b$).
   比较上面的结果,可得到什么结论? 为什么? 试作出 $y=3x-2$ 的图形,从中可得到什么

提示?

4. 设 $f(x)=\begin{cases} \ln(1+x), & -1<x\leqslant 0, \\ \sqrt{1+x}-\sqrt{1-x}, & 0<x<1, \end{cases}$ 讨论 $f(x)$ 在点 $x=0$ 处的连续性与可导性.

5. 讨论 $f(x)=\begin{cases} 1, & x\leqslant 0, \\ 2x+1, & 0<x\leqslant 1, \\ x^2+2, & 1<x\leqslant 2, \\ x, & 2<x \end{cases}$ 在点 $x=0, x=1, x=2$ 处的连续性与可导性.

6. 求下列函数的导数:

(1) $f(x)=x^5$;

(2) $f(x)=\dfrac{1}{\sqrt{x}}$;

(3) $f(x)=\sqrt{x}$;

(4) $f(x)=\dfrac{1}{x}$;

(5) $f(x)=3^x$;

(6) $f(x)=\left(\dfrac{1}{3}\right)^x$;

(7) $f(x)=\lg x$.

7. 求下列各函数的导数(其中 a,b 为常量):

(1) $y=3x^2-x+5$;

(2) $y=2x^3+e$;

(3) $y=2\sqrt{x}-\dfrac{1}{x}+4\sqrt{3}$;

(4) $y=\dfrac{x^2}{2}+\dfrac{2}{x^2}$;

(5) $y=(x-a)(x-b)$;

(6) $y=\dfrac{ax+b}{a+b}$;

(7) $y=e^x-ex$;

(8) $y=\tan x-\cot x$.

8. 求下列各函数的导数:

(1) $y=x\ln x$;

(2) $y=\dfrac{x+1}{x-1}$;

(3) $y=\dfrac{5x}{1+x^2}$;

(4) $y=x^3(\sqrt{x}+1)$;

(5) $y=\dfrac{1-\ln x}{1+\ln x}$;

(6) $y=x^3+x^2 e^x-x$;

(7) $y=\dfrac{2e^x}{\ln x}$;

(8) $y=\dfrac{a}{b+cx^n}$.

9. 求下列各函数的导数:

(1) $y=x\sin x+\cos x$;

(2) $y=\dfrac{x}{1-\cos x}$;

(3) $y=\tan x-x\tan x$;

(4) $y=\dfrac{5\sin x}{1+\cos x}$;

(5) $y=\dfrac{\sin x}{x}+\dfrac{x}{\sin x}$;

(6) $y=x\sec^2 x-\tan x$;

(7) $y=x^3 \arcsin x$;

(8) $y=\dfrac{2\tan x-1}{\tan x+1}$.

10. 求下列各函数的导数:

(1) $y=(1+x^2)^2$;

(2) $y=(3x+5)^3(5x+4)^5$;

(3) $y=\dfrac{(x+4)^2}{x+3}$;

(4) $y=\sqrt{x^2-a^2}$;

(5) $y=\log_a(1+x^2)$;

(6) $y=\ln(a^2-x^2)$;

(7) $y=\ln\sqrt{x}+\sqrt{\ln x}$;

(8) $y=\sin nx$;

(9) $y=\sin^n x$;

(10) $y=\sin x^n$;

(11) $y=\log_a^2(2x)$;

(12) $y=\sin^n x \cdot \cos nx$;

(13) $y=\cos^3 \dfrac{x}{2}$;

(14) $y=x^2 \sin \dfrac{1}{x}$;

(15) $y=\ln\ln\ln x$;

(16) $y=x\arctan\sqrt{x}$;

(17) $y=\dfrac{1}{2}\tan^2 x+\ln\cos x$;

(18) $y=\arcsin\sqrt{1-x^2}$.

11. 求曲线 $y=\sin x$ 在点 $x=\pi$ 处的切线方程.

12. 求曲线 $y=(x+1)^3\sqrt{3-x}$ 在点 $A(-1,0)$, $B(2,3)$, $C(3,0)$ 各点处的切线方程.

13. 求下列各函数的二阶导数.

(1) $y=\ln(1+x^2)$;

(2) $y=x\ln x$;

(3) $y=(1+x^2)\arctan x$;

(4) $y=xe^{x^2}$;

14. 求下列各函数的微分.

(1) $y=4x^2+3$;

(2) $y=\sqrt{1-x^2}$;

(3) $y=\ln x^2$;

(4) $y=e^{-x}\cos x$.

15. 一平面圆环形,其内半径为 10 cm,宽为 0.1 cm,求其内面积的精确值及近似值.

16. 求下列各式的近似值:

(1) $\sqrt[5]{0.95}$;

(2) $\ln 1.01$;

(3) $e^{0.05}$.

第 4 章　中值定理与导数的应用

导数反映了函数在某点的变化率,即函数的局部性态,而研究函数的局部性态只是问题的一个方面;另一方面,就是如何通过函数的局部性态来反映函数的整体性质.掌握了导数与微分的概念及运算之后,可以解决力学、几何及经济学中许多实际问题.本章介绍的中值定理是微分学的重要内容,它不仅具有应用价值,更具有理论价值,揭示了可微函数更深刻的性质.

4.1　中值定理

4.1.1　罗尔定理

设 $y=f(x)$ 是一条连续光滑的曲线(连续光滑曲线是指具有连续变动的切线或法线),并且在点 A、B 处的纵坐标相等,即 $f(a)=f(b)$,那么容易看出,在弧 $\overset{\frown}{AB}$ 上至少有一点 C 处有水平切线(见图 4-1).

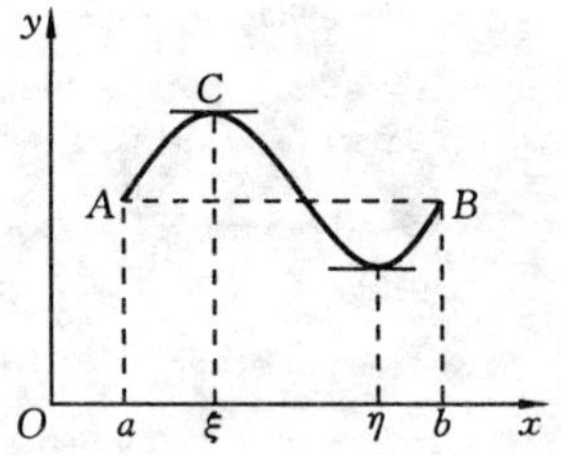

罗尔定理　设函数 $f(x)$ 满足条件:

(1) 在闭区间 $[a,b]$ 上连续;

(2) 在开区间 (a,b) 内可导;

(3) $f(a)=f(b)$,

则在 (a,b) 内至少存在一点 ξ,使得 $f'(\xi)=0$ $(a<\xi<b)$.

证　因 $f(x)$ 在 $[a,b]$ 上连续,在该区间上必取到最大值 $M=f(\xi)$ 和最小值 $m=f(\eta)$.

图 4-1

下面分两种情况进行讨论.

(1) 若 $M=m$,则 $y=f(x)=C$ 是一条水平直线,在区间 (a,b) 内每一点都可取作 ξ,定理显然成立.

(2) 若 $M\ne m$,此时只有 $m<M$,且 m 与 M 这两个数中至少有一个不等于 $f(x)$.在端点的函数值 $f(a)=f(b)$,不妨设 $M\ne f(a)$,$\xi\in(a,b)$,设 $M=f(\xi)$.以下证明 $f'(\xi)=0$.

由于 $M=f(\xi)$ 是最大值,故无论 Δx 取正值还是负值,总有
$$f(\xi+\Delta x)-f(\xi)\le 0.$$

当 $\Delta x>0$ 时,

$$\frac{f(\xi+\Delta x)-f(\xi)}{\Delta x}\leqslant 0;$$

当 $\Delta x<0$ 时,

$$\frac{f(\xi+\Delta x)-f(\xi)}{\Delta x}\geqslant 0,$$

由假定知 $f'(\xi)$ 存在又由极限的保号性,便得到

$$f'(\xi)=f'_+(\xi)=\lim_{\Delta x\to 0^+}\frac{f(\xi+\Delta x)-f(\xi)}{\Delta x}\leqslant 0;$$

$$f'(\xi)=f'_-(\xi)=\lim_{\Delta x\to 0^-}\frac{f(\xi+\Delta x)-f(\xi)}{\Delta x}\geqslant 0.$$

因 $f'(\xi)$ 是一个实数,故必有 $f'(\xi)=0$. 证毕.

满足关系 $f'(\xi)=0$ 的点 ξ 称为函数 $f(x)$ 的**驻点**.

例如,$f(x)=\sin x$ 在 $[0,2\pi]$ 上连续、可导,且 $f(0)=f(2\pi)=0$,故函数 $f(x)=\sin x$ 满足罗尔定理的条件. 而 $f'(x)=\cos x$,有

$$f'\left(\frac{\pi}{2}\right)=0,\quad \frac{\pi}{2}\in(0,2\pi);\quad f'\left(\frac{3\pi}{2}\right)=0,\quad \frac{3\pi}{2}\in(0,2\pi).$$

注 罗尔定理的条件有三个,如果缺少其中任何一个条件,定理的结论不一定成立.

例如:$f(x)=|x|$(见图 4-2(a))在 $[-1,1]$ 上连续,且 $f(-1)=f(1)=1$,但是在 $(-1,1)$ 内在点 $x=0$ 处不可导,不存在 $\xi\in(-1,1)$ 使 $f'(\xi)=0$.

再如 $f(x)=x$(见图 4-2(b))在 $[-1,1]$ 上连续,在 $(-1,1)$ 上可导,但 $f(-1)\neq f(1)$,不存在 $\xi\in(-1,1)$ 使 $f'(\xi)=0$.

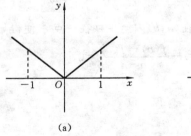
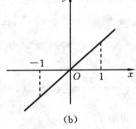

图 4-2

4.1.2 拉格朗日中值定理

罗尔定理需要同时满足三个条件,这使得罗尔定理的应用受到限制,当把条件 $f(a)=f(b)$ 去掉,则得到在微分学中占有十分重要地位的拉格朗日中值定理.

拉格朗日中值定理 设函数 $f(x)$ 满足条件:

(1) 在闭区间 $[a,b]$ 上连续;

(2) 在开区间 (a,b) 内可导,则在 (a,b) 内至少存在一点 ξ,使得

$$f'(\xi) = \frac{f(b) - f(a)}{b - a}, \tag{1}$$

或
$$f(b) - f(a) = f'(\xi)(b - a). \tag{2}$$

下面首先分析拉格朗日中值定理的几何意义,然后给出其证明.

假设函数 $f(x)$ 在区间 $[a,b]$ 上的图形是连续光滑曲线弧 $\overset{\frown}{AB}$(见图 4-3),由图可见,$\dfrac{f(b)-f(a)}{b-a}$ 是连结点 $A(a,f(a))$ 和点 $B(b,f(b))$ 的弦 AB 的斜率,而 $f'(\xi)$ 是曲线弧 $\overset{\frown}{AB}$ 上某点 $C(\xi,f(\xi))$ 处的切线斜率. 因此,该定理的结论是:若在弧 $\overset{\frown}{AB}$ 上除端点外,处处具有不垂直于 x 轴的切线,那么在曲线弧上至少有一点 C,使曲线在点 C 处的切线平行于弦 AB. 即

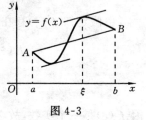

图 4-3

$$f'(\xi) = \frac{f(b) - f(a)}{b - a}.$$

而弦 AB 的方程为
$$y - f(a) = \frac{f(b) - f(a)}{b - a}(x - a),$$

即
$$y = f(a) + \frac{f(b) - f(a)}{b - a}(x - a).$$

从图 4-3 中看到:弦 AB 和弧 $\overset{\frown}{AB}$(相交于 A、B)在点 A 和点 B 的高度是相同的,因此,若用曲线 $y = f(x)$ 与弦 AB 的函数差构造一个新函数,则这个新函数在端点 A、B 处的函数值相等. 构造函数

$$\varphi(x) = f(x) - \left[f(a) + \frac{f(b) - f(a)}{b - a}(x - a) \right],$$

若 $\varphi(x)$ 满足罗尔定理的三个条件,则在 (a,b) 内至少存在一点 ξ,使得 $\varphi'(\xi) = 0$,即

$$\varphi'(\xi) = f'(\xi) - \frac{f(b) - f(a)}{b - a} = 0,$$

从而 $f'(\xi) = \dfrac{f(b) - f(a)}{b - a}$ 成立.

证 构造辅助函数
$$\varphi(x) = f(x) - \left[f(a) + \frac{f(b) - f(a)}{b - a}(x - a) \right],$$

则 $\varphi(x)$ 在 $[a,b]$ 上满足罗尔定理的条件:$\varphi(a) = \varphi(b) = 0$;$\varphi(x)$ 在闭区间 $[a,b]$ 上连续;在开区间 (a,b) 内可导,且

$$\varphi'(x) = f'(x) - \frac{f(b) - f(a)}{b - a}.$$

由罗尔定理知,在 (a,b) 内至少存在一点 ξ,使得 $\varphi'(\xi) = 0$,即

$$\varphi'(\xi) = f'(\xi) - \frac{f(b) - f(a)}{b - a} = 0,$$

由此得 $f'(\xi)=\dfrac{f(b)-f(a)}{b-a}$, 即 $f(b)-f(a)=f'(\xi)(b-a)$.

推论 1 若函数 $f(x)$ 在区间 (a,b) 内任一点导数为零, 即 $f'(x)=0, x\in(a,b)$, 则

$$f(x)\equiv C \quad (C \text{ 为常数}).$$

证 任取 $x_1, x_2 \in (a,b)$, 设 $x_1 < x_2$, 应用式(2)可得

$$f(x_2)-f(x_1)=f'(\xi)(x_2-x_1), \quad x_1<\xi<x_2.$$

由假定知 $f'(\xi)=0$, 所以 $f(x_2)-f(x_1)=0$, 即

$$f(x_1)=f(x_2).$$

由 x_1, x_2 的任意性可知, $f(x)$ 在区间 (a,b) 内的函数值总是相等的. 这就是说, $f(x)$ 在区间 (a,b) 内是一个常数.

推论 2 若函数 $f(x)$ 和 $g(x)$ 在区间 (a,b) 内可导, 且 $f'(x)=g'(x), x\in(a,b)$, 则在 (a,b) 内, 有

$$f(x)=g(x)+C \quad (C \text{ 为常数}).$$

事实上, 取 $F(x)=f(x)-g(x)$, 在区间 (a,b) 内, 有

$$F'(x)=f'(x)-g'(x)=0.$$

由推论 1 知, $F(x)=C$, 即 $f(x)=g(x)+C$.

例 1 求函数 $f(x)=2x^2-x+1$ 在区间 $[-1,3]$ 上满足拉格朗日中值定理的 ξ.

解 由于 $f(3)=16, f(-1)=4$, 而 $f'(x)=4x-1$. 因此 $4\xi-1=\dfrac{16-4}{3-(-1)}=3$, 故 $\xi=1$.

例 2 证明: 当 $x>0$ 时, $\dfrac{x}{1+x}<\ln(1+x)<x$.

证 设 $f(x)=\ln(1+x)$, 显然 $f(x)$ 在区间 $[0,x]$ 上满足拉格朗日中值定理的条件. 根据定理, 应有

$$f(x)-f(0)=f'(\xi)(x-0), \quad 0<\xi<x.$$

由于 $f(0)=0, f'(x)=\dfrac{1}{1+x}$, 因此上式即为 $\ln(1+x)=\dfrac{x}{1+\xi}$.

又因为 $0<\xi<x$, 故

$$\dfrac{x}{1+x}<\dfrac{x}{1+\xi}<x, \quad 即 \quad \dfrac{x}{1+x}<\ln(1+x)<x \quad (x>0).$$

4.2 洛必达法则

4.2.1 $\dfrac{0}{0}$ 型、$\dfrac{\infty}{\infty}$ 型未定式

如果当 $x\to a$ (或 $x\to\infty$) 时, 两个函数 $f(x)$ 与 $g(x)$ 都趋于 0 或都趋于 ∞, 那么极

限 $\lim\limits_{\substack{x \to a \\ (x \to \infty)}} \dfrac{f(x)}{g(x)}$ 可能存在, 也可能不存在, 通常把这种极限称为**未定式**, 并分别简记为 $\dfrac{0}{0}$ 或 $\dfrac{\infty}{\infty}$. 例如: $\lim\limits_{x \to 0} \dfrac{\sin x}{x}$, $\lim\limits_{x \to 2} \dfrac{x^2 - 5x + 6}{x^2 - 4}$ 就是 $\dfrac{0}{0}$ 型未定式, 而 $\lim\limits_{x \to +\infty} \dfrac{\ln x}{x}$, $\lim\limits_{x \to +\infty} \dfrac{e^x}{x^n}$ 都是 $\dfrac{\infty}{\infty}$ 型未定式, 还有 $\infty - \infty$、$0 \cdot \infty$、1^∞、∞^0、0^0 等未定式.

对于这类极限的计算, 本节将利用导数给出重要又简便的方法——洛必达法则. 下面着重来讨论在某个变量变化过程中, 两个无穷小量或无穷大量之比的极限问题.

首先, 讨论两种典型的未定式: $\dfrac{0}{0}$ 型和 $\dfrac{\infty}{\infty}$ 型.

定理 1 $\left(\dfrac{0}{0} \text{型}\right)$ 设函数 $f(x)$ 和 $g(x)$ 满足下列条件:

(1) $\lim\limits_{x \to a} f(x) = \lim\limits_{x \to a} g(x) = 0$;

(2) 点 a 的某邻域内(点 a 除外) $f'(x), g'(x)$ 存在, 且 $g'(x) \neq 0$;

(3) $\lim\limits_{x \to a} \dfrac{f'(x)}{g'(x)} = A$(或无穷大),

则
$$\lim_{x \to a} \dfrac{f(x)}{g(x)} = \lim_{x \to a} \dfrac{f'(x)}{g'(x)} = A \quad (或无穷大).$$

注 此定理中的 $x \to a$ 换成其他五种趋向过程($x \to a^+$; $x \to a^-$; $x \to \infty$; $x \to +\infty$; $x \to -\infty$)仍成立.

此定理可以利用柯西中值定理证明, 有兴趣的读者可以试一下, 此处略去.

下面通过几个例子来熟悉洛必达法则的应用.

例 1 计算极限 $\lim\limits_{x \to 0} \dfrac{e^x - 1}{x}$.

解 该极限属于 $\dfrac{0}{0}$ 型未定式, 于是由洛必达法则得
$$\lim_{x \to 0} \dfrac{e^x - 1}{x} = \lim_{x \to 0} \dfrac{e^x}{1} = 1.$$

例 2 计算极限 $\lim\limits_{x \to 0} \dfrac{\sin ax}{\sin bx}$.

解 该极限属于 $\dfrac{0}{0}$ 型未定式, 于是由洛必达法则得
$$\lim_{x \to 0} \dfrac{\sin ax}{\sin bx} = \lim_{x \to 0} \dfrac{a \cos ax}{b \cos bx} = \dfrac{a}{b}.$$

注 若 $f'(x), g'(x)$ 仍满足定理的条件, 则可以继续应用洛必达法则, 即
$$\lim_{x \to a} \dfrac{f(x)}{g(x)} = \lim_{x \to a} \dfrac{f'(x)}{g'(x)} = \lim_{x \to a} \dfrac{f''(x)}{g''(x)} = \cdots.$$

例 3 计算极限 $\lim\limits_{x \to 2} \dfrac{x^3 - 12x + 16}{x^3 - 2x^2 - 4x + 8}$.

解 由洛必达法则得

$$\lim_{x\to 2}\frac{x^3-12x+16}{x^3-2x^2-4x+8}=\lim_{x\to 2}\frac{3x^2-12}{3x^2-4x-4}=\lim_{x\to 2}\frac{6x}{6x-4}=\frac{3}{2}.$$

例 4 计算极限 $\lim\limits_{x\to +\infty}\dfrac{\pi/2-\arctan x}{1/x}$.

解
$$\lim_{x\to +\infty}\frac{\pi/2-\arctan x}{1/x}=\lim_{x\to +\infty}\frac{-\dfrac{1}{1+x^2}}{-1/x^2}=\lim_{x\to +\infty}\frac{x^2}{1+x^2}=1.$$

定理 2 $\left(\dfrac{\infty}{\infty}\text{型}\right)$ 设函数 $f(x)$ 与 $g(x)$ 满足下列条件:

(1) $\lim\limits_{x\to a}f(x)=\lim\limits_{x\to a}g(x)=\infty$;

(2) 在点 a 的某邻域内(点 a 除外)可导,且 $g'(x)\neq 0$;

(3) $\lim\limits_{x\to a}\dfrac{f'(x)}{g'(x)}=A$ (或无穷大),

则
$$\lim_{x\to a}\frac{f(x)}{g(x)}=\lim_{x\to a}\frac{f'(x)}{g'(x)}=A \text{ (或无穷大)}.$$

注 同样,此定理中的 $x\to a$ 换成其他五种趋向过程仍成立.

例 5 求 $\lim\limits_{x\to +\infty}\dfrac{x^2}{e^x}$ $\left(\dfrac{\infty}{\infty}\text{型}\right)$.

解
$$\lim_{x\to +\infty}\frac{x^2}{e^x}=\lim_{x\to +\infty}\frac{2x}{e^x}=\lim_{x\to +\infty}\frac{2}{e^x}=0.$$

例 6 计算极限 $\lim\limits_{x\to +\infty}\dfrac{x^n}{e^x}$ (n 为正整数).

解
$$\lim_{x\to +\infty}\frac{x^n}{e^x}=\lim_{x\to +\infty}\frac{nx^{n-1}}{e^x}=\lim_{x\to +\infty}\frac{n(n-1)x^{n-2}}{e^x}=\cdots=\lim_{x\to +\infty}\frac{n!}{e^x}=0.$$

例 7 求 $\lim\limits_{x\to +\infty}\dfrac{\ln x}{x^2}$ $\left(\dfrac{\infty}{\infty}\text{型}\right)$.

解
$$\lim_{x\to +\infty}\frac{\ln x}{x^2}=\lim_{x\to +\infty}\frac{\dfrac{1}{x}}{2x}=\lim_{x\to +\infty}\frac{1}{2x^2}=0.$$

例 8 计算极限 $\lim\limits_{x\to +\infty}\dfrac{\ln x}{x^a}$ ($a>0$).

解 此极限满足洛必达法则,于是得
$$\lim_{x\to +\infty}\frac{\ln x}{x^a}=\lim_{x\to +\infty}\frac{\dfrac{1}{x}}{ax^{a-1}}=\lim_{x\to +\infty}\frac{1}{ax^a}=0.$$

4.2.2 可化为 $\dfrac{0}{0}$ 型、$\dfrac{\infty}{\infty}$ 型的未定式

对于 $0\cdot\infty$ 型、$\infty-\infty$ 型、0^0 型、1^∞ 型等未定式可转化为 $\dfrac{0}{0}$ 型或 $\dfrac{\infty}{\infty}$ 型的未定式后

再计算.

1. $0 \cdot \infty$ 型

设 $\lim\limits_{x \to a} f(x) = 0$,$\lim\limits_{x \to a} g(x) = \infty$,则 $\lim\limits_{x \to a} f(x) \cdot g(x)$ 就构成了 $0 \cdot \infty$ 型未定式,它可以作如下转化:

$$\lim_{x \to a} f(x) \cdot g(x) = \lim_{x \to a} \frac{f(x)}{1/g(x)} \quad \left(\frac{0}{0} \text{型}\right)$$

或

$$\lim_{x \to a} f(x) \cdot g(x) = \lim_{x \to a} \frac{g(x)}{1/f(x)} \quad \left(\frac{\infty}{\infty} \text{型}\right).$$

例9 计算极限 $\lim\limits_{x \to 0^+} x^2 \ln x$.

解 $\lim\limits_{x \to 0^+} x^2 \ln x = \lim\limits_{x \to 0^+} \dfrac{\ln x}{1/x^2} = \lim\limits_{x \to 0^+} \dfrac{1/x}{-2/x^3} = -\dfrac{1}{2} \lim\limits_{x \to 0^+} x^2 = 0$.

2. $\infty - \infty$ 型

这种形式的未定式可以通过通分等手段转化为 $\dfrac{0}{0}$ 型或 $\dfrac{\infty}{\infty}$ 型.

例10 计算极限 $\lim\limits_{x \to \frac{\pi}{2}} (\sec x - \tan x)$.

解 $\lim\limits_{x \to \frac{\pi}{2}} (\sec x - \tan x) = \lim\limits_{x \to \frac{\pi}{2}} \left(\dfrac{1}{\cos x} - \dfrac{\sin x}{\cos x}\right) = \lim\limits_{x \to \frac{\pi}{2}} \dfrac{1 - \sin x}{\cos x} = \lim\limits_{x \to \frac{\pi}{2}} \dfrac{-\cos x}{-\sin x} = 0$.

3. 0^0 型、1^∞ 型、∞^0 型

对于 0^0 型、1^∞ 型、∞^0 型未定式,可先将其化为以 e 为底的指数函数的极限,再利用指数函数的连续性,化为直接求指数的极限. 它可以进行如下转化:

$$\lim_{x \to a} [f(x)]^{g(x)} = \lim_{x \to a} e^{\ln [f(x)]^{g(x)}} = \lim_{x \to a} e^{g(x) \ln f(x)} = e^{\lim\limits_{x \to a} g(x) \ln f(x)}.$$

例11 计算极限 $\lim\limits_{x \to 0^+} x^x$.

解 因为 $\lim\limits_{x \to 0^+} x^x = e^{\lim\limits_{x \to 0^+} x \ln x}$,而 $\lim\limits_{x \to 0^+} x \ln x = \lim\limits_{x \to 0^+} \dfrac{\ln x}{\dfrac{1}{x}} = \lim\limits_{x \to 0^+} (-x) = 0$,

所以
$$\lim_{x \to 0^+} x^x = e^0 = 1.$$

例12 计算极限 $\lim\limits_{x \to +\infty} \left(\dfrac{2}{\pi} \arctan x\right)^x$.

解 因为 $\lim\limits_{x \to +\infty} \left(\dfrac{2}{\pi} \arctan x\right)^x = e^{\lim\limits_{x \to +\infty} x \ln \left(\frac{2}{\pi} \arctan x\right)}$,而

$$\lim_{x \to +\infty} x \ln \left(\dfrac{2}{\pi} \arctan x\right) = \lim_{x \to +\infty} \dfrac{\ln \dfrac{2}{\pi} + \ln \arctan x}{\dfrac{1}{x}} = \lim_{x \to +\infty} \dfrac{\dfrac{1}{\arctan x} \cdot \dfrac{1}{1 + x^2}}{-\dfrac{1}{x^2}}$$

$$= \lim_{x \to +\infty} \dfrac{1}{\arctan x} \cdot \dfrac{-x^2}{1 + x^2} = -\dfrac{2}{\pi},$$

所以
$$\lim_{x \to +\infty} \left(\dfrac{2}{\pi} \arctan x\right)^x = e^{-\frac{2}{\pi}}.$$

例 13 计算极限 $\lim\limits_{x\to 0}\dfrac{\tan x - x}{x^2 \sin x}$.

解 $\lim\limits_{x\to 0}\dfrac{\tan x - x}{x^2 \sin x} = \lim\limits_{x\to 0}\dfrac{\tan x - x}{x^3}$ （利用等价无穷小量代换 $\sin x \sim x$）

$$= \lim_{x\to 0}\dfrac{\sec^2 x - 1}{3x^2} = \lim_{x\to 0}\dfrac{\tan^2 x}{3x^2} = \dfrac{1}{3}\lim_{x\to 0}\left(\dfrac{\tan x}{x}\right)^2 = \dfrac{1}{3}.$$

使用洛必达法则时必须注意以下几点.

(1) 洛必达法则只能适用于 $\dfrac{0}{0}$ 型和 $\dfrac{\infty}{\infty}$ 型的未定式，其他的未定式必须先转化为 $\dfrac{0}{0}$ 型或 $\dfrac{\infty}{\infty}$ 型才能运用该法则；

(2) 只要条件具备，可以连续应用洛必达法则；

(3) 洛必达法则的条件是充分的，但不是必要的.

因此，在该法则失效时并不能断定原极限不存在.

例 14 求极限 $\lim\limits_{x\to +\infty}\dfrac{\sqrt{1+x^2}}{x}$.

解 该极限是一个 $\dfrac{\infty}{\infty}$ 型的未定式，运用洛必达法则得

$$\lim_{x\to +\infty}\dfrac{\sqrt{1+x^2}}{x} = \lim_{x\to +\infty}\dfrac{x}{\sqrt{1+x^2}} = \lim_{x\to +\infty}\dfrac{\sqrt{1+x^2}}{x} = \cdots.$$

如此反复下去，并不能解得结果. 改用其他方法，得

$$\lim_{x\to +\infty}\dfrac{\sqrt{1+x^2}}{x} = \lim_{x\to +\infty}\dfrac{\sqrt{\dfrac{1}{x^2}+1}}{1} = 1.$$

由上述例子可以得到如下结论：

(1) 对于 $\infty - \infty$ 型的未定式，可通过通分化为 $\dfrac{0}{0}$ 型的未定式后再计算；

(2) 对于 $0 \cdot \infty$ 型未定式，可将乘积化为除式，即化为 $\dfrac{0}{0}$ 型或 $\dfrac{\infty}{\infty}$ 型未定式来计算；

(3) 对于 0^0 型、1^∞ 型、∞^0 型未定式，可先将其化为以 e 为底的指数函数的极限，再利用指数函数的连续性，将其化为直接求指数的极限.

最后，指出本节定理给出的是求未定式极限的一种方法，当定理条件不满足时，所求的极限却不一定不存在. 这就是说，当 $\lim\dfrac{f'(x)}{g'(x)}$ 不存在时（等于无穷大时除外），$\lim\dfrac{f(x)}{g(x)}$ 仍可能存在.

例 15 求 $\lim\limits_{x\to \infty}\dfrac{x+\cos x}{x}$.

解 $\lim\limits_{x\to \infty}\dfrac{x+\cos x}{x} = \lim\limits_{x\to \infty}\dfrac{1-\sin x}{1} = \lim\limits_{x\to \infty}(1-\sin x)$.

上述极限不存在,应用洛必达法则失效,但
$$\lim_{x\to\infty}\frac{x+\cos x}{x}=\lim_{x\to\infty}\left(1+\frac{1}{x}\cos x\right)=1.$$

4.3 函数的单调性

在中学已给出在某个区间$[a,b]$上,函数单调增加与单调减少的定义,即若函数$y=f(x)$对区间$[a,b]$上的任意两点x_1和x_2,当$x_1<x_2$时,有$f(x_1)<f(x_2)$,则称此函数在区间$[a,b]$上是单调增加的(或称单调递增);当$x_1<x_2$时,有$f(x_1)>f(x_2)$,则称函数在区间$[a,b]$上是单调减少的(或称单调递减). 单调增加和单调减少函数统称为单调函数. 使函数保持单调性的自变量取值区间称为该函数的单调区间.

显然,单调增加函数的图形沿x轴正向逐渐上升;单调减少函数的图形沿x轴正向逐渐下降.

由导数的几何意义知,曲线$y=f(x)$在某点$(x_0,f(x_0))$切线的斜率即为函数$y=f(x)$在点x_0处的导数值. 若在(a,b)内曲线$y=f(x)$上的每一点都可导,且$f'(x)>0$,这时每一点的切线斜率均为正. 因此可直观判断函数图形沿x轴正向上升,即此时函数$y=f(x)$在$[a,b]$上单调增加(见图4-4(a)),若在(a,b)内每一点x都有$f'(x)<0$,这时每一点的切线斜率为负. 此时函数图形沿x轴正向下降,即此时函数$y=f(x)$在$[a,b]$上单调减少(见图4-4(b)).

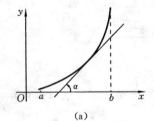 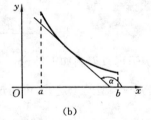

(a)　　　　　　　　　(b)

图 4-4

把以上分析结论写成下面定理形式.

定理1 设函数$f(x)$在闭区间$[a,b]$上连续,在区间(a,b)内可导:

(1) 若在(a,b)内,$f'(x)>0$,则函数$f(x)$在区间$[a,b]$上单调增加;

(2) 若在(a,b)内,$f'(x)<0$,则函数$f(x)$在区间$[a,b]$上单调减少.

证 在区间(a,b)内任取两点x_1,x_2(设$x_1<x_2$),由于函数$f(x)$在闭区间$[a,b]$上连续,在区间(a,b)内可导,可知函数$f(x)$在区间$[x_1,x_2]$上满足拉格朗日中值定理的条件,故存在$\xi\in(x_1,x_2)$,使得
$$f(x_2)-f(x_1)=f'(\xi)(x_2-x_1).$$

假设$f'(\xi)>0$,由$x_2-x_1>0$知$f(x_2)>f(x_1)$,即$f(x)$在区间$[a,b]$上单调增

加;当 $f'(\xi)<0$ 时,由 $x_2-x_1>0$ 知 $f(x_2)<f(x_1)$,即 $f(x)$ 在区间 $[a,b]$ 上单调减少.

注 (1) 此"单增"或"单减"与某些课本上的定义有些区别,它是指:若 $x_1<x_2$,则有"$f(x_1)\leqslant f(x_2)$"或"$f(x_1)\geqslant f(x_2)$",或称"不减"或"不增".

而对 $x_1<x_2$ 时,有 "$f(x_1)<f(x_2)$"或"$f(x_1)>f(x_2)$"时,称为"严格单增"或"严格单减".在不特别要求下,也可称为"单增"或"单减".

(2) 若 $f(x)$ 在 (a,b) 内有 $f'(x)>0$ ($f'(x)<0$),则 $f(x)$ 在区间 $[a,b]$ 上严格递增(严格递减);

严格递增 $\Leftrightarrow$ (i) $f'(x)\geqslant 0$;(ii) 在任何子区间上 $f'(x)\not\equiv 0$.

(3) $[a,b]$ 可换成其他任何区间,包括无穷区间,结论仍成立.

例1 判断函数 $y=\sin x$ 在区间 $\left[-\dfrac{\pi}{2},\dfrac{\pi}{2}\right]$ 上的单调性.

解 在 $\left(-\dfrac{\pi}{2},\dfrac{\pi}{2}\right)$ 内,$y'=\cos x>0$,所以由定理1可知,函数 $y=\sin x$ 在区间 $\left[-\dfrac{\pi}{2},\dfrac{\pi}{2}\right]$ 上单调增加.

例2 确定函数 $f(x)=8x-x^2$ 的单调增减区间.

解 因 $f'(x)=8-2x=2(4-x)$,当 $x\in(-\infty,4)$ 时,$f'(x)>0$,函数 $f(x)=8x-x^2$ 单调上升;当 $x\in(4,+\infty)$ 时,$f'(x)<0$,函数 $f(x)=8x-x^2$ 单调下降.

例3 讨论函数 $y=x-\ln x^2$ 的增减性.

解 因 $y'=(x-\ln x^2)'=1-\dfrac{2}{x}=\dfrac{x-2}{x}$,所以当 $x=2$ 时,$y'=0$;当 $x=0$ 时,y' 不存在.

为了不遗漏各种情况,需要把 $x=0,x=2$ 都列入考虑范围.函数定义域为 $(-\infty,0)$ 和 $(0,+\infty)$.现在把使导数为0的点 $x=2$ 放入定义域考虑,即可分为三个区间: $(-\infty,0),(0,2),(2,+\infty)$.讨论 y' 在各个区间的符号,列表如下(见表 4-1).

表 4-1

x	$(-\infty,0)$	$(0,2)$	$(2,+\infty)$
y'	$+$	$-$	$+$
y	↗	↘	↗

由表 4-1 可知,函数在 $(-\infty,0)$ 及 $(2,+\infty)$ 单调递增,在 $(0,2)$ 单调递减.

例4 讨论函数 $f(x)=x^3-3x$ 的单调性.

解 $f'(x)=3(x+1)(x-1)$,令 $f'(x)=0$,得驻点 $x_1=-1,x_2=1$.现将函数分为 $(-\infty,-1),(-1,1),(1,+\infty)$ 三个区间列表讨论如下(见表 4-2).

表 4-2

x	$(-\infty,-1)$	-1	$(-1,1)$	1	$(1,+\infty)$
$f'(x)$	$+$	0	$-$	0	$+$
$f(x)$	↗	2	↘	-2	↗

例 5 讨论函数 $y=\sqrt[3]{x^2}$ 的单调性.

解 函数的定义域为 $(-\infty,+\infty)$. 当 $x\neq 0$ 时,函数的导数为 $y'=\dfrac{2}{3\sqrt[3]{x}}$;当 $x=0$ 时,函数的导数不存在;在 $(-\infty,0)$ 内,$y'<0$. 因此函数 $y=\sqrt[3]{x^2}$ 在 $(-\infty,0)$ 内单调减少,在 $(0,+\infty)$ 内,$y'>0$,因此函数在 $(0,+\infty)$ 内单调增加,如图 4-5 所示.

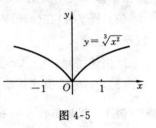

图 4-5

值得注意的是,在例 4 中,-1 和 1 都是 $f(x)$ 导数的根,也是单调区间的分界点,在例 5 中点 $x=0$ 是函数 $y=\sqrt[3]{x^2}$ 的单调减少区间与单调增加区间的分界点,但在该点的函数的导数不存在.

一般来说,如果函数在定义区间上连续,除去有限个导数不存在的点外,导数存在且连续,那么可用一阶导数的根及一阶导数不存在的点来划分定义区间,再判定 $f'(x)$ 在每个子区间上的符号,以确定函数在每个子区间上是单调增加还是单调减少.

例 6 判断函数 $f(x)=x^3$ 的单调性.

解 $f'(x)=3x^2\geqslant 0$,函数 $f(x)=x^3$ 在 $(-\infty,0]$ 及 $[0,+\infty)$ 上都是单调增加的,从而在整个定义域 $(-\infty,+\infty)$ 内单调增加.

还需要指出的是:如果 $f'(x)$ 在某个区间内只有有限个点处的导数为 0(如例 6),在其余各点处均为正(或均为负),那么 $f(x)$ 在该区间上仍旧是单调增加(或单调减少).

例 7 证明 $e^x>1+x\ (x>0)$.

证 构造辅助函数 $f(x)=e^x-1-x$,则
$$f'(x)=e^x-1>0,$$
故当 $x>0$ 时,$f(x)$ 为单调增函数,则
$$f(0)<f(x)\ (x>0),\quad 即\quad e^0-1-0<e^x-1-x,$$
所以
$$e^x>1+x.$$

例 8 证明 $e^x>ex\ (x>1)$.

证 构造辅助函数 $f(x)=\dfrac{e^x}{ex}$,则
$$f'(x)=\dfrac{1}{x^2}e^{x-1}(x-1)>0,$$

故当 $x>1$ 时，$f(x)$ 为增函数，则 $f(1)<f(x)$. 故 $\dfrac{e^1}{e\times 1}<\dfrac{e^x}{ex}$，即 $e^x>ex$.

注 此题如果用辅助函数 $f(x)=e^x-ex$ 来证明，将会更加简单，请读者自己完成.

4.4 函数的极值与最值

4.4.1 函数的极值及其求法

定义 1 设函数 $f(x)$ 在邻域 $(x_0-\delta,x_0+\delta)$ 内有定义，若对任何 $x\in(x_0-\delta,x_0+\delta)$，皆有 $f(x)<f(x_0)$（或 $f(x_0)<f(x)$），则称 $f(x_0)$ 为函数 $f(x)$ 的一个极大值（或极小值）. 而称点 x_0 为 $f(x)$ 的极大值点（或极小值点）.

从图 4-6 中看出 $f(x)$ 有二个极大值 $f(x_2)$，$f(x_5)$，有三个极小值 $f(x_1)$，$f(x_3)$，$f(x_7)$，其中极大值 $f(x_2)$ 比极小值 $f(x_7)$ 还要小，因此极值是一个局部性概念. 在有切线的点处，极大值或极小值都在有水平切线处达到. 但是，有水平切线的点不一定能取得极值（如点 $(x_6,f(x_6))$)，因此引出如下定理.

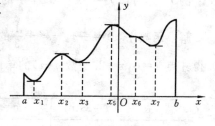

图 4-6

定理 1（极值的必要条件） 若函数 $f(x)$ 在点 x_0 有极值，且 $f'(x_0)$ 存在，则 $f'(x_0)=0$（即极值点必然是驻点）证明可参考罗尔定理的证明部分.

定理 2（极值的第一充分条件） 设函数 $f(x)$ 在点 x_0 处的某邻域 $(x_0-\delta,x_0+\delta)$ 内连续可导.

(1) 当 $x\in(x_0-\delta,x_0)$ 时，$f'(x)>0$；当 $x\in(x_0,x_0+\delta)$ 时，$f'(x)<0$，则 $f(x)$ 在点 x_0 处取得极大值.

(2) 当 $x\in(x_0-\delta,x_0)$ 时，$f'(x)<0$；当 $x\in(x_0,x_0+\delta)$ 时，$f'(x)>0$，则 $f(x)$ 在点 x_0 处取得极小值.

此定理的证明可由函数的单调性得出.

注 (1) 这里的驻点是极值点的必要条件，但非充分条件，另外极值点也可能出现在导数不存在的点.

(2) 极值是一个局部性概念，它只是与极值点邻近点的函数值相比较而言，并不意味着它在整个定义区间内最大或最小.

(3) 一个定义在区间 $[a,b]$ 上的函数，它在 $[a,b]$ 可以不只有一个极大值和极小值，且其中的极大值并不一定都大于每一个极小值. 如图 4-7 所示，函数在点 x_1 处取得的极大值 $f(x_1)$ 比在点 x_4，x_6 处取得的极小值 $f(x_4)$，$f(x_6)$ 都要小.

(4) 端点不能作为极值点，需另外讨论.

根据上面两个定理,可以按下列步骤来求 $f(x)$ 的极值点和极值:

(1) 求函数的定义域(有时是给定的区间);

(2) 求出 $f'(x)$,在定义域或给定区间内求出使 $f'(x)=0$ 的点及 $f'(x)$ 不存在的点;

(3) 用(2)中的点将定义域(或给定区间)分为若干个子区间,讨论在每个子区间内 $f'(x)$ 的符号(此时,为表达清楚最好列出相应表格);

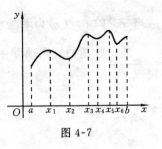

图 4-7

(4) 利用定理 2,判断(2)中的点是否为极值点,如果是极值点,进一步判定是极大值点还是极小值点;

(5) 求出各极值点处的函数值,得出函数的全部极值.

例 1 求 $f(x)=\dfrac{1}{3}x^3-x^2+\dfrac{1}{3}$ 的极值.

解 函数 $f(x)=\dfrac{1}{3}x^3-x^2+\dfrac{1}{3}$ 的定义域为 $(-\infty,+\infty)$,令 $f'(x)=x(x-2)=0$,得驻点 $x=0, x=2$. 函数 $f(x)$ 的单调区间及极值列表讨论如下(见表 4-3).

表 4-3

x	$(-\infty,0)$	0	$(0,2)$	2	$(2,+\infty)$
$f'(x)$	+	0	−	0	+
$f(x)$	↗	$\dfrac{1}{3}$	↘	−1	↗

由充分条件得知,极大值为 $f(0)=\dfrac{1}{3}$,极大值点 $x=0$,极小值为 $f(2)=-1$,极小值点 $x=2$.

例 2 求函数 $f(x)=x-\dfrac{3}{2}x^{\frac{2}{3}}$ 的单调区间和极值.

解 函数的定义域为

$$(-\infty,+\infty), \quad f'(x)=1-x^{-\frac{1}{3}}.$$

令 $f'(x)=0$,得驻点 $x=1$;而当 $x=0$ 时,$f'(x)$ 不存在.

因此,函数只可能在这两点取得极值. 函数 $f(x)$ 的单调区间和极值列表讨论如下(见表 4-4).

表 4-4

x	$(-\infty,0)$	0	$(0,1)$	1	$(1,+\infty)$
$f'(x)$	+	不存在	−	0	+
$f(x)$	↗	极大值 $f(0)=0$	↘	极小值 $f(1)=-\dfrac{1}{2}$	↗

由列表 4-4 可知,函数在区间 $(-\infty,0)$,$(1,+\infty)$ 上单调增加,在区间 $(0,1)$ 上单调减少. 在点 $x=0$ 处有极大值 $f(0)=0$;在点 $x=1$ 处有极小值 $f(1)=-\dfrac{1}{2}$.

定理 3(极值的第二充分条件) 设 $y=f(x)$ 在点 x_0 处有二阶导数且 $f'(x_0)=0$,$f''(x_0)\neq 0$.

(1) 若 $f''(x_0)>0$,则 $f(x_0)$ 为极小值;

(2) 若 $f''(x_0)<0$,则 $f(x_0)$ 为极大值.

证 (1) 由导数定义及 $f'(x_0)=0$,$f''(x_0)>0$ 得

$$f''(x_0)=\lim_{x\to x_0}\dfrac{f'(x)-f'(x_0)}{x-x_0}=\lim_{x\to x_0}\dfrac{f'(x)}{x-x_0}>0.$$

因此,存在点 x_0 的某邻域,使在该邻域内有

$$\dfrac{f'(x)}{x-x_0}>0 \quad (x\neq x_0).$$

因此,当 $x<x_0$ 时,$f'(x)<0$;当 $x>x_0$ 时,$f'(x)>0$. 由极值的第一充分条件知 $f(x_0)$ 为极小值.

(2) 同理由(1)可得证.

定理 3 指出:若 $f(x)$ 在驻点 x_0 处的二阶导数 $f''(x_0)\neq 0$,那么 x_0 一定是极值点,但若 $f''(x_0)=0$,定理 3 失效,x_0 可能是极值点,也可能不是极值点,还需要用定理 2(极值的第一充分条件)来判断.

例 3 求 $f(x)=x^3-3x$ 的极值.

解 函数 $f(x)=x^3-3x$ 的定义域为 $(-\infty,+\infty)$,令 $f'(x)=3(x-1)(x+1)=0$,得驻点 $x_1=-1$,$x_2=1$.

因 $f''(x)=6x$,则 $f''(-1)=-6<0$,故 $f(-1)=2$ 为极大值;又 $f''(1)=6>0$,故 $f(1)=-2$ 为极小值.

例 4 求 $f(x)=(x-2)^{\frac{2}{3}}(2x+1)$ 的极值.

解 由 $f'(x)=\dfrac{10(x-1)}{3\sqrt[3]{x-2}}=0$ 知 $x=1$ 为驻点;

又因

$$f''(x)=\dfrac{10}{9}\cdot\dfrac{2x-5}{\sqrt[3]{(x-2)^4}},$$

所以

$$f''(1)=\dfrac{10}{9}\times\dfrac{-3}{1}=-\dfrac{10}{3}<0.$$

所以 $f(x)$ 在点 $x=1$ 处取得极大值,且极大值为 $f(1)=3$. 又因 $f(x)$ 在 $x=2$ 处不可导,对充分小的 $\delta>0$,当 $x\in(2-\delta,2)$ 时,$f'(x)<0$;当 $x\in(2,2+\delta)$ 时,$f'(x)>0$. 由定理 2 知 $f(x)$ 在点 $x=2$ 处取得极小值,且极小值为 $f(2)=0$,所以 $f(x)$ 在点 $x=1$ 处取得极大值 3,在点 $x=2$ 处取得极小值 0.

4.4.2 最大值与最小值

函数的极值是一个局部性概念,在实际问题中,有时需要计算函数在某一个区间

上的最大值或最小值,以下统称为**最值**. 现讨论求最大值、最小值的问题,最大(小)值是一整体概念,是指函数在定义域内取到的最大函数值、最小函数值与极大值、极小值不同,如果最大(小)值在定义域内部取得,则此最大(小)值必为极大(小)极,这时,最大(小)点必为导数不存在的点和驻点,另外,最大(小)值还可能在定义域的端点处取得(若端点在定义域中的话).

一般说来,如果函数 $f(x)$ 在 $[a,b]$ 连续,那么 $f(x)$ 在 $[a,b]$ 上必能取到最大值与最小值,若 $f(x)$ 在开区间 (a,b) 内取得最大(小)值,那么这个最大(小)值一定也是函数的一个极大(小)值,由于连续函数取得极值的点只能是该函数的驻点或不可导点,并且函数的最值也可能在区间的端点上取得,因此,求函数 $f(x)$ 最值的步骤如下:

(1) 先求出 $f(x)$ 的所有驻点和不可导点;

(2) 计算出各驻点、不可导点及端点上的函数值;

(3) 再将这些点上的函数值进行比较,其中最大(小)的就是函数 $f(x)$ 最大(小)值.

例 5 求 $f(x)=3x^4-4x^3-12x^2+1$ 在区间 $[-3,1]$ 上的最值.

解 令 $f'(x)=12x^3-12x^2-24x=12x(x+1)(x-2)=0$,得出驻点 $x_1=0$,$x_2=-1$,$x_3=2$(舍去,因为 $2\notin[-3,1]$). 又

$$f(0)=1,\quad f(-1)=-4,\quad f(1)=-12,\quad f(-3)=244,$$

则
$$\max_{x\in[-3,1]}f(x)=\max\{f(0),f(-1),f(1),f(-3)\}=f(-3)=244,$$
$$\min_{x\in[-3,1]}f(x)=\min\{f(0),f(-1),f(1),f(-3)\}=f(1)=-12.$$

所以 $f(x)$ 在 $[-3,1]$ 有最大值 $f(-3)=244$,最小值 $f(1)=-12$.

例 6 求 $f(x)=x-\dfrac{3}{2}x^{\frac{2}{3}}$ 在区间 $[-1,8]$ 上的最值.

解 令 $f'(x)=1-\dfrac{1}{\sqrt[3]{x}}=0$,得驻点 $x=1$,而 $x=0$ 时 $f'(x)$ 不存在.

由
$$f(0)=0,\quad f(1)=-\frac{1}{2},\quad f(-1)=-\frac{5}{2},\quad f(8)=2,$$

得
$$\max_{x\in[-1,8]}f(x)=\max\{f(0),f(-1),f(1),f(8)\}=f(8)=2,$$
$$\min_{x\in[-1,8]}f(x)=\min\{f(0),f(-1),f(1),f(8)\}=f(-1)=-\frac{5}{2}.$$

所以 $f(x)$ 在 $[-1,8]$ 上的最大值为 $f(8)=2$,最小值为 $f(-1)=-\dfrac{5}{2}$.

例 7 将边长为 a 的一块正方形铁皮四角各截去一个相同的小正方形,折成一个方盒,问怎样的截法可使容积最大.

解 设所截小正方形边长为 x,则容积

$$V(x)=x(a-2x)^2,\quad x\in\left(0,\frac{a}{2}\right).$$

令 $V'(x)=(a-2x)(a-6x)=0$，得驻点 $x_1=\dfrac{a}{2}$（舍去），$x_2=\dfrac{a}{6}$.

又 $V''(x)=-8a+24x$，则 $V''\left(\dfrac{a}{6}\right)=-4a<0$. 当 $x=\dfrac{a}{6}$ 时，$V(x)$ 取得极大值，此极大值就是最大值. 所以截去的正方形边长为 $\dfrac{a}{6}$ 时，容积最大.

例 8 已知库存费与生产准备费之和 $p(x)$ 与每次购入批量 x 的关系为

$$p(x)=\dfrac{ab}{x}+\dfrac{1}{2}cx, \quad x\in(0,a),$$

其中 a 为总进货量，b 为每批次进货费，c 为每件货物库存费. 问 x 取何值时，$p(x)$ 值最小（最优批量问题）.

解 令 $p'(x)=-\dfrac{ab}{x^2}+\dfrac{c}{2}=0$，得唯一驻点 $x=\sqrt{\dfrac{2ab}{c}}$. 又因 $p''(x)=\dfrac{2ab}{x^3}>0$，所以每次购进批量为 $\sqrt{\dfrac{2ab}{c}}$ 时 $p(x)$ 最小，进货批次为

$$\dfrac{a}{\sqrt{\dfrac{2ab}{c}}}=\sqrt{\dfrac{ac}{2b}}.$$

需要特别指出的是：若函数 $f(x)$ 在某个区间 I（可以是无限、有限、开或闭区间）内可导，并且只有一个驻点 x_0 时，当 $f(x_0)$ 为极大值时，那么 $f(x_0)$ 也必为 $f(x)$ 在该区间的最大值；当 $f(x_0)$ 为极小值时，那么 $f(x_0)$ 也必为 $f(x)$ 在该区间上的最小值.

对于某些实际问题，如果能够根据这个实际问题的特点判断出函数必有一个不在区间端点上的最大（或最小）值，而在这个区间内该函数只有一个驻点，那么这个点就是函数的最大（或最小）值点.

4.5 经济应用——边际分析、弹性分析与优化分析

4.5.1 简单的经济函数

1. 总成本函数、总收入函数和总利润函数

人们在生产和经营产品的活动中，总希望尽可能地降低产品的生产成本、增加和提高经营的收入与利润，而成本(C)、收入(R)和利润(L)这些经济变量都与产品的产量或销售量(Q)密切相关，经过抽象简化，它们都可以看成 Q 的函数.

1）总成本函数

总成本是指生产一定数量产品所需要的各种生产要素投入的价格或费用总额，它由固定成本和可变成本组成. 固定成本是指支付固定生产要素的费用，它与产量 Q 无关，如厂房和机器设备折旧、设备维修费和企业管理费等；可变成本是指支付可变

生产要素的费用,它随产量 Q 的增加而增加,如原材料费、动力费和生产工人的工资等. 可变成本与固定成本并不是对所有的生产企业或经营单位都是相同的,因此,具体问题要具体区分. 总成本函数 $C(Q)$ 是 Q 的单调增加函数,最简单的成本函数为线性函数:

$$C(Q)=a+bQ,$$

其中 a 为固定成本,bQ 为可变成本.

平均成本 $\overline{C(Q)}$ 是指生产一定量产品,平均每单位产品的成本,即 $\overline{C(Q)}=\dfrac{C(Q)}{Q}$.

例1 某工厂生产某产品,日总成本为 C 元,其中固定成本为 300 元,每多生产一单位产品,成本增加 10 元,求:

(1) 日总成本函数 C;

(2) 日平均成本函数;

(3) 当产量 $Q=15$ 时,日总成本和平均成本是多少?

解 (1) 日总成本函数为 $C=(300+10Q)$ 元.

(2) 日平均成本函数为 $\overline{C}=\dfrac{300+10Q}{Q}$ 元.

(3) 当产量为 $Q=15$ 时,$C=(300+10\times 15)$ 元 $=450$ 元,$\overline{C}=\dfrac{450}{15}$ 元 $=30$ 元.

2) 收益函数

总收益是指生产者出售一定数量产品所得到的全部收入,如果单位销价不变,收益函数就等于销售的数量与单位销价的乘积,用 $R(Q)$ 表示收益函数,则 $R(Q)=pQ$,其中 p 为单位销价.

平均收益是指销售一定量产品时,平均每单位产品的收益,即 $\overline{R(Q)}=\dfrac{R(Q)}{Q}$.

例2 某工厂生产某产品,年产量为 x 台,每台售价 500 元,当年产量超过 1 000 台时,超过部分只能按 8 折出售,这样可多售出 200 台,如果再多生产,本年就销售不出去了,试写出本年的收益函数并求当 $x=1\,100$ 台时的总收益和平均收益.

解 因为产量超过 1 000 台时售价要按 8 折出售,又超过 1 200 台(即 1 000 台 $+$ 200 台)时,多余部分销售不出去,从而超出部分无收益,因此,要求产量分三个阶段来考虑,依题意得,总收益函数为

$$R(x)=\begin{cases} 500x, & 0\leqslant x\leqslant 1\,000, \\ 500\times 1\,000+0.8\times 500(x-1\,000), & 1\,000<x\leqslant 1\,200, \\ 500\times 1\,000+0.8\times 500\times 200, & x>1\,200, \end{cases}$$

即

$$R(x)=\begin{cases} 500x, & 0\leqslant x\leqslant 1\,000, \\ 100\,000+400x, & 1\,000<x\leqslant 1\,200, \\ 580\,000, & x>1\,200. \end{cases}$$

当 $x=1\,100\in(1\,000,1\,200]$ 时,有

$$R(1\ 100) = 1\ 000\ 000 + 400 \times 1\ 100 \text{ 元} = 540\ 000 \text{ 元},$$

$$\overline{R(1\ 100)} = \frac{540\ 000}{1\ 100} \text{ 元} \approx 490.91 \text{ 元},$$

故当 $x=1\ 100$ 台时的总收益为 $540\ 000$ 元,平均收益为 490.91 元.

3) 利润函数

利润是生产中获得的总收益与投入的总成本之差,即 $L(Q) = R(Q) - C(Q)$.

例3 设某厂每天生产 Q 件产品的总成本为 $C(Q) = (2.5Q + 300)$ 元,假若每天至少能卖出 150 件产品,(1) 求平均单位成本函数和 $Q=150$ 件时的平均单位成本;(2) 为了不亏本,单位售价至少应定为多少元?

解 (1) 平均单位成本函数 $\overline{C(Q)} = \frac{C(Q)}{Q} = \left(2.5 + \frac{300}{Q}\right)$ 元;当 $Q=150$ 件时,平均单位成本函数 $\overline{C(150)} = 4.5$ 元.

(2) 为了不亏本,必须保持每天售出的 150 件产品的总收入与总成本相等,设此时的价格为 p,则应有

$$150p = (2.5 \times 150 + 300) \text{ 元} = 675 \text{ 元},$$

解得 $p = 4.5$ 元.因此,为了不亏本,价格至少应定为 4.5 元.

由上述解得结果表明,平均单位成本等于最低不亏本的价格.

例4 设某商店以每件 a 元的价格出售某种商品,但若顾客一次购买 50 件以上,则超出 50 件的部分以每件 $0.9a$ 元的优惠价出售,试将一次成交的销售收入 R 表示成销售量 Q 的函数.

解 由题意可知,一次售出 50 件以内的收入为

$$R(Q) = aQ, \quad 0 \leqslant Q \leqslant 50.$$

而当一次售出 50 件以上时,收入为

$$R(Q) = 50a + 0.9a(Q-50), \quad Q > 50.$$

所以,一次成交的销售收入 R 是销售 Q 的分段函数:

$$R(Q) = \begin{cases} aQ, & 0 \leqslant Q \leqslant 50, \\ 50a + 0.9a(Q-50), & Q > 50. \end{cases}$$

例5 某电器厂生产一种新产品,在定价时不单是根据生产成本而定,还要依据市场的供求关系而定,根据调查得出的需求函数为(q 为需求数量,p 为单价)

$$q = -900p + 45\ 000.$$

该厂生产该产品的固定成本是 $270\ 000$ 元,而单位产品的变动成本为 10 元,为了获得最大利润,出厂价格应为多少?

解 依题意,得成本函数为

$$C(q) = 10q + 270\ 000,$$

而 $q = -900p + 45\ 000$,所以

$$C(p) = 10(-900p + 45\ 000) + 270\ 000 = -9\ 000p + 720\ 000.$$

收入函数为
$$R(p) = pq = p(-900p + 45\,000)$$
$$= -900p^2 + 45\,000p,$$
则利润函数为
$$L(p) = R(p) - C(p) = -900(p^2 - 60p + 800)$$
$$= -900(p - 30)^2 + 90\,000.$$

由于利润函数是一个二次函数,容易求得,当价格 $p = 30$ 时,利润达到最大值 $90\,000$ 元,在此价格下,销售量为
$$q = (-900 \times 30 + 45\,000) \text{单位} = 18\,000 \text{单位}.$$

2. 需求函数、供给函数及库存费用函数

1) 需求函数

某一商品的需求量是指一定的价格水平,在一定的时间内,消费者愿意而且有支付能力购买的商品量. 消费者对某种商品的需求是由多种因素决定的,如价格、人口、季节、其他商品价格、收入、个人的爱好等. 如果除价格外,其他影响需求的因素在一定时期内变化很少,即可认为其他因素对需求暂无影响,则需求量 Q_d 便是价格 p 的函数,记为
$$Q_d = f(p).$$

上述函数的反函数 $p = f^{-1}(Q_d)$ 也称为需求函数.

一般来说,商品价格下降使需求量增加,涨价使需求量减少.

人们根据统计数据,常用下面这些简单的初等函数来近似表示需求函数:

(1) 线性函数 $Q_d = -ap + b$,其中 $a, b > 0$;

(2) 幂函数 $Q_d = kp^{-a}$,其中 $k > 0, a > 0$;

(3) 指数函数 $Q_d = ae^{-bp}$,其中 $a, b > 0$.

例 6 设某商品需求函数为 $Q_d = -200p + 1\,000$,讨论 $p = 0$ 元时的需求量和 $Q_d = 0$ 的价格(p 的单位为元).

解 当 $p = 0$ 时,$Q_d = 1\,000$,它表示当价格为零时,消费者对商品的需求量为 $1\,000$,$1\,000$ 也就是市场对该商品的最大需求量. 当 $Q_d = 0$ 时,$p = \dfrac{1\,000}{200} = 5$ 元,它表示价格上涨到 5 元时,没有人愿意购买该产品.

2) 供给函数

某一商品的供给量是指在一定的条件下,在一定时期内生产者愿意生产并可供出售的商品量. 供给量也是由多个因素决定的,如果认为在一段时间内除价格外,其他因素对供给量的影响很少,可以将供给量 Q_s 看做是价格 p 的函数,记为 $Q_s = \varphi(p)$.

一般情况下,一种商品的市场供给量 Q_s 也受商品价格 p 的制约. 若价格上涨,将刺激生产者为市场提供给更多的商品,使供给量增加;反之,价格下降将使供给量减少.

人们根据统计数据,常用下面这些简单的初等函数来近似表示供给函数:
(1) 线性函数 $Q_s=ap-b$,其中 $a,b>0$;
(2) 幂函数 $Q_s=kp^a$,其中 $k>0,a>0$;
(3) 指数函数 $Q_d=ae^{bp}$,其中 $a,b>0$.

使一种商品的市场需求量与供给量相等的价格(记为 p_0),称为**均衡价格**.

当市场价格 p 高于均衡价格 p_0 时,市场出现供过于求的现象,供给量将增加而需求量则相应地减少;反之,市场价格低于均衡价格时,市场出现供不应求的现象,供给量减少而需求量增加.市场价格的调节就是这样按照需求律和供给律来实现的.图 4-8 是线性函数形式的需求函数与供给函数在同一坐标系中的图形,其中 p_0 点为均衡价格.

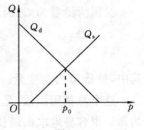

图 4-8

例 7 已知鸡蛋收购价每千克 3 元,每月能收购 5 000 kg,若收购价每千克提高 0.1 元,则收购量可增加 500 kg,求鸡蛋的线性供给函数.

解 设鸡蛋的线性供给函数为
$$Q_s=-b+ap,$$
其中 Q_s 为收购量,p 为收购价格.由题意,有
$$\begin{cases}-b+3a=5\ 000,\\-b+3.1a=5\ 500,\end{cases}$$
解得,$a=5\ 000,b=10\ 000$.

从而所求的供给函数为
$$Q_s=-10\ 000+5\ 000p.$$

例 8 已知某商品的需求函数和供给函数分别为
$$Q_d=14-1.5p,\quad Q_s=-5+4p.$$
求该商品的均衡价格 p_0.

解 由供需均衡条件 $Q_s=Q_d$,有 $14-1.5p=-5+4p$,由此得均衡价格为
$$p_0=\frac{19}{5.5} 元 \approx 3.45 元.$$

3) 库存问题、总费用函数*

设某工厂在一年的生产中,需要一定数量的某种原材料,若一次把全年的需求量全部购进,储存于仓库供全年使用,则由于库存量大而要多付库存费,为了减少库存费,可以考虑分批购进.如果分批购进,则每批的购进量(称为批量)为多少,或购进次数(称为批次)为多少时最合算呢?这要从库存费用和进货手续费用两个方面来考虑.若批量过大,则库存费用过多,若批量过少,则进货次数过多,从而进货手续费过多,因此要寻求一个恰当的批量,使库存费和进货手续费之和最小,这样的批量在经济数学中称为**经济批量**.为了求出这个经济批量,首先要建立库存费和进货手续费之和的总费用函数.

设年需求量为 D,每次进货手续费为 a,每单位物资每年库存费为 b,批量为 Q,假定工厂对这种原材料的消耗是均匀的,不会时多时少,则在某日进货时,库存量为 Q,到用完时,库存量为 0,在这段时间的平均库存量为 $Q/2$. 每次进货都如此,则全年平均库存量为 $Q/2$,于是全年库存费为 $\dfrac{Q}{2}b$.

又因为批量为 Q,因此进货次数为 D/Q,进货总费用为 $\dfrac{D}{Q}a$. 则总费用函数为

$$C(Q)=\frac{Q}{2}b+\frac{D}{Q}a,$$

其中,批量 Q 为自变量.

这个总费用函数,是库存问题中最基本的数学模型,借助于它可以利用后面所学的知识很容易地求出最优的经济批量来,还可以在此函数的基础上扩展解决更为复杂的库存问题.

例 9 设某厂每年需要某种材料 9 000 t,这个厂对该材料的消耗是均匀的,已知这种材料每吨每年库存费为 2 元,每次订货手续费为 40 元,试建立总库存费用对批量的函数关系.

解 依库存费用函数和题意知

$$D=9\ 000,\quad a=40,\quad b=2,$$

则总费用函数表达式为

$$C(Q)=\frac{Q}{2}\cdot 2+\frac{9\ 000}{Q}\cdot 40=Q+\frac{360\ 000}{Q}.$$

3. 单利与复利

设一笔贷款为 P_0(称为**本金**),年利率为 r.

1) 单利计息

按照规定的利率只将本金计算利息,而利息不再计息的计算本利和的方法.

一年后的本利和为 $S_1=P_0(1+r)$;二年后的本利和为 $S_2=P_0(1+2r)$,$\cdots$,k 年后的本利和为 $S_k=P_0(1+kr)$.

如果一年分 n 次计息,年利率仍为 r,则每次计息率为 $\dfrac{r}{n}$,于是一年后的本利和为

$$S_1=P_0\left(1+n\frac{r}{n}\right)=P_0(1+r),$$

则 k 年后的本利和为 $\qquad S_k=P_0(1+kr).$

2) 复利计息

复利计息是指不仅本金计算利息,而且利息也要计算利息,即每隔一定时期计算一次利息并将利息存入本金作为下一期计算利息的基数,就是通常所说的"利滚利".

一年后的本利和为 $S_1=P_0(1+r)$;二年后的本利和为 $S_2=P_0(1+r)^2$ $\cdots\cdots$ k 年

后的本利和为
$$S_k = P_0(1+r)^k.$$

如果一年分 n 次计息,年利率仍为 r,则每次计息率为 $\dfrac{r}{n}$,于是一年后的本利和为
$$S_1 = P_0\left(1+\frac{r}{n}\right)^n,$$

则 k 年后的本利和为
$$S_k = P_0\left(1+\frac{r}{n}\right)^{nk}.$$

例 10 王先生买房需要 P_0 元.若向银行贷款,年利率为 10% 单利计息;向私人借,按每月计息一次,年利率为 9.6% 的复利计息,一年后还款.问哪种借法合算?

解 若向银行贷款 P_0 元,一年后需还钱
$$P_0(1+10\%) = 1.10 P_0.$$

若向私人借钱,年利率 9.6%,一年 12 次计息,每期利率为 $\dfrac{9.6\%}{12} = 0.8\%$,一年后需支付
$$P_0\left(1+\frac{9.6\%}{12}\right)^{12} = P_0(1.008)^{12} = 1.100\,34 P_0.$$

若借款数额小,两种借法相差不大,但借款数额较大时,向银行借款合算.

4.5.2 边际分析

设函数 $y=f(x)$ 是可导的,那么导函数 $f'(x)$ 也称为**边际函数**.在经济学中有边际成本、边际收入、边际利润等.

设成本函数 $C=C(Q)$,$\Delta C = C(Q_0+\Delta Q) - C(Q_0)$ 表示当产量从 Q_0 提高或减少到 $Q_0+\Delta Q$ 后成本的增加量.
$$\frac{\Delta C}{\Delta Q} = \frac{C(Q_0+\Delta Q) - C(Q_0)}{\Delta Q}$$
便是平均意义下的成本,表示当产量从 Q_0 提高或减少到 $Q_0+\Delta Q$ 时,平均每增加或减少一个单位产量所需要的成本;当产量为 Q_0 时,成本的变化率为
$$\lim_{\Delta Q \to 0} \frac{\Delta C}{\Delta Q} = \lim_{\Delta Q \to 0} \frac{C(Q_0+\Delta Q) - C(Q_0)}{\Delta Q} = C'(Q_0).$$

在经济学中称 $C'(Q_0)$ 为成本函数 $C=C(Q)$ 在点 $Q=Q_0$ 处的边际成本,记为 $MC = C'(Q_0)$.

由微分的近似计算公式知 $\Delta C \approx C'(Q_0)\Delta Q$,取 $\Delta Q = 1$,则有
$$\Delta C = C(Q_0+1) - C(Q_0) \approx C'(Q_0).$$

上式表明当产量为 Q_0 时,再生产一个单位的产品所增加的成本 $\Delta C = C(Q_0+1) - C(Q_0)$ 可以用成本函数 $C(Q)$ 在点 Q_0 处的导数 $C'(Q_0)$ 近似表示,因此 $C'(Q)$ 称为**边际成本**.类似地,收入函数 $R(Q)$ 对产量的导数 $R'(Q)$ 称为**边际收入**,记为 MR;利润

函数 $L(Q)$ 的导数 $L'(Q)$ 称为**边际利润**,记为 ML;需求函数 $Q=f(p)$ 对价格的导数 $f'(p)$ 称为**边际需求**,记为 MQ,其经济意义都可以类似于边际成本的经济意义相应地给出。

例 11 某厂每周生产某产品 Q 个单位的总成本为
$$C(Q)=Q^2+12Q+100.$$
求:(1) 当产量为 20 时的总成本;

(2) 当产量从 20 增加到 30 时,总成本的平均变化率;

(3) 当产量分别为 20 和 30 时的边际成本。

解 (1) 产量为 20 时的总成本为
$$C(20)=20^2+12\times 20+100=740.$$

(2) 当产量从 20 增加到 30 时的平均变化率是
$$\frac{\Delta C}{\Delta Q}=\frac{C(30)-C(20)}{30-20}=\frac{1\,360-740}{10}=62.$$

(3) $C'(Q)=2Q+12$。当产量为 20 时的边际成本为
$$C'(20)=2\times 20+12=52;$$
当产量为 30 时的边际成本为
$$C'(30)=2\times 30+12=72.$$

该结果表明,当产量为 20 个单位时,再增加一个单位产量,总成本增加 52;当产量为 30 个单位时,再增加一个单位产品的产量,总成本增加 72。

例 12 某企业每天生产某产品 Q t 的利润函数(单位:千元)是
$$L=L(Q)=-5Q^2+250Q.$$
试求每天生产 20 t、25 t、30 t 时的边际利润。

解 生产 Q t 产品的边际利润为
$$L'(Q)=(-10Q+250) \text{ 千元}.$$

每天生产 20 t 的边际利润为
$$L'(20)=(-10\times 20+250) \text{ 千元}=50 \text{ 千元}.$$
这表明每天产量为 20 t 时,再增加 1 t 产量,利润将增加 50 千元。

每天生产 25 t 的边际利润为
$$L'(25)=(-10\times 25+250) \text{ 千元}=0 \text{ 千元}.$$
这表明每天产量为 25 t,再增加 1 t 产量,利润不增也不减。

每天生产 30 t 的边际利润为
$$C'(30)=(-10\times 30+250) \text{ 千元}=-50 \text{ 千元}.$$
这表明每天产量为 30 t,再增加 1 t 产量,利润不仅不会增加,反而要减少 50 千元。

实际上,上述的边际利润 $L'(Q)=(-10Q+250)$ 千元,当 $Q>25$ t 时,小于 0,所以利润函数是单调减少的,随着产量的增加,利润将减少。因此,企业不能完全依靠增加产量来提高利润,有时生产越多,亏损越大。

例 13 设生产 Q 件产品所需总时间为 T，则有函数关系：
$$T = t_0 Q^{1-k}, \quad 0 < k < 1, \quad t_0 \text{ 为常数}.$$
平均每件产品所需时间为
$$t = \frac{T}{Q} = t_0 Q^{-k};$$
设生产效率函数为
$$y = \frac{1}{t} = \frac{1}{t_0} Q^k;$$
边际生产效率为
$$y' = \frac{k}{t_0} Q^{k-1} > 0.$$
因此，生产量增加，生产效率随之提高，它表明专业化规模生产能提高经济效率．

4.5.3 生产的最优化理论

西方微观经济学中关于生产最优化的结论是：生产者为了得到最大利润，应使它的边际收益与边际成本相等．

下面仅对单一产品的简单问题加以证明．

设某种产品的产量 x 的成本函数为 $C(x)$，而收益函数为 $R(x)$，则利润函数为
$$L(x) = R(x) - C(x),$$
于是该问题就转化为如下的数学模型：
$$\begin{cases} \max\{R(x) - C(x)\}, \\ \text{s.t.} \quad x > 0. \end{cases}$$
其中 s.t. 表示约束条件．

由函数的极值必要条件知 $L'(\bar{x}) = 0$，即
$$R'(\bar{x}) - C'(\bar{x}) = 0 \quad \text{或} \quad R'(\bar{x}) = C'(\bar{x});$$
又由极值的第二充分条件知 $L''(\bar{x}) < 0$，即
$$R''(\bar{x}) - C''(\bar{x}) < 0 \quad \text{或} \quad R''(\bar{x}) < C''(\bar{x})$$
表示在生产最优状况下，边际收入等于边际成本且边际收益的变化率小于边际成本的变化率．

例 14 设某商品在销售单价为 P 元时，每天的需求是 $x = 18 - \frac{P}{4}$．某工厂每天生产该商品 x 单位的成本函数为 $C(x) = 120 + 2x + x^2$．试问该工厂每天产量为多少时，可使利润最大？这时商品价格和最大利润分别是多少？

解 由 $x = 18 - \frac{P}{4}$，有 $P = 72 - 4x$，从而总收入 $R(x) = xP = x(72 - 4x)$，利润为
$$L(x) = R(x) - C(x) = x(72 - 4x) - (120 + 2x + x^2)$$
$$= -5x^2 + 70x - 120 \quad (0 \leqslant x \leqslant 18).$$
从而 $L'(x) = -10x + 70$，令 $L'(x) = 0$，得唯一驻点 $x = 7$．

由问题的实际意义可知，最大利润存在，而 $L(x)$ 在 $[0, 18]$ 内只有一个驻点，因

此，当产量 $x=7$ 时，可使利润最大，最大利润为 $L(7)=125$ 元，这时商品的价格为 $P=(72-4\times 7)$ 元 $=44$ 元.

例 15 已知某产品的需求函数为 $p=10-\dfrac{q}{5}$，成本函数为 $C(q)=50+2q$，求产量 q 为多少时总利润 L 最大？

解 已知需求函数为 $p=10-\dfrac{q}{5}$，成本函数为 $C(q)=50+2q$，总收入函数为

$$R(q)=pq=10q-\dfrac{q^2}{5},$$

则利润函数为

$$L(q)=R(q)-C(q)=8q-\dfrac{q^2}{5}-50,$$

故 $L'(q)=8-\dfrac{2}{5}q$. 令 $L'(q)=0$，得唯一驻点 $q=20$，且 $L''(20)=-\dfrac{2}{5}<0$，所以当 $q=20$ 时，利润取得极大值也就是最大值. 故当产量为 20 个单位时，总利润最大.

例 16 一个企业的总收益函数是 $R=4\,000Q-33Q^2$，总成本函数是

$$C=2Q^3-3Q^2+400Q+500,$$

求最大利润 L.

解 利润函数为

$$L=4\,000Q-33Q^2-(2Q^3-3Q^2+400Q+500)$$
$$=-2Q^3-30Q^2+3\,600Q-500.$$

对 L 求一阶导数，并令其为 0，即

$$L'=-6Q^2-60Q+3\,600=-6(Q+30)(Q-20)=0,$$

解得驻点 $Q_1=20, Q_2=-30$（舍去）.

求二阶导数得 $L''=-12Q-60$，则

$$L''(20)=-12\times 20-60=-300<0,$$

所以当 $Q=20$ 时，利润有最大值，其值为

$$L(20)=-2(20)^3-30\times 20^2+3\,600\times 20-500=43\,500,$$

故当产量为 20 时，最大利润为 43 500.

4.5.4 弹性分析

1. 函数弹性的概念

在边际分析中所研究的是函数的绝对改变量与绝对变化率. 例如：商品 A 原价 2 元涨价 1 元，现价 3 元，商品 B 原价 10 000 元，涨价 1 元，现价 10 001 元，两种商品绝对改变量都是 1 元，但与原价相比，两者的涨价幅度却有很大差异，商品 A 涨了 50%，而商品 B 只涨了万分之一. 而涨价幅度的大小会直接影响到需求量 Q 的变化. 因此，经济学中常需研究一个变量对另一个变量的相对变化情况，为此引入函数弹性的概念.

定义 1 设函数 $y=f(x)$ 可导,函数的相对改变量

$$\frac{\Delta y}{y}=\frac{f(x+\Delta x)-f(x)}{f(x)}$$

与自变量的相对改变量 $\frac{\Delta x}{x}$ 之比 $\frac{\Delta y/y}{\Delta x/x}$,称为函数 $f(x)$ 在 x 与 $x+\Delta x$ 两点间的**弹性**(或相对变化率). 而极限 $\lim\limits_{\Delta x\to 0}\frac{\Delta y/y}{\Delta x/x}$ 称为函数 $f(x)$ 在点 x 处的**弹性函数**(或相对变化率),记为

$$\frac{\mathrm{E}}{\mathrm{E}x}f(x)=\frac{\mathrm{E}y}{\mathrm{E}x}=\lim_{\Delta x\to 0}\frac{\Delta y/y}{\Delta x/x}=\lim_{\Delta x\to 0}\frac{\Delta y}{\Delta x}\cdot\frac{x}{y}=y'\frac{x}{y}. \tag{1}$$

当 $|\Delta x|$ 的值很小时,有

$$\frac{\mathrm{E}y}{\mathrm{E}x}=y'\frac{x}{y}\approx\frac{\Delta y/y}{\Delta x/x},\quad\text{即}\quad\frac{\Delta y}{y}\approx\frac{\mathrm{E}y}{\mathrm{E}x}\cdot\frac{\Delta x}{x}.$$

如果 $\left|\frac{\Delta x}{x}\right|=1\%$,则

$$\left|\frac{\Delta y}{y}\right|\approx\left|\frac{\mathrm{E}y}{\mathrm{E}x}\right|\cdot\left|\frac{\Delta x}{x}\right|=\left|\frac{\mathrm{E}y}{\mathrm{E}x}\right|\%. \tag{2}$$

函数 $f(x)$ 在点 x 处的弹性 $\frac{\mathrm{E}y}{\mathrm{E}x}$ 反映了随 x 的变化过程中 $f(x)$ 变化幅度的大小,即 $f(x)$ 对 x 变化反应的强烈程度或灵敏度. 式(2)说明:函数 $f(x)$ 在点 x 处,当自变量 x 发生 1% 的改变时,函数 $f(x)$ 近似改变 $\left|\frac{\mathrm{E}y}{\mathrm{E}x}\right|\%$.

例 17 求函数 $y=100\mathrm{e}^{-2x}$ 的弹性 $\frac{\mathrm{E}y}{\mathrm{E}x}$ 及 $\frac{\mathrm{E}y}{\mathrm{E}x}\Big|_{x=5}$.

解 因 $y'=-200\mathrm{e}^{-2x}$,则

$$\frac{\mathrm{E}y}{\mathrm{E}x}=y'\frac{x}{y}=-200\mathrm{e}^{-2x}\frac{x}{100\mathrm{e}^{-2x}}=-2x,$$

$$\frac{\mathrm{E}y}{\mathrm{E}x}\Big|_{x=5}=-2x\Big|_{x=5}=-10.$$

2. 需求弹性

下面来研究销售价格 p 的变化幅度,即相对改变量 $\frac{\Delta p}{p_0}$ 对需求函数 $Q(p)$ 的变化幅度,亦即对相对改变量 $\frac{\Delta Q}{Q_0}$ 的影响程度,即需求弹性.

需求函数的相对改变量 $\frac{\Delta Q}{Q_0}=\frac{Q(p_0+\Delta p)-Q(p_0)}{Q_0}$ 与价格的相对改变量 $\frac{\Delta p}{p_0}$ 之比,即

$$\bar{\eta}(p_0)=\frac{\Delta Q/Q_0}{\Delta p/p_0}$$

称为需求函数 $Q(p)$ 从 p_0 到 $p_0+\Delta p$ **两点间的相对变化率**或称为商品在**两点间的需**

求弹性.

当 $\Delta p \to 0$ 时，比值 $\bar{\eta}(p_0)$ 的极限

$$\eta(p_0) = \lim_{\Delta p \to 0} \frac{\frac{\Delta Q}{Q(p_0)}}{\frac{\Delta p}{p_0}} = \lim_{\Delta p \to 0} \frac{\Delta Q}{\Delta p} \cdot \frac{p_0}{Q(p_0)} = p_0 \frac{Q'(p_0)}{Q(p_0)} \tag{3}$$

称为该商品在 $p = p_0$ 处的**需求弹性**.

一般情况下需求函数 $Q(p)$ 是价格 P 的单调减少函数，所以需求函数改变量 ΔQ 与销售价格的改变量 Δp 异号，因而需求弹性总为负.

由于
$$\eta(p) \approx \frac{\Delta Q/Q}{\Delta p/p}, \quad 即 \quad \frac{\Delta Q}{Q} \approx \eta(p)\frac{\Delta p}{p}.$$

令 $\left|\frac{\Delta p}{p}\right| = 1\%$（即价格变动 1%），则需求量的变化为

$$\left|\frac{\Delta Q}{Q}\right| \approx |\eta(p)|\%.$$

其经济意义是：当价格 p 上涨 1% 时，则销售量近似减少 $\eta(p)\%$；当价格 p 下跌 1% 时，则销售量近似增加 $\eta(p)\%$，这说明需求弹性表现了需求量对价格的敏感度.

例 18 设某商品的需求函数为 $Q = 50\,000 e^{-\frac{p}{2}}$.

(1) 求需求弹性 $\eta(p)$；

(2) 求 $\eta(1), \eta(2), \eta(10)$，并说明其经济意义.

解
$$\eta(p) = \frac{pQ'}{Q} = \frac{p \cdot 50\,000 \times \left(-\frac{1}{2}\right) e^{-\frac{p}{2}}}{50\,000 e^{-\frac{p}{2}}} = -\frac{p}{2},$$

$$\eta(1) = -\frac{1}{2} = -0.5, \quad \eta(2) = -\frac{2}{2} = -1, \quad \eta(10) = -\frac{10}{2} = -5.$$

$\eta(2) = -1$ 时，说明当价格 $p = 2$ 时，价格与需求变动的幅度相同；$\eta(1) = -0.5$ 时，说明当价格 $p = 1$ 时，若价格再上涨 1%，需求只减少 0.5%，需求变动的幅度小于价格变动的幅度；$\eta(10) = -5$ 时，说明当价格 $p = 10$ 时，若价格再上涨 1%，需求将减少 5%，需求变动的幅度大于价格变动的幅度.

3. 需求弹性对于总收益的影响分析

设需求函数 $Q = Q(p)$，则总收益为价格 p 与需求量 $Q(p)$ 的乘积，即

$$R(p) = pQ(p),$$

$$R'(p) = [pQ(p)]' = Q(p) + pQ'(p) = Q(p)\left[1 + p\frac{Q'(p)}{Q(p)}\right]$$

$$= Q(p)(1 + \eta) = Q(p)(1 - |\eta|). \tag{4}$$

由式(4)可知，若 $|\eta| < 1$，价格的变化幅度大于需求变化的幅度，称其为**低弹性**. 由于 $R'(p) > 0$，$R(p)$ 为增函数，即价格上升时，总收益增加；当价格下跌时，总收益减少，此时应适当加价以提高销售收入.

若 $|\eta|>1$，价格的变化幅度小于需求变化的幅度，称其为**高弹性**. 由于 $R'(p)<0$，$R(p)$ 为减函数，即价格上升时，总收益减少；当价格下跌时，总收益增加，此时应降价促销，使总收入增加.

若 $|\eta|=1$ 时，此时，价格的变化幅度与需求量变化的幅度相同，称此为**单位弹性**. $R'(p)=0$，收益达到最大值，此时无须调价.

综上所述，总收益的变化受需求弹性的制约，随商品需求弹性的变化而变化，其变化如图 4-9 所示.

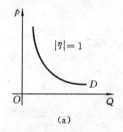
(a)

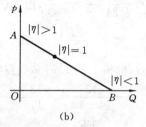
(b)

图 4-9

例 19 某企业根据市场调查，建立了某商品需求量与价格 p 之间的函数关系为 $Q=100-2p$，求：

(1) 需求弹性 η；

(2) 当价格 p 分别为 24 元和 30 元时，要使销售收入增加，应采取何种价格政策；

(3) 当 p 为何值时，总收益最大？总收益是多少？

解 (1) $$\eta=p\frac{Q'}{Q}=p\frac{-2}{100-2p}=\frac{-p}{50-p}.$$

(2) 当 $p=24$ 元时，$\eta=\dfrac{-24}{26}=-0.92$. 因 $|\eta|<1$，故应适当提价，可使销售收入增加.

当 $p=30$ 元时，$\eta=\dfrac{-30}{20}=-1.5$. 因 $|\eta|>1$，故应适当降价，薄利多销.

(3) $R=pQ(p)=100p-2p^2 \Rightarrow R'=100-4p$，令 $R'=0$ 得 $p=25$.

又因 $R''=-4<0$，知 $p=25$ 是最大值点，此时最大收益为
$$R(25)=100\times 25-2\times 25^2=1\,250 \text{ 元}.$$

下面求总收益增长的百分比，即求 $R(p)$ 的弹性. 由于
$$R'(p)=Q(p)[1+\eta(p)], \quad R(p)=pQ(p),$$

故
$$\frac{ER}{Ep}=R'(p)\frac{p}{R(p)}=Q(p)[1+\eta(p)]\frac{p}{pQ(p)}=1+\eta(p). \tag{5}$$

例 20 某商品需求函数为 $Q=12-\dfrac{1}{2}p$.

(1) 求需求弹性 $\eta(p)$；

(2) 当 $p=6$ 时,若价格 p 上涨 1%,总收益将变化百分之几? 是增加还是减少?

(3) 当 $p=13$ 时,若价格 p 上涨 1%,总收益将变化百分之几? 是增加还是减少?

解 已知 $Q=12-\dfrac{1}{2}p.$

(1) 由式(3)得

$$\eta(p)=\dfrac{pQ'}{Q}=-\dfrac{1}{2}\cdot\dfrac{p}{12-p/2}=-\dfrac{p}{24-p}.$$

(2) $\eta(6)=-\dfrac{6}{24-6}=-\dfrac{1}{3}$,由式(5)得

$$\left.\dfrac{ER}{Ep}\right|_{p=6}=1+\eta(6)=1-\dfrac{1}{3}=0.667,$$

所以当 $p=6$ 时,价格上涨 1%,总收益将增加 0.667%.

(3) $\eta(13)=-\dfrac{13}{24-13}=-\dfrac{13}{11}=-1.182$,由式(5)得

$$\left.\dfrac{ER}{Ep}\right|_{p=13}=1+\eta(13)=1-\dfrac{13}{11}=-0.182,$$

所以当 $p=13$ 时,价格上涨 1%,总收益将减少 0.182%.

习 题 4

1. 下列函数在给定区间上是否满足罗尔定理的所有条件? 如满足就求出定理中的数值 ξ.

(1) $f(x)=2x^2-x-3$, $x\in[-1,1.5]$; (2) $f(x)=\dfrac{1}{1+x^2}$, $x\in[-2,2]$.

2. 下列函数在给定区间上是否满足拉格朗日定理的所有条件? 如满足就求出定理中的数值 ξ.

(1) $f(x)=\ln x$, $x\in[1,2]$;

(2) $f(x)=x^3-5x^2+x-2$, $x\in[-1,0]$.

3. 利用拉格朗日中值定理证明下列不等式:

(1) $\dfrac{b-a}{b}\leqslant\ln\dfrac{b}{a}\leqslant\dfrac{b-a}{a}$ $(0<a<b)$; (2) $\arctan x_2-\arctan x_1\leqslant x_2-x_1$ $(x_1<x_2)$.

4. 利用罗必塔法则求下列极限:

(1) $\lim\limits_{x\to 0}\dfrac{e^x-e^{-x}}{x}$; (2) $\lim\limits_{x\to 1}\dfrac{\ln x}{x-1}$;

(3) $\lim\limits_{x\to 1}\dfrac{x^3-3x^2+2}{x^3-x^2-x+1}$; (4) $\lim\limits_{x\to +\infty}\dfrac{\ln\left(1+\dfrac{1}{x}\right)}{\operatorname{arccot}x}$;

(5) $\lim\limits_{x\to 0}\left(\dfrac{1}{x}-\dfrac{1}{e^x-1}\right)$; (6) $\lim\limits_{x\to 0}(1+\sin x)^{\frac{1}{x}}$.

5. 求下列函数的增减区间:

(1) $y=3x^2+6x+5$; (2) $y=x-e^x$;

(3) $y=\dfrac{x^2}{1+x}$; (4) $y=2x^2-\ln x$.

6. 求下列函数的极值：

(1) $y = x^3 - 3x^2 + 7$；

(2) $y = \sqrt{2 + x - x^2}$；

(3) $y = x^2 e^{-x}$；

(4) $y = \dfrac{2x}{1 + x^2}$.

7. 利用二阶导数，判断下列函数的极值：

(1) $y = x^3 - 3x^2 - 9x - 5$；

(2) $y = (x-3)^2 (x-2)$；

(3) $y = 2x - \ln(4x)^2$；

(4) $y = 2e^x + e^{-x}$；

8. 求下列函数在给定区间上的最大值与最小值：

(1) $y = x^4 - 2x^2 + 5$，$x \in [-2, 2]$；

(2) $y = \ln(x^2 + 1)$，$x \in [-1, 2]$；

(3) $y = \dfrac{x^2}{1 + x}$，$x \in \left[-\dfrac{1}{2}, 1\right]$；

(4) $y = e^x - x$，$x \in [-1, 1]$.

9. 设某产品生产 q 个单位的总成本为产量 q 的函数 $C = C(q) = 50 + 30q$. 试求：

(1) 边际成本函数；

(2) 当 $q = 9$ 时边际成本，并说明其经济意义.

10. 设某商品的收益函数为 $R = R(q) = 104q - 0.4q^2$，其中 q 为销售量. 试求：

(1) 边际收益函数；

(2) 当 $q = 50$ 时的边际收益，并说明其经济意义.

11. 某餐具制造厂生产 x 个搅拌器的成本函数是 $C(x) = 1\,500 + 10x + 12\sqrt{x}$. 试求：

(1) 生产 36 个搅拌器的总成本；

(2) 边际成本函数；

(3) 生产 36 个搅拌器的边际成本；

(4) 生产第 37 个搅拌器的真实成本是多少？

12. 设某产品生产 q 个单位的总成本为产量 q 的函数 $C = C(q) = 50 + 30\sqrt{q}$，试求：

(1) 边际成本函数；

(2) 当 $q = 9$ 时的边际成本，并说明其经济意义.

13. 设某产品的总成本函数为 $C(q) = 1\,100 + \dfrac{1}{1\,200} q^2$，试求：

(1) 当产量 $q = 900$ 时的总成本和平均成本；

(2) 当产量 q 由 900 个单位增加到 $1\,000$ 个单位时，总成本的平均变化率；

(3) 当产量 $q = 900$ 个单位和 $q = 1\,000$ 个单位时的边际成本，并将(1)与(2)所求得的结果加以比较，说明它们的意义和差别.

14. 设某商品的需求量 q 与价格 p 的关系为 $q = 1\,000 e^{-1.5p}$. 试求：

(1) 当产量 $q = 50$ 个单位时的收益和价格；

(2) 当产量 $q = 50$ 个单位时的边际受益.

15. 设某商品的需求函数为 $q = 100 p^{-0.25}$，试求需求弹性 $\eta(p)$，并说明其经济意义.

16. 设某商品的国内需求弹性 $\eta = -1.5$，为了增加出口量，拟压缩国内销售量 30%，则可以近似提价多少？

17. 设某厂生产一批产品，其固定成本为 $1\,000$ 元，每增加一个产品，成本增加 40 元. 需求函

数为 $q=1\,000-10p$（p 是价格，单位：元/个）. 试求：

(1) 成本函数；

(2) 价格函数；

(3) 收益函数；

(4) 利润函数；

(5) 获得最大利润时的产量与价格.

18. 某厂生产某种商品每批每个单位的费用为 $C(q)=5q+200$（单位：元），得到的收益是 $R(q)=10q-0.01q^2$（单位：元）. 问每批生产多少个单位时，才能使利润最大？

第5章 不定积分

在微分学中,我们讨论了求已知函数的导函数问题.但在许多实际问题中,特别是在科学技术和经济管理中,常常需要研究其逆命题,即已知一个函数的导数(或微分),要求出这个函数.这种由已知函数的导数(或微分)去求原来函数的问题是积分学的基本问题之一——求不定积分.

5.1 原函数与不定积分的概念

5.1.1 原函数的概念

在微分学中已经解决了两个基本问题:由运动规律 $y=f(x)$ 求运动速度 $v(t)$;已知曲线 $y=f(x)$ 求曲线的切线.反过来,如果已知运动速度 $v(t)$ 而要求出运动规律 $s=f(t)$;已知某一曲线的切线方程要求出该曲线.这就是求导(或微分)的逆运算问题.下面先通过几个例子来研讨.

例1 已知某一质点做直线运动,其速度为 $v(t)=at+b$,其中 a,b 为常量,求质点的运动方程 $s=f(t)$,其中 t 表示时间,s 表示质点所经过的路程.

解 该题可转化为:已知 $f'(t)=at+b$,求 $s=f(t)$.因为 $\left(\frac{1}{2}at^2+bt+c\right)'=at+b$,故

$$s=f(t)=\frac{1}{2}at^2+bt+c.$$

例2 某曲线在其定义域内的任一点 x 处的切线斜率等于 $2x$,且该曲线过点 $A(0,1)$,求其曲线方程.

解 设所求曲线方程为 $y=F(x)$,由题意知 $F'(x)=2x$,由于

$$(x^2+C)'=2x \quad (C \text{ 为常数}),$$

所以

$$F(x)=x^2+C.$$

又因曲线过点 $A(0,1)$,即 $F(0)=1$,得 $C=1$,故所求曲线方程为 $y=x^2+1$.

将这两个例题一般化,就是已知函数 $y=f(x)$ 的导数,而要求出原来的函数 $y=f(x)$.

一般地,给出下面的定义.

定义 1 设 $f(x)$ 是定义在区间 D 上的已知函数. 若存在一个函数 $F(x)$, 对任何 $x \in D$ 均有

$$F'(x) = f(x) \quad \text{或} \quad \mathrm{d}F(x) = f(x)\mathrm{d}x,$$

则称函数 $F(x)$ 为已知函数 $f(x)$ 在区间 D 上的一个原函数.

例如, 因为 $(\sin x)' = \cos x, x \in (-\infty, +\infty)$, 所以 $\sin x$ 是 $\cos x$ 在 $(-\infty, +\infty)$ 内的一个原函数. 又如, 当 $x > 0$ 时, $(\ln x)' = \dfrac{1}{x}$, 于是 $\ln x$ 是 $\dfrac{1}{x}$ 在 $(0, +\infty)$ 内的一个原函数; 当 $x < 0$ 时, $[\ln(-x)]' = \dfrac{1}{-x} \cdot (-1) = \dfrac{1}{x}$, 于是 $\ln(-x)$ 是 $\dfrac{1}{x}$ 在 $(-\infty, 0)$ 内的一个原函数. 因为当 $x > 0$ 时, $x = |x|$; 当 $x < 0$ 时, $-x = |x|$, 因此 $\ln|x|$ 是 $\dfrac{1}{x}$ 在 $(-\infty, 0) \cup (0, +\infty)$ 内的一个原函数.

那么, 怎样的函数存在原函数? 原函数有多少? 这些原函数之间又有什么联系呢?

下面介绍三个结论(原函数存在定理).

定理 1 如果函数 $f(x)$ 在区间 D 内连续, 那么在区间 D 内必定存在可导函数 $F(x)$, 使得对每一个 $x \in D$, 都有 $F'(x) = f(x)$, 即连续函数必定存在原函数.

已经知道初等函数在其定义区间内连续, 因此每个初等函数在其定义区间内都有原函数.

定理 2 如果函数 $f(x)$ 在区间 D 内有原函数 $F(x)$, 那么对于任意常数 C, 有 $[F(x) + C]' = F'(x) = f(x)$, 即函数 $F(x) + C$ 也是 $f(x)$ 在 D 内的原函数. 这说明如果函数 $f(x)$ 在 D 内有原函数, 那么它在 D 内就有无穷多个原函数.

定理 3 区间 D 内函数的所有原函数中, 任意两个原函数之间只差一个常数.

设 $F(x)$ 和 $G(x)$ 为函数 $f(x)$ 在区间 D 内的两个原函数, 那么任给 $x \in D$, 有

$$[G(x) - F(x)]' = G'(x) - F'(x) = f(x) - f(x) = 0.$$

由于导数恒为零的函数必为常数, 因而 $G(x) - F(x) = C$, 所以 $G(x) = F(x) + C$ (C 为常数). 这说明 $f(x)$ 的任何两个原函数之间只差一个常数. 于是, 函数 $f(x)$ 的任何一个原函数都可以由一个已知原函数加上某个常数表示.

由此可见, 当 C 为任意常数时, 表达式 $F(x) + C$ 就可以表示 $f(x)$ 的全体原函数.

5.1.2 不定积分的概念

定义 2 在区间 D 上, 函数 $f(x)$ 的带有任意常数项的原函数称为 $f(x)$ (或 $f(x)\mathrm{d}x$) 在区间 D 上的**不定积分**, 记为

$$\int f(x)\mathrm{d}x,$$

其中 x 是积分变量, $f(x)$ 是**被积函数**, $f(x)\mathrm{d}x$ 称为**被积表达式**, 记号 $\int$ 称为**积分号**.

若 $F(x)$ 是 $f(x)$ 的一个原函数,则由定义知

$$\int f(x)\mathrm{d}x = F(x) + C \quad (C \text{ 称为积分常数}).$$

因而,不定积分 $\int f(x)\mathrm{d}x$ 可以表示 $f(x)$ 的任意一个原函数. 因此求已知函数的不定积分,就可归结为求它的一个原函数,再加上任意常数 C.

由定义很容易得出: $\int \cos x \mathrm{d}x = \sin x + C, \int 3x^2 \mathrm{d}x = x^3 + C.$

例 3 求下列不定积分:

(1) $\int x^2 \mathrm{d}x$; (2) $\int \dfrac{\mathrm{d}x}{1+x^2}$.

解 (1) 由于 $\left(\dfrac{1}{3}x^3\right)' = x^2$,所以 $\dfrac{1}{3}x^3$ 是 x^2 的一个原函数. 因此

$$\int x^2 \mathrm{d}x = \dfrac{1}{3}x^3 + C.$$

(2) 由于 $(\arctan x)' = \dfrac{1}{1+x^2}$,所以 $\arctan x$ 是 $\dfrac{1}{1+x^2}$ 的一个原函数. 因此

$$\int \dfrac{\mathrm{d}x}{1+x^2} = \arctan x + C.$$

5.1.3 不定积分的几何意义

通常把 $f(x)$ 的一个原函数 $F(x)$ 的图形,称为函数 $f(x)$ 的**积分曲线**,它的方程是 $y = F(x)$. 这样,不定积分

$$\int f(x)\mathrm{d}x = F(x) + C$$

在几何上就表示一族曲线 $y = F(x) + C$,称为 $f(x)$ 的**积分曲线族**. 由 $[F(x)+C]' = f(x)$ 可知,在积分曲线族中,横坐标相同点处的切线相互平行,并且任一条积分曲线都可以由另一条积分曲线沿 y 轴方向平移而得到,如图 5-1 所示.

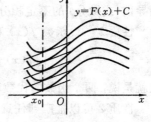

图 5-1

例 4 求过点 $(0,1)$ 且在其上任一点处的切线斜率为 $3x^2$ 的曲线方程 $y = f(x)$.

解 曲线的切线斜率为 $3x^2$,即

$$k = y' = 3x^2,$$

$$y = \int 3x^2 \mathrm{d}x = x^3 + C,$$

由此得曲线簇为

$$y = x^3 + C.$$

由于曲线过点 $(0,1)$,代入上式得

$$1 = 0^3 + C, \quad 即 \quad C = 1.$$

故所求曲线方程为 $y = x^3 + 1$.

当需要从积分曲线簇中求出过点 (x_0, y_0) 的一条积分曲线时,只要把 $x=x_0, y=y_0$ 代入 $y=F(x)+C$ 中解出 C 即可.

5.2 不定积分的性质及其基本积分公式

5.2.1 不定积分的性质

由不定积分的定义和导数运算法则,可以得到以下不定积分的性质.

性质 1 求不定积分与求导或求微分互为逆运算.

(1) $\left[\int f(x)\mathrm{d}x\right]' = f(x)$ 或 $\mathrm{d}\left[\int f(x)\mathrm{d}x\right] = f(x)\mathrm{d}x.$ \hfill (1)

设 $F(x)$ 是 $f(x)$ 的一个原函数,那么,$\int f(x)\mathrm{d}x = F(x)+C$,于是

$$\left[\int f(x)\mathrm{d}x\right]' = (F(x)+C)' = F'(x) = f(x),$$

故得式(1).

(2) $\int F'(x)\mathrm{d}x = F(x)+C$ 或 $\int \mathrm{d}F(x) = F(x)+C.$ \hfill (2)

由 $F(x)$ 是 $f(x)$ 的一个原函数得 $F'(x) = f(x)$,将其代入定义中,得

$$\int F'(x)\mathrm{d}x = \int f(x)\mathrm{d}x = F(x)+C.$$

也就是说,不定积分的导数(或微分)等于被积函数(或被积表达式);一个函数的导数(或微分)的不定积分与这个函数相差一个任意常数.

性质 2 设函数 $f(x)$ 和 $g(x)$ 的原函数存在,则

$$\int [f(x) \pm g(x)]\mathrm{d}x = \int f(x)\mathrm{d}x \pm \int g(x)\mathrm{d}x. \tag{3}$$

也就是说,两个函数的代数和的不定积分,等于它们的不定积分的代数和.

性质 2 可以推广到任意有限多个函数的代数和的情况.

性质 3 在求不定积分时,非零常数因子可以提到积分号外面,即

$$\int kf(x)\mathrm{d}x = k\int f(x)\mathrm{d}x \quad (k \neq 0).$$

5.2.2 基本积分公式

既然积分运算是求导运算的逆运算,因此从基本导数公式可以得到相应的基本积分公式:

(1) $\int k\mathrm{d}x = kx+C$ (k 为常数);

(2) $\int x^\mu \mathrm{d}x = \dfrac{1}{\mu+1}x^{\mu+1}+C$ ($\mu \neq -1$);

(3) $\int \dfrac{1}{x}\mathrm{d}x = \ln|x| + C$;

(4) $\int a^x \mathrm{d}x = \dfrac{a^x}{\ln a}x + C \quad (a>0, a\neq 1)$;

(5) $\int \mathrm{e}^x \mathrm{d}x = \mathrm{e}^x + C$;

(6) $\int \sin x \mathrm{d}x = -\cos x + C$;

(7) $\int \cos x \mathrm{d}x = \sin x + C$;

(8) $\int \dfrac{1}{\cos^2 x}\mathrm{d}x = \int \sec^2 x \mathrm{d}x = \tan x + C$;

(9) $\int \dfrac{1}{\sin^2 x}\mathrm{d}x = \int \csc^2 x \mathrm{d}x = -\cot x + C$;

(10) $\int \sec x \tan x \mathrm{d}x = \sec x + C$;

(11) $\int \csc x \cot x \mathrm{d}x = -\csc x + C$;

(12) $\int \dfrac{1}{\sqrt{1-x^2}}\mathrm{d}x = \arcsin x + C$;

(13) $\int \dfrac{1}{1+x^2}\mathrm{d}x = \arctan x + C$.

以上 13 个基本积分公式是求不定积分的基础，必须熟记．积分基本公式中所有的 x 换成其他字母（如 u,t 等，u,t 可以是自变量，也可以是中间变量）时公式仍成立．下面看一个应用幂函数的积分公式的例子．

例 1 求 $\int \sqrt{x}(x^2-5)\mathrm{d}x$.

解
$$\int \sqrt{x}(x^2-5)\mathrm{d}x = \int (x^{\frac{5}{2}} - 5x^{\frac{1}{2}})\mathrm{d}x = \int x^{\frac{5}{2}}\mathrm{d}x - 5\int x^{\frac{1}{2}}\mathrm{d}x$$
$$= \dfrac{2}{7}x^{\frac{7}{2}} - 5\times \dfrac{2}{3}x^{\frac{3}{2}} + C$$
$$= \dfrac{2}{7}x^3\sqrt{x} - \dfrac{10}{3}x\sqrt{x} + C.$$

注 检验积分结果是否正确，只要对结果求导，看它的导数是否等于被积函数．如果其导数等于被积函数，则结果是正确的，否则结果是错误的．因

$$\left(\dfrac{2}{7}x^3\sqrt{x} - \dfrac{10}{3}x\sqrt{x} + C\right)' = \left(\dfrac{2}{7}x^3\sqrt{x}\right)' - \left(\dfrac{10}{3}x\sqrt{x}\right)' + (C)'$$
$$= \dfrac{2}{7}(x^{\frac{7}{2}})' - \dfrac{10}{3}(x^{\frac{3}{2}})'$$
$$= x^{\frac{5}{2}} - 5x^{\frac{1}{2}} = \sqrt{x}(x^2-5),$$

故此题的解答是正确的．

5.3 不定积分的积分法

5.3.1 直接积分法

直接积分法是指直接(或把被积函数通过简单的恒等变形后)利用不定积分的运算性质和积分基本公式求出不定积分的方法.

例1 求下列不定积分:

(1) $\int \left(3e^x - \dfrac{1}{x^2} + 1\right) dx$; (2) $\int \dfrac{1-x^2}{x\sqrt{x}} dx$;

(3) $\int \dfrac{1}{x^2(1+x^2)} dx$; (4) $\int \tan^2 x \, dx$.

解 (1) 直接利用不定积分的运算性质和积分基本公式,得

$$\int \left(3e^x - \dfrac{1}{x^2} + 1\right) dx = 3\int e^x dx - \int x^{-2} dx + \int dx$$

$$= 3e^x - \dfrac{1}{-2+1} x^{-2+1} + x + C$$

$$= 3e^x + \dfrac{1}{x} + x + C.$$

(2) 先把被积函数变形为代数和的形式,再求积分.

$$\int \dfrac{1-x^2}{x\sqrt{x}} dx = \int (x^{-\frac{3}{2}} - x^{\frac{1}{2}}) dx = \int x^{-\frac{3}{2}} dx - \int x^{\frac{1}{2}} dx$$

$$= -2x^{-\frac{1}{2}} - \dfrac{2}{3} x^{\frac{3}{2}} + C.$$

(3) 被积函数是分式,且不能直接积分,通常是把被积函数分项,化为几个分式之和,再利用直接积分法求解.

$$\int \dfrac{1}{x^2(1+x^2)} dx = \int \dfrac{1+x^2-x^2}{x^2(1+x^2)} dx = \int \left(\dfrac{1}{x^2} - \dfrac{1}{1+x^2}\right) dx$$

$$= \int \dfrac{1}{x^2} dx - \int \dfrac{1}{x^2+1} dx$$

$$= -\dfrac{1}{x} - \arctan x + C.$$

(4) 先利用三角恒等式变形,然后再积分.

$$\int \tan^2 x \, dx = \int (\sec^2 x - 1) dx = \int \sec^2 x \, dx - \int dx$$

$$= \tan x - x + C.$$

注 在不定积分的计算过程中,去掉积分符号后不要忘记加上积分常数 C.

5.3.2 第一换元积分(凑微分)法

利用基本积分表与积分的性质,所能计算的不定积分是非常有限的,例如$\int(2x+3)^9 dx$就如此. 因此,有必要进一步来研究不定积分的求法. 把复合函数的微分法反过来求不定积分,利用中间变量的代换,得到复合函数的积分法,称为**换元积分法**,简称**换元法**. 换元积分法有两种:**第一换元积分法**和**第二换元积分法**.

对于复合函数$F[\varphi(x)]$,令$u=\varphi(x)$,若$F'(u)=f(u)$,有
$$dF[\varphi(x)] = f[\varphi(x)]d\varphi(x) = f[\varphi(x)]\varphi'(x)dx,$$
那么
$$\int f[\varphi(x)]\varphi'(x)dx = \int f[\varphi(x)]d\varphi(x) = \int dF[\varphi(x)] = F[\varphi(x)]+C.$$

此式告诉我们,如果某积分的被积表达式为$f[\varphi(x)]\varphi'(x)dx$的形式,则可先计算$\varphi'(x)dx = d\varphi(x)$,并令$u=\varphi(x)$,则有
$$\int f[\varphi(x)]\varphi'(x)dx = \int f[\varphi(x)]d\varphi(x) = \int f(u)du.$$

再利用基本积分公式求得积分结果.

以上的方法称为第一换元积分法,又称**凑微分法**.

例如,求$\int 2xe^{x^2}dx$,这里可把e^{x^2}看做通过中间变量$u=x^2$复合而成的复合函数e^u,而被积表达式的剩余部分$2xdx$可凑成x^2的微分,即$2xdx = dx^2$,于是有
$$\int 2xe^{x^2}dx = \int e^{x^2}dx^2.$$

由积分基本公式$\int e^u du = e^u + C$,可得
$$\int 2xe^{x^2}dx = \int e^{x^2}d(x^2) = e^{x^2}+C.$$

又如,计算$\int(2x+3)^9 dx$,可把$2x+3$看成中间变量u,若能把dx凑成$d(2x+3)$,就可以利用公式$\int x^\mu dx = \frac{x^{\mu+1}}{\mu+1}+C$求出结果,而$d(2x+3)=2dx$,故$dx=\frac{1}{2}d(2x+3)$. 于是
$$\int(2x+3)^9 dx = \frac{1}{2}\int(2x+3)^9 d(2x+3)$$
$$= \frac{1}{2}\times\frac{1}{9+1}(2x+3)^{9+1}+C$$
$$= \frac{1}{20}(2x+3)^{10}+C.$$

当选定了中间变量$u=\varphi(x)$的具体表达式后,计算过程中可以不写出$u=\varphi(x)$.

例2 求 $\int \dfrac{1}{\sqrt{2-5x}}dx$.

解 把 $2-5x$ 视为中间变量 u.

因
$$dx = -\dfrac{1}{5}d(2-5x)$$

故
$$\int \dfrac{1}{\sqrt{2-5x}}dx = -\dfrac{1}{5}\int (2-5x)^{-\frac{1}{2}}d(2-5x)$$

$$= -\dfrac{1}{5}\times \dfrac{1}{-\dfrac{1}{2}+1}(2-5x)^{-\frac{1}{2}+1}+C$$

$$= -\dfrac{2}{5}\sqrt{2-5x}+C.$$

例3 求 $\int x\sqrt{x^2-6}\,dx$.

解 由 $xdx = \dfrac{1}{2}d(x^2-6)$ 得

$$\int x\sqrt{x^2-6}\,dx = \dfrac{1}{2}\int (x^2-6)^{\frac{1}{2}}d(x^2-6)$$

$$= \dfrac{1}{2}\times \dfrac{1}{\dfrac{1}{2}+1}(x^2-6)^{\frac{1}{2}+1}+C$$

$$= \dfrac{1}{3}(x^2-6)^{\frac{3}{2}}+C.$$

例4 求 $\int \dfrac{\cos\sqrt{x}}{\sqrt{x}}dx$.

解 由 $\dfrac{1}{\sqrt{x}}dx = 2d\sqrt{x}$ 得

$$\int \dfrac{\cos\sqrt{x}}{\sqrt{x}}dx = 2\int \cos\sqrt{x}\,d(\sqrt{x}) = 2\sin\sqrt{x}+C.$$

例5 求 $\int \dfrac{e^x}{e^x-1}dx$.

解 由 $e^x dx = d(e^x-1)$ 得

$$\int \dfrac{e^x}{e^x-1}dx = \int \dfrac{1}{e^x-1}d(e^x-1) = \ln|e^x-1|+C.$$

例6 求 $\int \dfrac{\ln^2 x}{x}dx$.

解 由 $\dfrac{1}{x}dx = d(\ln x)$ 得

$$\int \dfrac{\ln^2 x}{x}dx = \int \ln^2 x\,d(\ln x) = \dfrac{1}{3}\ln^3 x+C.$$

例7 求 $\int \tan x \, dx$.

解 $\int \tan x \, dx = \int \dfrac{\sin x}{\cos x} dx = -\int \dfrac{1}{\cos x} d(\cos x) = -\ln|\cos x| + C.$

同理,可求得
$$\int \cot x \, dx = \ln|\sin x| + C.$$

例8 求 $\int \dfrac{dx}{\sqrt{a^2 - x^2}}$.

解
$$\int \dfrac{dx}{\sqrt{a^2 - x^2}} = \int \dfrac{dx}{a\sqrt{1 - \left(\dfrac{x}{a}\right)^2}}$$
$$= \int \dfrac{1}{\sqrt{1 - \left(\dfrac{x}{a}\right)^2}} d\left(\dfrac{x}{a}\right)$$
$$= \arcsin \dfrac{x}{a} + C.$$

例9 求 $\int \dfrac{dx}{x^2 + a^2}$.

解
$$\int \dfrac{dx}{x^2 + a^2} = \int \dfrac{1}{a^2} \cdot \dfrac{1}{\left(\dfrac{x}{a}\right)^2 + 1} dx$$
$$= \int \dfrac{1}{a} \cdot \dfrac{1}{\left(\dfrac{x}{a}\right)^2 + 1} d\left(\dfrac{x}{a}\right)$$
$$= \dfrac{1}{a} \arctan \dfrac{x}{a} + C.$$

可以看出,用凑微分法求解不定积分时,关键问题是要熟练掌握一些常见的凑微分形式,做到根据中间变量的具体形式而灵活运用. 常见的几种基本凑微分形式如下(其中 a, b, m 是常数,且 $a \neq 0$):

(1) $dx = \dfrac{1}{a} d(ax) = \dfrac{1}{a} d(ax \pm b)$;

(2) $x^m dx = \dfrac{1}{m+1} dx^{m+1} = \dfrac{1}{a(m+1)} d(ax^{m+1} \pm b) \ (m \neq -1)$;

$\left(\text{特别地}, \dfrac{1}{x^2} dx = -d\left(\dfrac{1}{x}\right), \dfrac{1}{\sqrt{x}} dx = 2d\sqrt{x}.\right)$

(3) $\dfrac{1}{x} dx = d(\ln x) = \dfrac{1}{a} d(a \ln x \pm b)$;

(4) $e^x dx = de^x = \dfrac{1}{a} d(ae^x \pm b)$;

(5) $\sin x \, dx = -d(\cos x)$;

(6) $\cos x \mathrm{d}x = \mathrm{d}(\sin x)$;

(7) $\dfrac{1}{\cos^2 x} \mathrm{d}x = \sec^2 x \mathrm{d}x = \mathrm{d}(\tan x)$;

(8) $\dfrac{1}{\sin^2 x} \mathrm{d}x = \csc^2 x \mathrm{d}x = -\mathrm{d}(\cot x)$.

下面的例子将进一步展示凑微分法的解题技巧.

例 10 求积分:(1) $\displaystyle\int \dfrac{x^2}{x-1} \mathrm{d}x$;(2) $\displaystyle\int \dfrac{\mathrm{d}x}{x^2-3x+2}$.

解 本题中两个不定积分均不能直接用凑微分法求解,需先把被积函数适当变形后再求积分.

(1) 因 $\dfrac{x^2}{x-1} = \dfrac{x^2-1+1}{x-1} = \dfrac{(x-1)(x+1)+1}{x-1} = x+1+\dfrac{1}{x-1}$,

故
$$\int \frac{x^2}{x-1} \mathrm{d}x = \int \left(x+1+\frac{1}{x-1}\right) \mathrm{d}x$$
$$= \int x \mathrm{d}x + \int \mathrm{d}x + \int \frac{1}{x-1} \mathrm{d}(x-1)$$
$$= \frac{1}{2} x^2 + x + \ln|x-1| + C.$$

(2) 因 $\dfrac{1}{x^2-3x+2} = \dfrac{1}{(x-1)(x-2)} = \dfrac{1}{x-2} - \dfrac{1}{x-1}$,

故
$$\int \frac{\mathrm{d}x}{x^2-3x+2} = \int \left(\frac{1}{x-2} - \frac{1}{x-1}\right) \mathrm{d}x$$
$$= \ln|x-2| - \ln|x-1| + C$$
$$= \ln\left|\frac{x-2}{x-1}\right| + C.$$

例 11 求 $\displaystyle\int \dfrac{1}{1+\mathrm{e}^x} \mathrm{d}x$.

解 由于 $\dfrac{1}{1+\mathrm{e}^x} = \dfrac{1+\mathrm{e}^x-\mathrm{e}^x}{1+\mathrm{e}^x} = 1 - \dfrac{\mathrm{e}^x}{1+\mathrm{e}^x}$ 得

$$\int \frac{1}{1+\mathrm{e}^x} \mathrm{d}x = \int \left(1 - \frac{\mathrm{e}^x}{1+\mathrm{e}^x}\right) \mathrm{d}x$$
$$= \int \mathrm{d}x - \int \frac{1}{1+\mathrm{e}^x} \mathrm{d}(1+\mathrm{e}^x)$$
$$= x - \ln(1+\mathrm{e}^x) + C.$$

例 12 求 $\displaystyle\int \sec x \mathrm{d}x$.

解
$$\int \sec x \mathrm{d}x = \int \frac{\sec x(\sec x + \tan x)}{\sec x + \tan x} \mathrm{d}x = \int \frac{\mathrm{d}(\sec x + \tan x)}{\sec x + \tan x}$$
$$= \ln|\sec x + \tan x| + C.$$

例13 求 $\int \sin^2 x \mathrm{d}x$.

解 $\int \sin^2 x \mathrm{d}x = \int \dfrac{1-\cos 2x}{2} \mathrm{d}x = \int \dfrac{1}{2}\mathrm{d}x - \dfrac{1}{4}\int \cos 2x \mathrm{d}(2x) = \dfrac{x}{2} - \dfrac{1}{4}\sin 2x + C.$

利用凑微分法来求不定积分,一般比利用复合函数的求导法则求函数的导数要困难,因为其中需要一定的技巧,其灵活性较大;而且如何适当地选择变量代换 $u = \varphi(x)$ 没有一般途径可循,因此要掌握好凑微分法,除了要熟悉一些典型的例子外,还要做较多的练习,只有通过练习,才能积累经验,掌握好解题方法.

5.3.3 第二换元积分法

第一换元积分法是通过把被积函数中某一部分因式作为中间变量 $u = \varphi(x)$ 凑到微分符号 d 的后面化为 $\mathrm{d}[\varphi(x)]$ 的形式来求解,但对有些被积函数则需要做相反方式的换元,即令 $x = g(t)$,把 t 作为新积分变量,才能求出结果.

第二换元积分法的具体做法如下.

$$\int f(x)\mathrm{d}x = \int f[g(t)]\mathrm{d}g(t) \quad (\text{令 } x = g(t))$$
$$= \int f[g(t)]g'(t)\mathrm{d}t \quad (\text{计算微分})$$
$$= F(t) + C \quad (\text{求出积分})$$
$$= F[g^{-1}(t)] + C. \quad (\text{代回原自变量})$$

以上方法称为第二换元积分法.使用第二换元积分法的关键是适当地选择变换函数 $x = g(t)$.对于 $x = g(t)$,要求其单调可导,导数不为零,且其反函数存在.下面通过一些例子加以说明.

例14 求 $\int \dfrac{\sqrt{x-1}}{x}\mathrm{d}x$.

解 令 $u = \sqrt{x-1}$,于是 $x = u^2 + 1$, $\mathrm{d}x = 2u\mathrm{d}u$,从而

$$\int \dfrac{\sqrt{x-1}}{x}\mathrm{d}x = \int \dfrac{u}{u^2+1} \cdot 2u\mathrm{d}u = 2\int \dfrac{u^2}{u^2+1}\mathrm{d}u$$
$$= 2\int \left(1 - \dfrac{1}{1+u^2}\right)\mathrm{d}u = 2(u - \arctan u) + C$$
$$= 2(\sqrt{x-1} - \arctan \sqrt{x-1}) + C.$$

例15 求 $\int \dfrac{1}{x}\sqrt{\dfrac{1+x}{x}}\mathrm{d}x$.

解 令 $t = \sqrt{\dfrac{1+x}{x}}$,于是

$$\dfrac{1+x}{x} = t^2, \quad x = \dfrac{1}{t^2-1}, \quad \mathrm{d}x = -\dfrac{2t\mathrm{d}t}{(t^2-1)^2},$$

从而
$$\int \frac{1}{x}\sqrt{\frac{1+x}{x}}\mathrm{d}x = \int (t^2-1)t \cdot \frac{-2t}{(t^2-1)^2}\mathrm{d}t = -2\int \frac{t^2}{t^2-1}\mathrm{d}t$$
$$= -2\int \left(1+\frac{1}{t^2-1}\right)\mathrm{d}t$$
$$= -2\left[t+\frac{1}{2}\int \left(\frac{1}{t-1}-\frac{1}{t+1}\right)\mathrm{d}t\right]$$
$$= -2t - \ln|t-1| + \ln|t+1| + C$$
$$= -2t - \ln\left|\frac{t-1}{t+1}\right| + C$$
$$= -2\sqrt{\frac{1+x}{x}} - \ln\left|x\left(\sqrt{\frac{1+x}{x}}-1\right)^2\right| + C.$$

从例 14、例 15 可以看出：被积函数中含有被开方因式为一次式的根式，如 $\sqrt[n]{ax+b}$ 或 $\sqrt[n]{\frac{ax+b}{cx+d}}$ 等，只要令该根式等于 t，往往能消去根号，从而求得积分.

例 16 求不定积分 $\int \frac{\mathrm{d}x}{\sqrt{x}+\sqrt[3]{x}}$.

解 在被积函数中含有 $\sqrt{x}$ 和 $\sqrt[3]{x}$，它们的根指数分别为 2 和 3，其最小公倍数为 6.

设 $t=\sqrt[6]{x}$，则 $x=t^6$，$\mathrm{d}x=6t^5\mathrm{d}t$，从而
$$\int \frac{\mathrm{d}x}{\sqrt{x}+\sqrt[3]{x}} = \int \frac{6t^5\mathrm{d}t}{t^3+t^2} = 6\int \frac{t^3}{t+1}\mathrm{d}t = 6\int \frac{t^3+1-1}{t+1}\mathrm{d}t$$
$$= 6\left[\int \left(t^2-t+1-\frac{1}{t+1}\right)\mathrm{d}t\right]$$
$$= 6\left(\frac{1}{3}t^3 - \frac{1}{2}t^2 + t - \ln|t+1|\right) + C$$
$$= 2\sqrt{x} - 3\sqrt[3]{x} + 6\sqrt[6]{x} - 6\ln|\sqrt[6]{x}+1| + C.$$

下面重点讨论被积函数含有被开方因式为二次式的根式的情况.

例 17 求 $\int \sqrt{a^2-x^2}\mathrm{d}x \ (a>0)$.

解 求该积分的困难在于如何去掉根式 $\sqrt{a^2-x^2}$，这里利用三角公式 $\sin^2 t + \cos^2 t = 1$，作变量代换 $x=a\sin t$，就可以化去根式. 同时取 $t \in \left[-\frac{\pi}{2},\frac{\pi}{2}\right]$，于是 $x=a\sin t$ 有反函数 $t=\arcsin \frac{x}{a}$. 因此
$$\int \sqrt{a^2-x^2}\mathrm{d}x = \int \sqrt{a^2-a^2\sin^2 t}\,\mathrm{d}(a\sin t) = \int \sqrt{a^2\cos^2 t} \cdot a\cos t\,\mathrm{d}t$$
$$= a^2\int \cos^2 t\,\mathrm{d}t = a^2\int \frac{1}{2}(1+\cos 2t)\mathrm{d}t$$

$$= \frac{a^2}{2}\left(t + \frac{1}{2}\sin 2t\right) + C = \frac{a^2}{2}(t + \sin t \cos t) + C.$$

因为 $t \in \left[-\frac{\pi}{2}, \frac{\pi}{2}\right]$,所以

$$\cos t = \sqrt{1 - \sin^2 t} = \sqrt{1 - \frac{x^2}{a^2}} = \frac{1}{a}\sqrt{a^2 - x^2},$$

于是
$$\int \sqrt{a^2 - x^2}\,dx = \frac{a^2}{2}\arcsin\frac{x}{a} + \frac{1}{2}x\sqrt{a^2 - x^2} + C.$$

例 18 求 $\int \frac{dx}{\sqrt{x^2 + a^2}}$ $(a > 0)$.

解 可以利用三角公式 $1 + \tan^2 t = \sec^2 t$ 来化去根式,设 $x = a\tan t, t \in \left(-\frac{\pi}{2}, \frac{\pi}{2}\right)$,则

$$\int \frac{dx}{\sqrt{x^2 + a^2}} = \int \frac{a\sec^2 t}{a\sec t}dt = \int \sec t\, dt.$$

利用第一换元法可求出此积分. 注意到 $t \in \left(-\frac{\pi}{2}, \frac{\pi}{2}\right)$,从而 $\sec t > 0$,并有 $\sec t = \sqrt{1 + \tan^2 t} = \frac{1}{a}\sqrt{x^2 + a^2}$,则

$$\int \frac{dx}{\sqrt{x^2 + a^2}} = \int \frac{a\sec^2 t}{a\sec t}dt = \int \sec t\, dt$$
$$= \ln|\sec t + \tan t| + C_1$$
$$= \ln\left(\frac{x}{a} + \frac{\sqrt{x^2 + a^2}}{a}\right) + C_1$$
$$= \ln(x + \sqrt{x^2 + a^2}) + C,$$

其中 $C = C_1 - \ln a$,仍为任意常数.

例 19 求 $\int \frac{dx}{\sqrt{x^2 - a^2}}$ $(a > 0)$.

解 可以利用三角公式 $\sec^2 t - 1 = \tan^2 t$ 来化去根式,求出被积函数在定义区间 $(-\infty, +\infty)$ 内的不定积分,设 $x = a\sec t, t \in \left(-\frac{\pi}{2}, \frac{\pi}{2}\right)$,则

$$\int \frac{dx}{\sqrt{x^2 - a^2}} = \int \frac{d(a\sec t)}{\sqrt{a^2\sec^2 t - a^2}} = \int \frac{a\sec t \tan t\, dt}{a\tan t}$$
$$= \int \sec t\, dt = \ln|\sec t + \tan t| + C_1$$
$$= \ln\left|\frac{x}{a} + \frac{\sqrt{x^2 - a^2}}{a}\right| + C_1$$

$$= \ln|x + \sqrt{x^2 - a^2}| + C,$$

其中 $C = C_1 - \ln a$,仍为任意常数.

一般地,当被积函数含有以下的根式时,可做相应的变换:

(1) $\sqrt{a^2 - x^2}$,可作代换 $x = a\sin t$;

(2) $\sqrt{x^2 + a^2}$,可作代换 $x = a\tan t$;

(3) $\sqrt{x^2 - a^2}$,可作代换 $x = a\sec t$.

通常称以上代换为**三角代换**,与此类似的称例 15 和例 16 那种含有 $\sqrt[n]{ax+b}$ 或 $\sqrt[n]{\dfrac{ax+b}{cx+d}}$ 的积分求解方法称为**根式代换**. 它们是第二换元法的重要组成部分,但在具体解题时,还要具体分析,在多数情况下,实行这种变换后引起的积分运算回代比较繁杂,故不应把这种变换作为首选方法.

例如,求解 $\int x\sqrt{x^2 - a^2}\,\mathrm{d}x$ 就不必使用三角代换,而用凑微分法更为简单.

5.3.4 分部积分法

若某个积分的被积函数可以表示为两个因子的乘积,且其中一个恰是某函数的导数,即为 $u(x)v'(x)$ 的形式,而 $\int u(x)v'(x)\mathrm{d}x$ 又难以用直接积分法或凑微分法求解,往往要使用分部积分法进行求解.

设函数 $u = u(x), v = v(x)$ 具有连续导数,根据乘法微分公式有
$$\mathrm{d}(uv) = u\mathrm{d}v + v\mathrm{d}u,$$
即 $u\mathrm{d}v = \mathrm{d}(uv) - v\mathrm{d}u$,对该式两边同时积分得
$$\int u\mathrm{d}v = uv - \int v\mathrm{d}u.$$

此公式称为**分部积分公式**.

分部积分的关键是首先明确适应于分部积分的被积函数类型、u 的选择及凑成 $\mathrm{d}v$. 常见的分部积分类型共有五种:

(1) $\int x^n \sin ax\,\mathrm{d}x, u = x^n, \mathrm{d}v = \sin ax\,\mathrm{d}x = \mathrm{d}\left(-\dfrac{1}{a}\cos ax\right)$;

或 $\int x^n \cos ax\,\mathrm{d}x, u = x^n, \mathrm{d}v = \cos ax\,\mathrm{d}x = \mathrm{d}\left(\dfrac{1}{a}\sin ax\right)$;

(2) $\int x^n \mathrm{e}^{ax}\,\mathrm{d}x, u = x^n, \mathrm{d}v = \mathrm{e}^{ax}\,\mathrm{d}x = \mathrm{d}\left(\dfrac{1}{a}\mathrm{e}^{ax}\right)$;

(3) $\int x^n \ln(ax \pm b)\,\mathrm{d}x, u = \ln(ax \pm b), \mathrm{d}v = x^n\,\mathrm{d}x = \mathrm{d}\left(\dfrac{1}{n+1}x^{n+1}\right)$;

(4) $\int x^n \arcsin ax\,\mathrm{d}x, u = \arcsin ax, \mathrm{d}v = x^n\,\mathrm{d}x = \mathrm{d}\left(\dfrac{1}{n+1}x^{n+1}\right)$;

(5) $\int e^{ax}\sin bx\,dx, u = e^{ax}, dv = \sin bx\,dx = d\left(-\frac{1}{b}\cos bx\right)$;

也可令 $u = \sin bx, dv = e^{ax}dx = d\left(\frac{1}{a}e^{ax}\right)$;

或 $\int e^{ax}\cos bx\,dx, u = e^{ax}, dv = \cos bx\,dx = d\left(\frac{1}{b}\sin bx\right)$;

也可令 $u = \cos bx, dv = e^{ax}dx = d\left(\frac{1}{a}e^{ax}\right)$.

例 20 求 $\int x\sin 2x\,dx$.

解 被积函数属于第一种类型，应用分部积分法求解.

令 $u = x$，把 $\sin 2x\,dx$ 凑成 dv，即

$$\sin 2x\,dx = d\left(-\frac{1}{2}\cos 2x\right) = dv.$$

利用分部积分公式，得

$$\int x\sin 2x\,dx = \int x d\left(-\frac{1}{2}\cos 2x\right) = x\left(-\frac{1}{2}\cos 2x\right) - \int -\frac{1}{2}\cos 2x\,dx$$

$$= -\frac{x}{2}\cos 2x + \frac{1}{4}\int \cos 2x\,d(2x)$$

$$= -\frac{x}{2}\cos 2x + \frac{1}{4}\sin 2x + C.$$

例 21 求 $\int xe^{-x}dx$.

解 设 $u = x, dv = e^{-x}dx = d(-e^{-x})$，即 $v = -e^{-x}$，由分部积分公式得

$$\int xe^{-x}dx = \int x d(-e^{-x}) = -xe^{-x} - \int -e^{-x}dx = -xe^{-x} - \int e^{-x}d(-x)$$

$$= -xe^{-x} - e^{-x} + C = -e^{-x}(x+1) + C.$$

例 22 求 $\int x^2 e^{-x}dx$.

解
$$\int x^2 e^{-x}dx = \int x^2 d(-e^{-x}) = -x^2 e^{-x} - \int -e^{-x}d(x^2)$$

$$= -x^2 e^{-x} + 2\int xe^{-x}dx.$$

其中，积分 $\int xe^{-x}dx$ 仍需继续利用分部积分法求解，由上例的结果得

$$\int x^2 e^{-x}dx = -x^2 e^{-x} - 2e^{-x}(x+1) + C = -(x^2 + 2x + 2)e^{-x} + C.$$

例 23 求 $\int \ln(x+2)dx$.

解 该被积函数只有一项对数函数，它属于第三种类型的特殊情况，这里选 u

$= \ln(x+2)$，dv 就等于 dx，即 $v = x$，则有

$$\int \ln(x+2) dx = x\ln(x+2) - \int x d[\ln(x+2)]$$
$$= x\ln(x+2) - \int \frac{x}{x+2} dx$$
$$= x\ln(x+2) - \int \left(1 - \frac{2}{x+2}\right) dx$$
$$= x\ln(x+2) - x + 2\ln|x+2| + C$$
$$= (x+2)\ln(x+2) - x + C.$$

例 24 求 $\int e^x \sin x dx$.

解
$$\int e^x \sin x dx = \int \sin x d(e^x) = e^x \sin x - \int e^x d(\sin x)$$
$$= e^x \sin x - \int e^x \cos x dx.$$

积分 $\int e^x \cos x dx$ 与本例属同一类型，再用分部积分法求解.

$$\int e^x \sin x dx = e^x \sin x - \int \cos x de^x = e^x \sin x - e^x \cos x + \int e^x d\cos x$$
$$= e^x \sin x - e^x \cos x - \int e^x \sin x dx.$$

注 结果中又有原积分式出现，此时移项解方程，即可求得原积分为

$$2\int e^x \sin x dx = e^x \sin x - e^x \cos x + C_1,$$

故
$$\int e^x \sin x dx = \frac{1}{2}(e^x \sin x - e^x \cos x) + C.$$

例 25 求 $\int \arctan x dx$.

解
$$\int \arctan x dx = x\arctan x - \int x d(\arctan x) = x\arctan x - \int \frac{x}{1+x^2} dx$$
$$= x\arctan x - \frac{1}{2} \int \frac{1}{1+x^2} d(1+x^2)$$
$$= x\arctan x - \frac{1}{2} \ln(1+x^2) + C.$$

例 26 设 $\sec^2 x$ 是 $f(x)$ 的一个原函数，求 $\int xf(x)dx$.

解 因为 $(\sec^2 x)' = f(x)$，所以
$$\int xf(x)dx = \int x(\sec^2 x)' dx = \int x d\sec^2 x = x\sec^2 x - \int \sec^2 x dx$$
$$= x\sec^2 x - \tan x + C.$$

本例说明：在积分过程中往往要兼用换元法和分部积分法.

5.4 积分表的使用

为了使用方便,人们把常用的积分公式汇集成表,这种表一般称为**积分表**. 积分表是按照被积函数的类型来排列的. 求积分时,直接由被积函数的类型或经过简单的恒等变形后在表中查到所需的结果. 书中附录 B 给出了一个简单的积分表,以便查阅.

例1 求 $\int \sqrt{9-x^2}\,\mathrm{d}x$.

解 被积函数含有 $\sqrt{a^2-x^2}$,在积分表(八)中查得公式(67):

$$\int \sqrt{a^2-x^2}\,\mathrm{d}x = \frac{1}{2}\left(x\sqrt{a^2-x^2} + a^2\arcsin\frac{x}{a}\right) + C.$$

本题中 $a=3$,于是

$$\int \sqrt{9-x^2}\,\mathrm{d}x = \frac{1}{2}\left(x\sqrt{9-x^2} + 9\arcsin\frac{x}{3}\right) + C.$$

例2 求 $\int \dfrac{x^2}{\sqrt{x^2-4}}\,\mathrm{d}x$.

解 被积函数含有 $\sqrt{x^2-a^2}$,在积分表(七)中查得公式(49):

$$\int \frac{x^2}{\sqrt{x^2-a^2}}\,\mathrm{d}x = \frac{x}{2}\sqrt{x^2-a^2} + \frac{a^2}{2}\ln|x+\sqrt{x^2-a^2}| + C.$$

本题中 $a=2$,于是

$$\int \frac{x^2}{\sqrt{x^2-4}}\,\mathrm{d}x = \frac{x}{2}\sqrt{x^2-4} + \frac{4}{2}\ln|x+\sqrt{x^2-4}| + C$$

$$= \frac{x}{2}\sqrt{x^2-4} + 2\ln|x+\sqrt{x^2-4}| + C.$$

例3 求 $\int \dfrac{1}{2+5\cos x}\,\mathrm{d}x$.

解 被积函数含有三角函数,在积分表(十一)中查得形如积分 $\int \dfrac{\mathrm{d}x}{a+b\cos x}$ 的公式有两个(即公式(105)和公式(106)). 使用哪个公式,要看是 $a^2>b^2$ 还是 $a^2<b^2$ 才能决定. 本题中 $a=2, b=5, a^2<b^2$,所以可利用公式(106):

$$\int \frac{\mathrm{d}x}{a+b\cos x} = \frac{1}{a+b}\sqrt{\frac{a+b}{b-a}}\ln\left|\frac{\tan\frac{x}{2}+\sqrt{\frac{a+b}{b-a}}}{\tan\frac{x}{2}-\sqrt{\frac{a+b}{b-a}}}\right| + C.$$

于是

$$\int \frac{1}{2+5\cos x}\,\mathrm{d}x = \frac{1}{2+5}\sqrt{\frac{2+5}{5-2}}\ln\left|\frac{\tan\frac{x}{2}+\sqrt{\frac{2+5}{5-2}}}{\tan\frac{x}{2}-\sqrt{\frac{2+5}{5-2}}}\right| + C$$

$$= \frac{1}{\sqrt{21}} \ln \left| \frac{\sqrt{3}\tan\frac{x}{2} + \sqrt{7}}{\sqrt{3}\tan\frac{x}{2} - \sqrt{7}} \right| + C.$$

例 4 求 $\int \frac{\mathrm{d}x}{\sqrt{4x^2 - 9}}$.

解 这个积分不能在表中直接查到，需要先进行变量代换.

令 $2x = u$，那么 $\sqrt{4x^2 - 9} = \sqrt{u^2 - 3^2}$，$x = \frac{u}{2}$，$\mathrm{d}x = \frac{\mathrm{d}u}{2}$. 于是

$$\int \frac{\mathrm{d}x}{\sqrt{4x^2 - 9}} = \int \frac{\frac{1}{2}\mathrm{d}u}{\sqrt{u^2 - 3^2}} = \frac{1}{2} \int \frac{\mathrm{d}u}{\sqrt{u^2 - 3^2}}.$$

被积函数中含有 $\sqrt{u^2 - 3^2}$，在积分表（七）中查得公式（45）：

$$\int \frac{\mathrm{d}x}{\sqrt{x^2 - a^2}} = \ln | x + \sqrt{x^2 - a^2} | + C.$$

本题中 $a = 3$，于是

$$\int \frac{\mathrm{d}x}{\sqrt{u^2 - 3^2}} = \ln | u + \sqrt{u^2 - 3^2} | + C.$$

再将 $u = 2x$ 代入，得

$$\int \frac{\mathrm{d}x}{\sqrt{4x^2 - 9}} = \int \frac{\frac{1}{2}\mathrm{d}u}{\sqrt{u^2 - 3^2}} = \frac{1}{2} \int \frac{\mathrm{d}u}{\sqrt{u^2 - 3^2}}$$

$$= \frac{1}{2} \ln | 2x + \sqrt{4x^2 - 9} | + C.$$

一般来讲，查积分表可以节省计算时间，但是，只有掌握了前面的基本积分方法才能灵活地使用积分表.

习 题 5

1. 求下列不定积分：

(1) $\int (1 - 3x^2) \mathrm{d}x$；

(2) $\int (2^x + x^2) \mathrm{d}x$；

(3) $\int \left(\sqrt[3]{x} - \frac{1}{\sqrt{x}} \right) \mathrm{d}x$；

(4) $\int \left(\frac{x}{2} - \frac{1}{x} + \frac{3}{x^3} - \frac{4}{x^4} \right) \mathrm{d}x$；

(5) $\int \sqrt{x}(x - 3) \mathrm{d}x$；

(6) $\int \frac{x^2 + \sqrt{x^3} + 3}{\sqrt{x}} \mathrm{d}x$.

2. 用换元法求下列不定积分：

(1) $\int (2 - x)^{\frac{5}{2}} \mathrm{d}x$；

(2) $\int \frac{\mathrm{d}y}{(2y - 3)^2}$；

(3) $\int a^{3x} dx$;

(4) $\int \dfrac{2x}{1+x^2} dx$;

(5) $\int \dfrac{e^{\frac{1}{x}}}{x^2} dx$;

(6) $\int (\ln x)^2 \dfrac{dx}{x}$;

(7) $\int \dfrac{x-1}{x^2+1} dx$;

(8) $\int \dfrac{dx}{4+9x^2}$;

(9) $\int \dfrac{dx}{4-9x^2}$;

(10) $\int \dfrac{dx}{\sqrt{4-9x^2}}$;

(11) $\int \sin 3x\, dx$;

(12) $\int e^{\cos x} \sin x\, dx$;

(13) $\int \dfrac{1+\ln x}{x} dx$;

(14) $\int \dfrac{\tan(x+3)}{\cos^2(x+3)} dx$.

3. 用分部积分法求下列不定积分：

(1) $\int \ln(x^2+1) dx$;

(2) $\int \arctan x\, dx$;

(3) $\int x e^x dx$;

(4) $\int x \sin x\, dx$;

(5) $\int \dfrac{\ln x}{x^2} dx$;

(6) $\int x^2 e^{-x} dx$;

(7) $\int e^{\sqrt{x}} dx$;

(8) $\int \sin(\ln x) dx$;

(9) $\int \arcsin x\, dx$;

(10) $\int \sec^3 x\, dx$.

4. 求下列有理函数的不定积分：

(1) $\int \dfrac{x^2}{x+2} dx$;

(2) $\int \dfrac{1}{(x-2)^2} dx$;

(3) $\int \dfrac{x^3+1}{x^2-1} dx$;

(4) $\int \dfrac{2x+3}{x^2+3x-10} dx$.

5. 已知平面曲线上任意点 $M(x,y)$ 处的切线斜率 $y'=2x+1$，且平面曲线经过点 $(2,7)$，求此平面曲线方程．

6. 设某商品的需求量 Q 是价格 p 的函数，该商品的最大需求量为 1 000（即 $p=0$ 时，$Q=1\,000$）．已知需求量的变化率（边际需求）为 $Q'(p)=-1\,000\ln\left[3\times\left(\dfrac{1}{3}\right)^p\right]$．求需求量 Q 与价格 p 的函数关系．

7. 设生产某产品 x 单位的总成本 C 是 x 的函数 $C(x)$，固定成本为 20 元，边际成本函数为 $C'(x)=(2x+10)$ 元/单位．求总成本函数．

8. 某厂每日生产 x kg 某产品的边际成本函数为 $C'(x)=20$ 元/kg，固定成本为 100 元；边际收益函数为 $R'(x)=(50-x)$ 元/kg，且当日产量 $x=0$ 时，总收益 $R=0$．求：

(1) 每日产品全部销售后获得的总利润函数 $L(x)$；

(2) 每日产量 x 为多少时，才能使得产品全部销售后获得的总利润 L 最大？最大利润值是多少？

9. 销售某种产品，每日总盈利的变化率是销售量 Q 的函数，$\varphi'=250-10Q$．若销售量 $Q=10$ 个单位时，盈利 $\varphi=1\,000$ 元，求盈利函数 $\varphi=\varphi(Q)$．

10. 生产某商品 Q 个单位的总成本 C 是 Q 的函数，已知平均成本的变化率为 -0.01，并且知道当生产 100 个单位时，其平均成本为 199 元，求总成本 C 与产量 Q 的函数关系．

第6章 定 积 分

定积分是积分学中一个重要的内容.本章将通过实际问题引入定积分的概念,讨论定积分的基本性质,然后通过定积分积分上限函数的性质,导出微积分基本定理(又称牛顿-莱布尼兹公式),从而揭示出定积分与不定积分、微分与积分之间的联系,最后介绍定积分在几何、经济等方面的应用.

6.1 定积分的概念与性质

6.1.1 引例

1. 曲边梯形的面积

所谓**曲边梯形**,是指由直线 $x=a,x=b\ (a<b)$,x 轴及连续曲线 $y=f(x)(f(x)\geqslant 0)$ 所围成的图形,如图 6-1 所示,其中 x 轴上区间 $[a,b]$ 称为**底边**,曲线 $y=f(x)$ 称为**曲边**.

不妨假定 $f(x)\geqslant 0$,下面来求曲边梯形的面积.由于 $f(x)\not\equiv c\ (x\in[a,b])$ 无法用矩形面积公式来计算,但根据连续性知,当任意两点 $x_1,x_2\in[a,b]$,且当 $|x_2-x_1|$ 很小时,$f(x_1),f(x_2)$ 间的图形变化不大,即点 x_1,x_2 处的高度差别不大.于是可用如下方法求曲边梯形的面积.

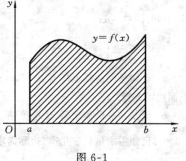

图 6-1

1) 分割

用直线 $x=x_1,x=x_2,\cdots,x=x_{n-1}\ (a<x_1<x_2<\cdots<x_{n-1}<b)$ 将整个曲边梯形任意分割成 n 个小曲边梯形,区间上分点为
$$a=x_0<x_1<x_2<\cdots<x_{n-1}<x_n=b,$$
这里取 $a=x_0,b=x_n$.区间 $[a,b]$ 被分割成 n 个小区间 $[x_{i-1},x_i]$,用 Δx_i 表示小区间 $[x_{i-1},x_i]$ 的长度,ΔS_i 表示第 i 块曲边梯形的面积,整个曲边梯形的面积 S 等于 n 个小曲边梯形的面积之和,即
$$S=\sum_{i=1}^{n}\Delta S_i\quad(i=1,2,\cdots,n)$$

2) 近似代替

对每个小曲边梯形,它的高仍是变化的,但区间长度 Δx_i 很小时,每个小曲边梯形中各点处的高度变化不大,所以用小矩形面积来近似代替小曲边梯形的面积. 也就是说,在第 i 个小区间 $[x_{i-1}, x_i]$ 上任取一点 ξ_i,用以 $[x_{i-1}, x_i]$ 为底,$f(\xi_i)$ 为高的小矩形面积 $f(\xi_i)\Delta x_i$,近似代替这个小曲边梯形的面积(见图 6-2),即

$$\Delta S_i \approx f(\xi_i)\Delta x_i.$$

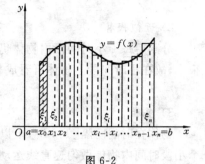

图 6-2

3) 求和

整个曲边梯形面积的近似值为 n 个小矩形面积之和,即

$$\begin{aligned} S &= \Delta S_1 + \Delta S_2 + \cdots + \Delta S_n \\ &\approx f(\xi_1)\Delta x_1 + f(\xi_2)\Delta x_2 + \cdots + f(\xi_n)\Delta x_n \\ &= \sum_{i=1}^{n} f(\xi_i)\Delta x_i. \end{aligned}$$

上式由于分割不同,ξ_i 的选取也是不一样的,即近似值与分割及 ξ_i 的选取有关(见图 6-2).

4) 取极限

将分割不断细化,每个小曲边梯形底边长趋近于零,它的高度改变量也趋近于零,曲边梯形的面积与取代它的矩形面积无限接近,从而和式 $\sum_{i=1}^{n} f(\xi_i)\Delta x_i$ 的极限就被定义为曲边梯形面积的精确值.

令 $\lambda = \max\{\Delta x_1, \Delta x_2, \cdots, \Delta x_n\}$,当 $\lambda \to 0$ 时,有

$$S = \lim_{\lambda \to 0} \sum_{i=1}^{n} f(\xi_i)\Delta x_i.$$

2. 变速直线运动的路程

已知物体以速度 $v = v(t)$ 做变速直线运动,求从时刻 T_1 到时刻 T_2 物体所经过的路程. 物体做变速直线运动,不能使用匀速直线运动的路程公式,但 $v = v(t)$ 在 $[T_1, T_2]$ 上连续,当时间间隔不大时,速度变化较小,可以用类似计算曲边梯形面积的方法来计算路程.

1) 分割

将区间 $[T_1, T_2]$ 分割成 n 份,其分割点为

$$T_1 = t_0 < t_1 < t_2 < \cdots < t_{n-1} < t_n = T_2,$$

且每个小时间段 $[t_{i-1}, t_i]$ 长度为 $t_i - t_{i-1}$,记为 Δt_i;用 Δs_i 表示在 $[t_{i-1}, t_i]$ 时间内物体经过的路程. 于是在时间间隔 $[T_1, T_2]$ 内物体经过的路程等于每一小时间段上物体经过的路程之和,即

$$s = \sum_{i=1}^{n} \Delta s_i.$$

2) 近似代替

分割后每一小时间段内物体仍做变速直线运动,但时间间隔很小时,速度变化也很小,故在小时间段上物体可看成是做匀速直线运动,于是
$$\Delta s_i \approx v(t_i) \Delta t_i.$$

3) 求和

物体在时间间隔 $[T_1, T_2]$ 上以速度 $v = v(t)$ 做变速直线运动的路程近似等于每个小段时间内物体做匀速直线运动的路程之和,即
$$\begin{aligned} s &= \Delta s_1 + \Delta s_2 + \cdots + \Delta s_n \\ &\approx v(\xi_1) \Delta t_1 + v(\xi_2) \Delta t_2 + \cdots + v(\xi_n) \Delta t_n \\ &= \sum_{i=1}^{n} v(\xi_i) \Delta t_i, \end{aligned}$$

其中 ξ_i 为 $[t_{i-1}, t_i]$ 上的任一点. 近似值随着分割与 ξ_i 的选取不同而不同.

4) 取极限

将分割不断细化,让 $[t_{i-1}, t_i]$ 时间间隔趋于零. 令 $\lambda = \max\{\Delta t_i\}$ $(i = 1, 2, \cdots, n)$,则当 $\lambda \to 0$ 时,$n \to +\infty$. 于是,物体在 $[T_1, T_2]$ 上运动的路程为
$$s = \lim_{\lambda \to 0} \sum_{i=1}^{n} v(\xi_i) \Delta t_i.$$

以上是两个不同的实际问题,但处理方法是相同的,即归结为求同一结构的总和的极限问题. 还有许多实际问题的解决也是归结于求这类极限. 因此,有必要把它抽象出来进行研究,这就引出了高等数学中的定积分的概念.

6.1.2 定积分的概念

定义 1 设函数 $y = f(x)$ 在区间 $[a, b]$ 上有界,在 $[a, b]$ 中任意插入若干个分点:
$$a = x_0 < x_1 < x_2 < \cdots < x_{n-1} < x_n = b.$$

把 $[a, b]$ 分成 n 个小区间:
$$[x_0, x_1], [x_1, x_2], [x_2, x_3], \cdots, [x_{i-1}, x_i], \cdots, [x_{n-1}, x_n],$$

各个小区间的长度依次为
$$\Delta x_1 = x_1 - x_0, \Delta x_2 = x_2 - x_1, \cdots, \Delta x_n = x_n - x_{n-1}.$$

在每个小区间 $[x_{i-1}, x_i]$ 上任取一点 $\xi_i (x_{i-1} \leqslant \xi_i \leqslant x_i)$,作函数值 $f(\xi_i)$ 与小区间长度 Δx_i 的乘积 $f(\xi_i) \Delta x_i$,并作和得
$$S = \sum_{i=1}^{n} f(\xi_i) \Delta x_i.$$

记 $\lambda = \max\{\Delta x_1, \Delta x_2, \cdots, \Delta x_n\}$,如果不论对区间 $[a, b]$ 怎样分割,也不管在小区

间 $[x_{i-1}, x_i]$ 上点 $\xi_i (i=1,2,\cdots,n)$ 怎样取法,只要当 $\lambda \to 0$ 时,和 S 总是趋于确定的极限 I,则称这个极限值为函数 $f(x)$ 在区间 $[a,b]$ 上的定积分(简称积分),记为 $\int_a^b f(x) \mathrm{d}x$,即

$$\int_a^b f(x) \mathrm{d}x = I = \lim_{\lambda \to 0} \sum_{i=1}^n f(\xi_i) \Delta x_i, \tag{1}$$

其中 $f(x)$ 称为被积函数, $f(x)\mathrm{d}x$ 称为被积表达式, a 称为积分下限, b 称为积分上限, x 称为积分变量, $\sum_{i=1}^n f(\xi_i) \Delta x_i$ 称为积分和.

按定积分定义,可以得出如下的引理.

引理 1 曲边梯形的面积是曲边方程 $y = f(x)$ 在区间 $[a,b]$ 上的定积分,即

$$S = \int_a^b f(x) \mathrm{d}x \quad (f(x) \geqslant 0).$$

引理 2 物体做变速直线运动所经过的路程是速度函数 $v = v(t)$ 在时间段 $[T_1, T_2]$ 上的定积分,即

$$s = \int_{T_1}^{T_2} v(t) \mathrm{d}t.$$

函数 $y = f(x)$ 在区间 $[a,b]$ 上定积分存在,称为函数 $y = f(x)$ 在区间 $[a,b]$ 上可积;否则,称函数 $y = f(x)$ 在区间 $[a,b]$ 上不可积.

注 (1) 如果函数 $f(x)$ 在区间 $[a,b]$ 上可积,则 $\int_a^b f(x) \mathrm{d}x$ 的值是常量,它只与被积函数 $f(x)$ 以及积分区间 $[a,b]$ 有关,而与积分变量用什么字母表示无关,即

$$\int_a^b f(x) \mathrm{d}x = \int_a^b f(t) \mathrm{d}t.$$

(2) 在定积分 $\int_a^b f(x) \mathrm{d}x$ 的定义中,总是假设 $a < b$,为了今后使用方便,特作如下规定:

$$\int_a^a f(x) \mathrm{d}x = 0, \tag{2}$$

$$\int_a^b f(x) \mathrm{d}x = -\int_b^a f(x) \mathrm{d}x. \tag{3}$$

(3) 在定义中, $\lambda \to 0$ 不能改为 $n \to +\infty$. $\lambda \to 0$ 保证了所有小区间的长度趋于 0,而 $n \to +\infty$ 即把分法中小区间的个数增加,不能保证每个小区间的长度趋于 0. 例如,将区间 $[0,1]$ 如下划分:把 $\left[0, \frac{1}{2}\right]$ 分为第 1 个小区间,把 $\left[\frac{1}{2}, 1\right]$ 细分成 n 个小区间. 当 $n \to +\infty$ 时,第 1 个小区间仍然不变,只能使小区间个数增加,不能使每个小区间的长度都趋于 0.

函数 $y = f(x)$ 满足什么条件可积呢?下面给出两个可积的充分条件,证明从略.

定理 1 $f(x)$ 在区间 $[a,b]$ 上连续,则 $f(x)$ 在区间 $[a,b]$ 上可积.

初等函数在其定义域中的任何有限区间上连续,因而是可积的.

定理2 $f(x)$ 在区间 $[a,b]$ 上有界,且只有限个第一类间断点,则 $f(x)$ 在区间 $[a,b]$ 上可积.

例1 用定义计算 $\int_0^1 x^2 \mathrm{d}x$.

解 因为被积函数 $f(x)=x^2$ 在区间 $[0,1]$ 上连续,所以定积分 $\int_0^1 x^2 \mathrm{d}x$ 存在,于是由定积分的定义可知,它与积分和式中区间 $[0,1]$ 的分法及小区间 $[x_{i-1},x_i]$ 上任一点 ξ_i 的取法无关. 为了便于计算,采取等分区间 $[0,1]$ 及点 ξ_i 均取在小区间 $[x_{i-1},x_i]$ 的右端点的方法,具体做法如下(见图6-3).

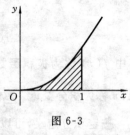

图 6-3

(1) 分割.

插入 $n-1$ 个分点把区间 $[0,1]$ 分成 n 等份,各分点的坐标依次是

$$x_0=0,\quad x_1=\frac{1}{n},\quad x_2=\frac{2}{n},\quad x_i=\frac{i}{n},\quad \cdots,\quad x_n=\frac{n}{n}=1,$$

每个小区间的长度均为 $\Delta x_i=\dfrac{1}{n}$ $(i=1,2,\cdots,n)$.

(2) 近似.

取每个小区间 $[x_{i-1},x_i]$ 的右端点为 ξ_i,即

$$\xi_1=x_1=\frac{1}{n},\quad \xi_2=x_2=\frac{2}{n},\quad \cdots,\quad \xi_i=x_i=\frac{i}{n},\quad \cdots,\quad \xi_n=x_n=\frac{n}{n}=1,$$

作乘积得

$$f(\xi_i)\Delta x_i=\left(\frac{i}{n}\right)^2\frac{1}{n}=\frac{i^2}{n^3}\quad (i=1,2,\cdots,n).$$

(3) 求和.

$$\sum_{i=1}^n f(\xi_i)\Delta x_i = \sum_{i=1}^n \frac{i^2}{n^3} = \frac{1}{n^3}(1^2+2^2+\cdots+n^2)$$

$$= \frac{1}{n^3}\cdot\frac{1}{6}n(n+1)(2n+1)$$

$$= \frac{1}{6}\left(1+\frac{1}{n}\right)\left(2+\frac{1}{n}\right).$$

这里运用了正整数平方和公式:

$$\sum_{i=1}^n i^2 = 1^2+2^2+\cdots+n^2 = \frac{1}{6}n(n+1)(2n+1).$$

(3) 取极限.

当 $\lambda=\max\limits_{1\leqslant i\leqslant n}\{\Delta x_i\}=\dfrac{1}{n}\to 0$,即 $n\to\infty$ 时,取上式右端的极限得

$$\lim_{\lambda\to 0}\sum_{i=1}^n f(\xi_i)\Delta x_i = \lim_{n\to\infty}\frac{1}{6}\left(1+\frac{1}{n}\right)\left(2+\frac{1}{n}\right) = \frac{1}{3},$$

故所求的定积分为

$$\int_0^1 x^2 \mathrm{d}x = \frac{1}{3}.$$

由定积分的几何意义可知,$\int_0^1 x^2 \mathrm{d}x$ 为曲线 $y=x^2$,直线 $y=0$ 和 $x=1$ 所围成区域的面积,经计算得其值为 $\frac{1}{3}$.

6.1.3 定积分的几何意义

设函数 $y=f(x)$ 在区间 $[a,b]$ 上连续,下面从几何意义上来分析.

(1) $f(x) \geqslant 0, x \in [a,b]$. 根据定积分的定义知,由曲线 $y=f(x)$,直线 $x=a$, $x=b(a<b)$ 及 x 轴所围成的曲边梯形(见图 6-1)的面积 S 是 $y=f(x)$ 在 $x \in [a,b]$ 上的定积分,即

$$S = \int_a^b f(x) \mathrm{d}x.$$

(2) $f(x) \leqslant 0, x \in [a,b]$(见图 6-4). 根据定积分的定义知,其和式小于等于零, $y=f(x)$ 在 $x \in [a,b]$ 上的定积分为曲线 $y=f(x)$,直线 $x=a, x=b(a<b)$ 及 x 轴所围成的曲边梯形的面积的负值,即

$$S = -\int_a^b f(x) \mathrm{d}x.$$

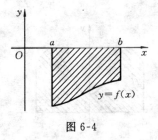
图 6-4

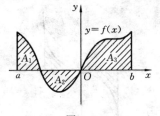
图 6-5

(3) $f(x)$ 在 $[a,b]$ 上异号,如图 6-5 所示. 将区间 $[a,b]$ 分割,使同一小区间上 $f(x)$ 同号. 由上述(1)、(2)知,$y=f(x)$ 在区间 $[a,b]$ 上的定积分为曲线 $y=f(x)$, 直线 $x=a, x=b(a<b)$ 及 x 轴所围图形 x 轴上方部分面积减去 x 轴下方部分的面积.

如果规定曲线 $y=f(x)$,直线 $x=a, x=b(a<b)$ 及 x 轴所围图形,x 轴上方部分面积为正,x 轴下方部分面积为负. 于是,定积分的几何意义为:$y=f(x)$ 在 $[a,b]$ 上的定积分为曲线 $y=f(x)$,直线 $x=a, x=b(a<b)$ 及 x 轴所围图形面积的代数和.

利用定积分的几何意义,可得出如下的结论.

(1) $\int_a^b 1 \mathrm{d}x$ 为高度取 1、长度为 $b-a$ 的矩形(见图 6-6)的面积,即

$$\int_a^b 1 \mathrm{d}x = \int_a^b \mathrm{d}x = b - a.$$

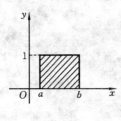
图 6-6

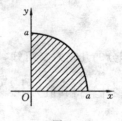
图 6-7

(2) $\int_0^a \sqrt{a^2 - x^2} \, dx$ 为半径取 a 的四分之一圆(见图 6-7)的面积,于是

$$\int_0^a \sqrt{a^2 - x^2} \, dx = \frac{1}{4}\pi a^2.$$

(3) 函数 $f(x)$ 在区间 $[-a, a]$ 上可积且为奇函数,则

$$\int_{-a}^a f(x) \, dx = 0. \tag{4}$$

奇函数关于原点对称(见图 6-8),面积代数和为零.

(4) 函数 $f(x)$ 在区间 $[-a, a]$ 上可积且为偶函数,则

$$\int_{-a}^a f(x) \, dx = 2\int_0^a f(x) \, dx. \tag{5}$$

偶函数关于 y 轴对称(见图 6-9).

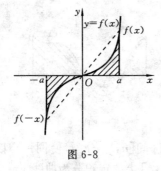
图 6-8

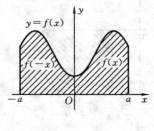
图 6-9

6.1.4 定积分的基本性质

在下面的讨论中,假设函数在所讨论的区间上都是可积的.

性质 1 常数因子可以提到积分号前,即

$$\int_a^b kf(x) \, dx = k\int_a^b f(x) \, dx \quad (k \text{ 为常数}). \tag{6}$$

其推导如下:

$$\int_a^b kf(x) \, dx = \lim_{\lambda \to 0} \sum_{i=1}^n kf(\xi_i)\Delta x_i = k\lim_{\lambda \to 0}\sum_{i=1}^n f(\xi_i)\Delta x_i = k\int_a^b f(x) \, dx.$$

性质 2 函数的和(或差)的积分等于它们的定积分的和(或差),即

$$\int_a^b [f(x) \pm g(x)] \, dx = \int_a^b f(x) \, dx \pm \int_a^b g(x) \, dx. \tag{7}$$

其推导如下:

$$\int_a^b [f(x) \pm g(x)]\mathrm{d}x = \lim_{\lambda \to 0} \sum_{i=1}^n [f(\xi_i) \pm g(\xi_i)]\Delta x_i$$
$$= \lim_{\lambda \to 0} \sum_{i=1}^n f(\xi_i)\Delta x_i \pm \lim_{\lambda \to 0} \sum_{i=1}^n g(\xi_i)\Delta x_i$$
$$= \int_a^b f(x)\mathrm{d}x \pm \int_a^b g(x)\mathrm{d}x.$$

性质 2 可以推广到任意有限多个函数的代数和的情况.

性质 3(定积分对区间的可加性) 如果积分区间 $[a,b]$ 被分点 c 分成两个小区间 $[a,c]$ 与 $[c,b]$,则

$$\int_a^b f(x)\mathrm{d}x = \int_a^c f(x)\mathrm{d}x + \int_c^b f(x)\mathrm{d}x. \tag{8}$$

这是因为积分存在与区间 $[a,b]$ 的分法无关,所以总可以将分点 c 取为区间的一个分点. 例如设 $x_k = c$,则有

$$a = x_0 < x_1 < x_2 < \cdots < x_{k-1} < x_k = c < x_{k+1} < \cdots < x_{n-1} < x_n = b,$$

由此得到

$$\sum_{i=1}^n f(\xi_i)\Delta x_i = \sum_{i=1}^k f(\xi_i)\Delta x_i + \sum_{i=k+1}^n f(\xi_i)\Delta x_i.$$

因为函数 $f(x)$ 在区间 $[a,b]$ 上可积,所以 $f(x)$ 在区间 $[a,c]$ 与 $[c,b]$ 上也可积. 因此,当所有小区间长度趋于 0 时,($*$)式两端的极限都存在而且相等,即式(8)成立.

当 c 不介于 a,b 之间时,式(8)仍然成立. 现设 $a < b < c$,这时只要 $f(x)$ 在区间 $[a,c]$ 上可积,由式(8)得

$$\int_a^c f(x)\mathrm{d}x = \int_a^b f(x)\mathrm{d}x + \int_b^c f(x)\mathrm{d}x = \int_a^b f(x)\mathrm{d}x - \int_c^b f(x)\mathrm{d}x,$$

移项后,即得

$$\int_a^b f(x)\mathrm{d}x = \int_a^c f(x)\mathrm{d}x + \int_c^b f(x)\mathrm{d}x.$$

同理,当 $c < a < b$ 时,式(8)亦成立.

性质 3 表明定积分对积分区间具有可加性,这个性质可以用于求分段函数的定积分.

例 2 已知 $f(x) = \begin{cases} 1+x, & x \leqslant 0, \\ 1-\dfrac{x}{2}, & x > 0, \end{cases}$ 求 $\int_{-1}^2 f(x)\mathrm{d}x.$

解 由于被积函数是分段函数,x 在不同取值范围内,其表达式不同. 根据性质 3,有

$$\int_{-1}^2 f(x)\mathrm{d}x = \int_{-1}^0 (1+x)\mathrm{d}x + \int_0^2 \left(1 - \frac{x}{2}\right)\mathrm{d}x.$$

利用定积分的几何意义,可分别求出

$$\int_{-1}^{0}(1+x)dx = \frac{1}{2}, \quad \int_{0}^{2}\left(1-\frac{x}{2}\right)dx = 1,$$

所以有
$$\int_{-1}^{2}f(x)dx = \frac{1}{2} + 1 = \frac{3}{2}.$$

性质4 如果在区间$[a,b]$上恒有$f(x) \geqslant 0$,则

$$\int_{a}^{b}f(x)dx \geqslant 0. \tag{9}$$

由定积分的几何意义知,性质4显然成立. 由这个性质不难得出以下推论.

推论1 如果在区间$[a,b]$上恒有$f(x) \leqslant g(x)$,则

$$\int_{a}^{b}f(x)dx \leqslant \int_{a}^{b}g(x)dx. \tag{10}$$

推论2 $\left|\int_{a}^{b}f(x)dx\right| \leqslant \int_{a}^{b}|f(x)|dx \quad (a<b). \tag{11}$

性质5(估值定理) 如果函数$f(x)$在区间$[a,b]$上的最大值与最小值分别为M与m,则

$$m(b-a) \leqslant \int_{a}^{b}f(x)dx \leqslant M(b-a). \tag{12}$$

因为$m \leqslant f(x) \leqslant M$,由推论1可知

$$\int_{a}^{b}mdx \leqslant \int_{a}^{b}f(x)dx \leqslant \int_{a}^{b}Mdx,$$

有 $\quad m(b-a) \leqslant \int_{a}^{b}f(x)dx \leqslant M(b-a).$

它的几何意义是:由曲线$y = f(x)$,直线$x = a$, $x = b\ (a<b)$及x轴所围成的曲边梯形面积,介于以区间$[a,b]$为底,以最小纵坐标m为高的矩形面积及最大纵坐标M为高的矩形面积之间(见图6-10).

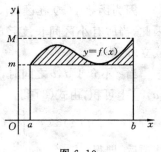

图 6-10

例3 试估计定积分$\int_{\frac{\pi}{6}}^{\frac{\pi}{3}}\sin x dx$的值.

解 在区间$\left[\frac{\pi}{6}, \frac{\pi}{3}\right]$上,函数$y = \sin x$是增函数,且最大值$f\left(\frac{\pi}{3}\right) = \sin\frac{\pi}{3} = \frac{\sqrt{3}}{2}$,最小值$f\left(\frac{\pi}{6}\right) = \sin\frac{\pi}{6} = \frac{1}{2}$. 根据性质5,则有

$$\frac{1}{2}\left(\frac{\pi}{3} - \frac{\pi}{6}\right) \leqslant \int_{\frac{\pi}{6}}^{\frac{\pi}{3}}\sin x dx \leqslant \frac{\sqrt{3}}{2}\left(\frac{\pi}{3} - \frac{\pi}{6}\right),$$

即 $\quad \frac{\pi}{12} \leqslant \int_{\frac{\pi}{6}}^{\frac{\pi}{3}}\sin x dx \leqslant \frac{\sqrt{3}\pi}{12}.$

性质6(积分中值定理) 如果函数$f(x)$在区间$[a,b]$上连续,则在区间$[a,b]$内至少存在一点ξ使得下式成立:

$$\int_a^b f(x)\mathrm{d}x = f(\xi)(b-a), \quad \xi \in (a,b). \tag{13}$$

因为函数 $f(x)$ 在闭区间 $[a,b]$ 上连续,根据闭区间上连续函数的最大值、最小值定理知,$f(x)$ 在区间 $[a,b]$ 上一定有最大值 M 和最小值 m. 由定积分的性质 5,则有

$$m(b-a) \leqslant \int_a^b f(x)\mathrm{d}x \leqslant M(b-a).$$

即

$$m \leqslant \frac{1}{b-a}\int_a^b f(x)\mathrm{d}x \leqslant M.$$

数值 $\frac{1}{b-a}\int_a^b f(x)\mathrm{d}x$ 介于 $f(x)$ 在区间 $[a,b]$ 上的最大值 M 和最小值 m 之间. 根据闭区间上连续函数的介值定理知,在区间 $[a,b]$ 上至少存在一点 ξ,使得式 $f(\xi) = \frac{1}{b-a}\int_a^b f(x)\mathrm{d}x$ 成立,即有

$$\int_a^b f(x)\mathrm{d}x = f(\xi)(b-a), \quad \xi \in (a,b).$$

积分中值定理的几何意义是:曲线 $y = f(x)$,直线 $x = a, x = b \ (a < b)$ 及 x 轴所围成的曲边梯形面积,等于以区间 $[a,b]$ 为底,以这个区间内的某一点处曲线 $f(x)$ 的纵坐标 $f(\xi)$ 为高的矩形的面积(见图 6-11). $\frac{1}{b-a}\int_a^b f(x)\mathrm{d}x$ 称为函数 $f(x)$ 在区间 $[a,b]$ 上的平均值.

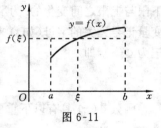

图 6-11

6.2 微积分基本公式

6.1 节介绍了定积分的概念. 定积分就是积分和式的极限. 用定义计算定积分,一般来讲,计算复杂,难度较大,所以必须找到一种比较有效且简便易行的方法. 本节将介绍定积分计算的公式——牛顿-莱布尼兹公式.

由 6.1 节已知:时间段 $[T_1, T_2]$ 上以速度 $v = v(t)$ 做变速直线运动物体所经过的路程 $s = \int_{T_1}^{T_2} v(t)\mathrm{d}t$;设物体的位置函数 $s = s(t)$,时间段 $[T_1, T_2]$ 上物体经过的路程又可表示为 $s = s(T_2) - s(T_1)$,于是有

$$\int_{T_1}^{T_2} v(t)\mathrm{d}t = s(T_2) - s(T_1).$$

而函数 $s = s(t)$ 与 $v(t)$ 之间的关系为 $s'(t) = v(t)$,即 $s(t)$ 是 $v(t)$ 的一个原函数. $s(T_2) - s(T_1)$ 是 $[T_1, T_2]$ 上 $s(t)$ 的增量,故 $\int_{T_1}^{T_2} v(t)\mathrm{d}t$ 可以认为是 $v(t)$ 的一个原函数在 $[T_1, T_2]$ 上的增量值.

上述的计算方法是否具有普遍意义呢?如果这种方法具有普遍意义,这不但说明了定积分与不定积分(原函数)之间有密切关系,而更重要的是提供了由原函数计算

定积分的方法.下面首先介绍变上限积分的概念,然后揭示不定积分与定积分之间的内在联系,证明微积分的基本公式——牛顿-莱布尼兹公式.

6.2.1 积分上限的函数及其导数

设函数 $f(x)$ 在闭区间 $[a,b]$ 上连续,则对于任意的 $x(a \leqslant x \leqslant b)$(见图 6-12),积分 $\int_a^x f(x)\mathrm{d}x$ 存在,且对于每一个取定的 $x(a \leqslant x \leqslant b)$ 值,定积分有一个对应值,所以它在区间 $[a,b]$ 上定义了一个函数,即 $\int_a^x f(x)\mathrm{d}x$ 是以积分上限 x 为变量的函数. 这里要特别注意的是:积分上限 x 与被积表达式 $f(x)\mathrm{d}x$ 中的积分变量 x 是两个不同的概念,在求积时(或积分过程中)积分上限 x 是固定不变的,而积分变量 x 是在积分下限与上限之间变化的.为了使初学者区分它们的不同含义,通常根据定积分与积分变量记号无关的字母(如 t)来表示积分变量.于是,可以将积分上限为变量 x 的函数,记为 $\Phi(x)$,即

$$\Phi(x) = \int_a^x f(t)\mathrm{d}t.$$

函数 $\Phi(x)$ 具有以下重要性质.

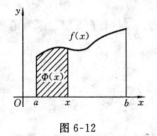

图 6-12

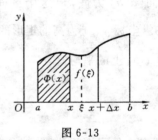

图 6-13

定理 1 如果函数 $f(x)$ 在区间 $[a,b]$ 上连续,则积分上限的函数

$$\Phi(x) = \int_a^x f(t)\mathrm{d}t \quad (a \leqslant t \leqslant b)$$

在区间 $[a,b]$ 上可导,并且它的导数为

$$\Phi'(x) = \frac{\mathrm{d}}{\mathrm{d}x}\int_a^x f(t)\mathrm{d}t = f(x) \quad (a \leqslant x \leqslant b). \tag{1}$$

证 如图 6-13 所示,不妨设 $\Delta x > 0$,因为

$$\Delta \Phi = \Phi(x+\Delta x) - \Phi(x) = \int_a^{x+\Delta x} f(t)\mathrm{d}t - \int_a^x f(t)\mathrm{d}t$$

$$= \int_a^x f(t)\mathrm{d}t + \int_x^{x+\Delta x} f(t)\mathrm{d}t - \int_a^x f(t)\mathrm{d}t = \int_x^{x+\Delta x} f(t)\mathrm{d}t.$$

由积分中值定理,得

$$\int_x^{x+\Delta x} f(t)\mathrm{d}t = f(\xi)\Delta x,$$

这里 ξ 介于 x 与 $x+\Delta x$ 之间.把上式两端各除以 Δx,得

$$\frac{\Delta \Phi}{\Delta x} = \frac{f(\xi)\Delta x}{\Delta x} = f(\xi).$$

当 $\Delta x \to 0$ 时,有 $x + \Delta x \to x$,从而 $\xi \to x$. 根据导数的定义及函数的连续性知,函数 $\Phi(x)$ 在区间 $[a,b]$ 上连续,且

$$\Phi'(x) = \lim_{\Delta x \to 0} \frac{\Delta \Phi}{\Delta x} = \lim_{\xi \to x} f(\xi) = f(x),$$

即
$$\Phi'(x) = \frac{d}{dx}\int_a^x f(t)dt = f(x).$$

若 $x = a$,取 $\Delta x > 0$,则同理可证 $\Phi'_+(a) = f(a)$;若 $x = b$,取 $\Delta x < 0$,则同理可证 $\Phi'_-(b) = f(b)$.

定理 1 也可以用几何图形来说明:如果定积分的积分上限是变量 x,则曲边梯形的面积 $\Phi(x)$ 随 x 变化而变化,当 x 取得改变量 Δx 时,面积 $\Phi(x)$ 也取得改变量 $\Delta \Phi$,它的值介于 $m\Delta x$ 与 $M\Delta x$ 之间,即

$$m\Delta x \leqslant \Delta \Phi \leqslant M\Delta x \quad 或 \quad m \leqslant \frac{\Delta \Phi}{\Delta x} \leqslant M.$$

(此处假设 $\Delta x > 0$,如果 $\Delta x < 0$,则不等式反向)

当 $\Delta x \to 0$ 时,m 与 M 趋于同一极限 $f(x)$,于是由极限存在准则,得到

$$\Phi'(x) = \lim_{\Delta x \to 0} \frac{\Delta \Phi}{\Delta x} = \frac{d}{dx}\int_a^x f(t)dt = f(x).$$

定理 1 表明:变上限积分所确定的函数 $\int_a^x f(t)dt$ 对积分上限 x 的导数等于被积函数 $f(t)$ 在积分上限 x 处的值,$\int_a^x f(t)dt$ 就是 $f(x)$ 在区间 $[a,b]$ 上的一个原函数.

定理 2(原函数存在定理) 如果函数 $f(x)$ 在区间 $[a,b]$ 上连续,则函数

$$\Phi(x) = \int_a^x f(t)dt \tag{2}$$

是函数 $f(x)$ 在区间 $[a,b]$ 上的一个原函数.

例 1 设函数 $y = \int_0^x e^{2t}dt$,求 $y'(x)$.

解 因为函数 $g(t) = e^{2t}$ 连续,根据定理 1 得 $\left(\int_0^x e^{2t}dt\right)' = e^{2x}$,从而 $y'(x) = e^{2x}$.

例 2 求 $\dfrac{d}{dx}\left(\int_x^{-1} \cos^2 t\, dt\right)$.

解 因为函数 $y = \cos^2 t$ 连续,根据定理 1 得

$$\frac{d}{dx}\left(\int_x^{-1} \cos^2 t\, dt\right) = \frac{d}{dx}\left(-\int_{-1}^x \cos^2 t\, dt\right) = -\frac{d}{dx}\left(\int_{-1}^x \cos^2 t\, dt\right) = -\cos^2 x.$$

例 3 求 $\dfrac{d}{dx}\left(\int_x^{x^2} \sin t\, dt\right)$.

解
$$\frac{d}{dx}\left(\int_x^{x^2} \sin t\, dt\right) = \frac{d}{dx}\left(\int_x^0 \sin t\, dt + \int_0^{x^2} \sin t\, dt\right)$$

$$= \frac{d}{dx}\left(\int_x^0 \sin t\, dt\right) + \frac{d}{dx}\left(\int_0^{x^2} \sin t\, dt\right)$$

$$= \frac{d}{dx}\left(-\int_0^x \sin t\, dt\right) + \frac{d}{dx}\left(\int_0^{x^2} \sin t\, dt\right)$$

$$= -\sin x + \frac{d}{dx}\left(\int_0^{x^2} \sin t\, dt\right).$$

下面求 $\frac{d}{dx}\left(\int_0^{x^2}\sin t\,dt\right)$，它是以 x^2 为上限的积分，作为 x 的函数可以看成是以 $u=x^2$ 为中间变量的复合函数. 根据复合函数求导公式，由式(1)得

$$\frac{d}{dx}\left(\int_0^{x^2}\sin t\,dt\right) = \frac{d}{du}\left[\int_0^u \sin t\,dt\right]_{u=x^2} \cdot \frac{d}{dx}(x^2)$$

$$= \sin x^2 \cdot 2x = 2x\sin x^2,$$

所以

$$\frac{d}{dx}\left(\int_x^{x^2}\sin t\,dt\right) = -\sin x + 2x\sin x^2.$$

在熟练方法以后，上述过程可以简化为 $\frac{d}{dx}\left(\int_x^{x^2}\sin t\,dt\right) = \sin x^2 \cdot (x^2)' - \sin x$.

例 4 求极限 $\lim\limits_{x\to 0}\dfrac{\int_0^x \cos t^2\, dt}{x}$.

解 当 $x\to 0$ 时，$\int_0^x \cos t^2\, dt \to 0$，故此题为 $\dfrac{0}{0}$ 型未定式，使用洛必达法则得

$$\lim_{x\to 0}\frac{\int_0^x \cos t^2\, dt}{x} = \lim_{x\to 0}\frac{\left(\int_0^x \cos t^2\, dt\right)'}{(x)'} = \lim_{x\to 0}\frac{\cos x^2}{1} = 1.$$

6.2.2 微积分基本定理

定理 3（微积分基本定理） 设函数 $f(x)$ 在区间 $[a,b]$ 上连续，且 $F(x)$ 是 $f(x)$ 在区间 $[a,b]$ 上的任一个原函数，则

$$\int_a^b f(t)\,dt = F(b) - F(a) \quad \text{或} \quad \int_a^b f(t)\,dt = F(x)\Big|_a^b = F(b) - F(a). \tag{3}$$

证 已知 $F(x)$ 是 $f(x)$ 在区间 $[a,b]$ 上的一个原函数，而 $\Phi(x) = \int_a^x f(t)\,dt$ 也是 $f(x)$ 在区间 $[a,b]$ 上的一个原函数，所以 $\Phi(x) - F(x)$ 是某一个常数，即

$$\Phi(x) = \int_a^x f(t)\,dt = F(x) + C_0.$$

令 $x = a$，得 $\int_a^a f(t)\,dt = F(a) + C_0$，而 $\int_a^a f(t)\,dt = 0$，则 $C_0 = -F(a)$，即有

$$\int_a^x f(t)\,dt = F(x) - F(a).$$

再令 $x = b$，得

$$\int_a^b f(t)\,dt = F(b) - F(a).$$

上式称为**牛顿 - 莱布尼兹公式**,也称为**微积分基本公式**.

牛顿 - 莱布尼兹公式提供了计算定积分的简便的基本方法,即求定积分的值时,只要先求出被积函数 $f(x)$ 的一个原函数 $F(x)$,然后计算原函数在区间 $[a,b]$ 上的增量 $F(b)-F(a)$ 即可. 该公式把计算定积分归结为求原函数的问题,揭示了定积分与不定积分之间的联系.

如 6.1 节例 1 中计算了 $\int_0^1 x^2 \mathrm{d}x$. 现在应用牛顿 - 莱布尼兹公式计算. 因为 $\dfrac{x^3}{3}$ 是被积函数 x^2 的一个原函数,根据牛顿-莱布尼兹公式,有

$$\int_0^1 x^2 \mathrm{d}x = \dfrac{x^3}{3}\bigg|_0^1 = \dfrac{1^3}{3} - \dfrac{0}{3} = \dfrac{1}{3}.$$

例 5 求 $\int_{-1}^1 \dfrac{1}{1+x^2} \mathrm{d}x$.

解 因为 $\arctan x$ 是被积函数 $\dfrac{1}{1+x^2}$ 的一个原函数,根据牛顿 - 莱布尼兹公式,有

$$\int_{-1}^1 \dfrac{1}{1+x^2} \mathrm{d}x = \arctan x \bigg|_{-1}^1 = \arctan 1 - \arctan(-1)$$
$$= \dfrac{\pi}{4} - \left(-\dfrac{\pi}{4}\right) = \dfrac{\pi}{2}.$$

例 6 求 $\int_0^{\sqrt{a}} x \mathrm{e}^{x^2} \mathrm{d}x$.

解 $\int_0^{\sqrt{a}} x \mathrm{e}^{x^2} \mathrm{d}x = \dfrac{1}{2} \int_0^{\sqrt{a}} \mathrm{e}^{x^2} \mathrm{d}x^2 = \dfrac{1}{2} \mathrm{e}^{x^2} \bigg|_0^{\sqrt{a}} = \dfrac{1}{2}(\mathrm{e}^a - 1).$

例 7 求 $\int_{-1}^3 |2-x| \mathrm{d}x$.

解 $|2-x| = \begin{cases} 2-x, & -1 \leqslant x \leqslant 2, \\ x-2, & 2 < x \leqslant 3. \end{cases}$

由定积分对区间的可加性知

$$\int_{-1}^3 |2-x| \mathrm{d}x = \int_{-1}^2 (2-x) \mathrm{d}x + \int_2^3 (x-2) \mathrm{d}x$$
$$= \left(2x - \dfrac{x^2}{2}\right)\bigg|_{-1}^2 + \left(\dfrac{x^2}{2} - 2x\right)\bigg|_2^3$$
$$= 4 - 2 - \left(-2 - \dfrac{1}{2}\right) + \left(\dfrac{3^2}{2} - 6\right) - (2-4)$$
$$= \dfrac{1}{2} + \dfrac{9}{2} = 5.$$

应当注意的是:利用牛顿-莱布尼兹公式计算定积分时,要求被积函数在积分区间上连续,否则会产生错误. 例如

$$\int_{-1}^1 \dfrac{1}{x^2} \mathrm{d}x = -\dfrac{1}{x}\bigg|_{-1}^1 = -[1-(-1)] = -2$$

显然是错误的,因为被积函数 $f(x)=\dfrac{1}{x^2}$ 在区间 $[-1,1]$ 上不连续,点 $x=0$ 是其无穷间断点,被积函数不满足牛顿-莱布尼兹公式的条件.

根据牛顿-莱布尼兹公式,定积分的计算与不定积分的计算密切相关,不定积分的计算有换元积分法和分部积分法,相应的定积分也有换元积分法和分部积分法.

6.3 定积分的换元积分法

设函数 $f(x)$ 在区间 $[a,b]$ 上连续,令 $x=\varphi(t)$,如果

(1) $\varphi(t)$ 在区间 $[\alpha,\beta]$ 上有连续的导数 $\varphi'(t)$,

(2) 当 t 从 α 变到 β 时,$\varphi(t)$ 从 $\varphi(\alpha)=a$ 单调地变到 $\varphi(\beta)=b$,

则有

$$\int_a^b f(x)\mathrm{d}x = \int_\alpha^\beta f[\varphi(t)]\varphi'(t)\mathrm{d}t. \tag{1}$$

式(1) 就是定积分的换元积分公式,简称**换元公式**.

证 如果 $\int f(x)\mathrm{d}x = F(x)+c$,则由不定积分的换元公式得

$$\int f[\varphi(t)]\varphi'(t)\mathrm{d}t = F[\varphi(t)]+c,$$

于是有

$$\begin{aligned}\int_a^b f(x)\mathrm{d}x &= F(x)\Big|_a^b = F(b)-F(a)\\&= F[\varphi(\beta)]-F[\varphi(\alpha)]\\&= \int_\alpha^\beta f[\varphi(t)]\varphi'(t)\mathrm{d}t.\end{aligned}$$

这里应当注意,定积分的换元积分法与不定积分的换元法不同之处在于:定积分的换元法在换元后,积分上、下限也要作相应的变换,即"换元必换限". 在换元之后,按新的积分变量进行定积分运算,不必再还原为原积分变量. 新积分变量的积分限可能是 $\alpha>\beta$,也可能是 $\alpha<\beta$,但一定要满足 $\varphi(\alpha)=a,\varphi(\beta)=b$,即 $t=\alpha$ 对应于 $x=a$;$t=\beta$ 对应于 $x=b$.

例1 求积分 $\displaystyle\int_0^8 \dfrac{\mathrm{d}x}{1+\sqrt[3]{x}}$.

解 令 $x=t^3$,则 $\mathrm{d}x=3t^2\mathrm{d}t$,当 t 从 0 变到 2 时,x 从 0 变到 8,所以

$$\int_0^8 \dfrac{\mathrm{d}x}{1+\sqrt[3]{x}} = \int_0^2 \dfrac{3t^2}{1+t}\mathrm{d}t = 3\left[\dfrac{t^2}{2}-t+\ln(1+t)\right]_0^2 = 3\ln 3.$$

例2 求积分 $\displaystyle\int_0^a \sqrt{a^2-x^2}\,\mathrm{d}x\ (a>0)$.

解 令 $x=a\sin t\ (0\leqslant x\leqslant a)$,则 $\mathrm{d}x=a\cos t\mathrm{d}t$. 当 t 从 0 变到 $\dfrac{\pi}{2}$ 时,x 从 0 变

到 a，所以

$$\int_0^a \sqrt{a^2-x^2}\,dx = \int_0^{\frac{\pi}{2}} a\cos t \cdot a\cos t\,dt = a^2 \int_0^{\frac{\pi}{2}} \frac{1+\cos 2t}{2}\,dt$$

$$= \frac{a^2}{2}\left(t + \frac{\sin 2t}{2}\right)\Big|_0^{\frac{\pi}{2}} = \frac{1}{4}\pi a^2.$$

在区间 $[0,a]$ 上，曲线 $y = \sqrt{a^2-x^2}$ 是圆周 $x^2+y^2=a^2$ 的 $\frac{1}{4}$（见图 6-14），所以半径为 a 的圆面积是所求定积分的 4 倍，即

$$4 \times \frac{\pi}{4}a^2 = \pi a^2.$$

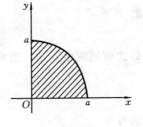

图 6-14

例 3 求 $\int_0^{\frac{\pi}{2}} \sin^4 x \cos x\,dx$.

解 令 $\sin x = t$，则 $\cos x\,dx = dt$，且当 $x = 0$ 时，$t = 0$；当 $x = \frac{\pi}{2}$ 时，$t = 1$. 所以有

$$\int_0^{\frac{\pi}{2}} \sin^4 x \cos x\,dx = \int_0^1 t^4\,dt = \frac{1}{5}t^5\Big|_0^1 = \frac{1}{5}.$$

在例 3 中，如果用凑微分法求定积分可以更方便些，即不引入新的积分变量 t，那么积分上、下限也不需要作相应的变换，也就是说"不换元也不换限"，具体解法如下：

$$\int_0^{\frac{\pi}{2}} \sin^4 x \cos x\,dx = \int_0^{\frac{\pi}{2}} \sin^4 x\,d\sin x = \frac{1}{5}\sin^5 x\Big|_0^{\frac{\pi}{2}}$$

$$= \frac{1}{5}\left[\left(\sin\frac{\pi}{2}\right)^5 - (\sin 0)^5\right] = \frac{1}{5}.$$

例 4 求 $\int_1^e \frac{1+\ln x}{x}\,dx$.

解 用凑微分法求解.

$$\int_1^e \frac{1+\ln x}{x}\,dx = \int_1^e (1+\ln x)\,d\ln x = \frac{1}{2}(1+\ln x)^2\Big|_1^e$$

$$= \frac{1}{2}[(1+\ln e)^2 - (1+\ln 1)^2] = \frac{3}{2}.$$

例 5 求 $\int_{-1}^1 (x^2+2x-3)\,dx$.

解
$$\int_{-1}^1 (x^2+2x-3)\,dx = \int_{-1}^1 (x^2-3)\,dx + \int_{-1}^1 2x\,dx$$

$$= 2\int_0^1 (x^2-3)\,dx + 0$$

$$= 2\left(\frac{x^3}{3} - 3x\right)\Big|_0^1 = -\frac{16}{3}.$$

本题利用了奇偶函数在对称区间的积分性质.

6.4　定积分的分部积分法

设函数 $u=u(x)$ 与 $v=v(x)$ 在闭区间 $[a,b]$ 上连续可导,则 $(uv)'=vu'+uv'$,即

$$uv'=(uv)'-vu',$$

等式两端取由 a 到 b 的积分,即得

$$\int_a^b uv'\mathrm{d}x = uv\Big|_a^b - \int_a^b vu'\mathrm{d}x, \tag{1}$$

或写为

$$\int_a^b u\mathrm{d}v = uv\Big|_a^b - \int_a^b v\mathrm{d}u. \tag{2}$$

式(1)、(2)就是**定积分的分部积分公式**.

例1　求积分 $\int_0^1 x\mathrm{e}^{2x}\mathrm{d}x$.

解　令 $u=x, \mathrm{d}v=\mathrm{e}^{2x}\mathrm{d}x, \mathrm{d}u=\mathrm{d}x, v=\dfrac{1}{2}\mathrm{e}^{2x}$,代入分部积分公式,得

$$\int_0^1 x\mathrm{e}^{2x}\mathrm{d}x = \frac{1}{2}x\mathrm{e}^{2x}\Big|_0^1 - \frac{1}{2}\int_0^1 \mathrm{e}^{2x}\mathrm{d}x = \frac{1}{2}\mathrm{e}^2 - \frac{1}{4}\mathrm{e}^{2x}\Big|_0^1$$

$$= \frac{1}{2}\mathrm{e}^2 - \left(\frac{1}{4}\mathrm{e}^2 - \frac{1}{4}\right) = \frac{1}{4}(\mathrm{e}^2+1).$$

例2　求 $\int_0^{\frac{\pi}{2}} x^2\sin x\mathrm{d}x$.

解　令 $u=x^2, \mathrm{d}v=\sin x\mathrm{d}x, \mathrm{d}u=2x\mathrm{d}x, v=-\cos x$,代入分部积分公式,得

$$\int_0^{\frac{\pi}{2}} x^2\sin x\mathrm{d}x = (-\cos x)x^2\Big|_0^{\frac{\pi}{2}} - \int_0^{\frac{\pi}{2}}(-\cos x)2x\mathrm{d}x = 2\int_0^{\frac{\pi}{2}} x\cos x\mathrm{d}x.$$

而 $\int_0^{\frac{\pi}{2}} x\cos x\mathrm{d}x$ 可以继续用分部积分公式求得,即

$$\int_0^{\frac{\pi}{2}} x\cos x\mathrm{d}x = \int_0^{\frac{\pi}{2}} x\mathrm{d}\sin x = x\sin x\Big|_0^{\frac{\pi}{2}} - \int_0^{\frac{\pi}{2}} \sin x\mathrm{d}x$$

$$= \frac{\pi}{2} + \cos x\Big|_0^{\frac{\pi}{2}} = \frac{\pi}{2} - 1,$$

所以

$$\int_0^{\frac{\pi}{2}} x^2\sin x\mathrm{d}x = 2\left(\frac{\pi}{2} - 1\right) = \pi - 2.$$

定积分的分部积分法与不定积分的分部积分法比较,选取 u,v 的方法是一样的,所不同的是在积出 uv 项后,立刻将其值算出.因此,计算时不必设 u,v,利用式(2)更方便.

例3　求 $\int_0^{\frac{1}{2}} \arcsin x\mathrm{d}x$.

解 $\int_0^{\frac{1}{2}} \arcsin x dx = x\arcsin x \Big|_0^{\frac{1}{2}} - \int_0^{\frac{1}{2}} x d\arcsin x = \frac{\pi}{12} - \int_0^{\frac{1}{2}} \frac{x}{\sqrt{1-x^2}} dx$

$$= \frac{\pi}{12} + \frac{1}{2}\int_0^{\frac{1}{2}} \frac{1}{\sqrt{1-x^2}} d(1-x^2) = \frac{\pi}{12} + \sqrt{1-x^2}\Big|_0^{\frac{1}{2}}$$

$$= \frac{\pi}{12} + \frac{\sqrt{3}}{2} - 1.$$

例 4 计算 $\int_1^e x\ln x dx$.

解 $\int_1^e x\ln x dx = \int_1^e \ln x d\frac{x^2}{2} = \frac{x^2}{2}\ln x \Big|_1^e - \int_1^e \frac{x^2}{2} d\ln x = \frac{e^2}{2} - \int_1^e \frac{x^2}{2} \cdot \frac{1}{x} dx$

$$= \frac{e^2}{2} - \frac{1}{4}(e^2 - 1) = \frac{e^2}{4} + \frac{1}{4}.$$

例 5 计算 $\int_0^1 e^{\sqrt{x}} dx$.

解 令 $t = \sqrt{x}$，则 $x = t^2$, $dx = 2tdt$. 当 $x = 0$ 时, $t = 0$; 当 $x = 1$ 时, $t = 1$.

$$\int_0^1 e^{\sqrt{x}} dx = \int_0^1 2te^t dt = \int_0^1 2t de^t = 2te^t \Big|_0^1 - 2\int_0^1 e^t dt$$

$$= 2e - 2e^t \Big|_0^1 = 2e - 2e + 2 = 2.$$

例 6 已知 $f(\pi) = 2$，且 $\int_0^\pi [f(x) + f''(x)]\sin x dx = 5$，求 $f(0)$.

解 $\int_0^\pi [f(x) + f''(x)]\sin x dx$

$$= \int_0^\pi f(x)\sin x dx + \int_0^\pi f''(x)\sin x dx$$

$$= \int_0^\pi f(x)\sin x dx + \int_0^\pi \sin x df'(x)$$

$$= \int_0^\pi f(x)\sin x dx + f'(x)\sin x \Big|_0^\pi - \int_0^\pi f'(x)\cos x dx$$

$$= \int_0^\pi f(x)\sin x dx + 0 - \int_0^\pi \cos x df(x)$$

$$= \int_0^\pi f(x)\sin x dx - \left[(f(x)\cos x) \Big|_0^\pi - \int_0^\pi -f(x)\sin x dx \right]$$

$$= \int_0^\pi f(x)\sin x dx - \left(f(\pi)\cos\pi - f(0)\cos 0 + \int_0^\pi f(x)\sin x dx \right)$$

$$= f(\pi) + f(0).$$

由 $\int_0^\pi [f(x) + f''(x)]\sin x dx = 5, f(\pi) = 2$ 得

$$f(\pi) + f(0) = 5,$$

所以 $f(0) = 5 - f(\pi) = 5 - 2 = 3.$

6.5 定积分的应用

前面由实际问题引出了定积分的概念,介绍了它的基本性质与计算方法,现在将以上定积分的知识用于实践.

6.5.1 平面图形的面积

(1) 设函数 $y = f(x)(\geqslant 0)$ 在区间 $[a,b]$ 上连续,由曲线 $y = f(x)$,直线 $x = a$,$x = b$ $(a < b)$ 及 x 轴所围成的曲边梯形面积(见图 6-15):

$$S = \int_a^b f(x)\,dx. \tag{1}$$

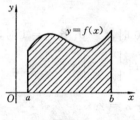

图 6-15

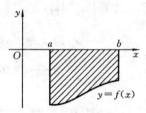

图 6-16

(2) 函数 $y = f(x)(\leqslant 0)$ 在区间 $[a,b]$ 上连续,由曲线 $y = f(x)$,直线 $x = a$,$x = b$ $(a < b)$ 及 x 轴所围成的曲边梯形面积(见图 6-16):

$$S = -\int_a^b f(x)\,dx. \tag{2}$$

(3) 对于在区间 $[a,b]$ 上函数 $y = f(x)$ 有时取正值,有时取负值(见图 6-17).

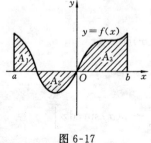

图 6-17

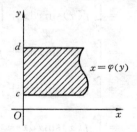

图 6-18

曲边梯形面积可以表示为

$$S = \int_a^b |f(x)|\,dx = A_1 - A_2 + A_3 = \int_a^{c_1} f(x)\,dx - \int_{c_1}^{c_2} f(x)\,dx + \int_{c_2}^b f(x)\,dx. \tag{3}$$

类似地,由连续曲线 $x = \varphi(y)$,直线 $y = c$,$y = d$ $(c < d)$ 及 y 轴所围成的曲边

梯形(见图 6-18)面积为

$$S = \int_c^d |\varphi(y)| \, dy. \tag{4}$$

(4) 如果在区间 $[a,b]$ 上总有 $0 \leqslant g(x) \leqslant f(x)$,由曲线 $y=f(x), y=g(x)$,直线 $x=a, x=b$ $(a<b)$ 所围成的图形(见图 6-19)面积为

$$S = \int_a^b f(x)dx - \int_a^b g(x)dx = \int_a^b [f(x)-g(x)]dx. \tag{5}$$

类似地,由连续曲线 $x = \varphi(y)(\psi(y) < \varphi(y))$ 及直线 $y=c, y=d$ $(c<d)$ 所围成的图形面积为

$$S = \int_c^d [\varphi(y) - \psi(y)]dy.$$

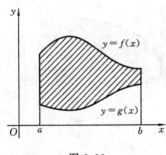

图 6-19

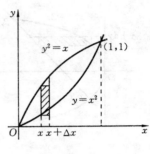

图 6-20

例 1 求两条抛物线 $y^2 = x, y = x^2$ 所围成图形的面积.

解 作两条抛物线的图形,如图 6-20 所示. 解方程组

$$\begin{cases} y^2 = x, \\ y = x^2 \end{cases}$$

得两组解 $\begin{cases} x=0, \\ y=0 \end{cases}$ 及 $\begin{cases} x=1, \\ y=1, \end{cases}$ 即两抛物线交点为 $(0,0), (1,1)$.

下面求面积元素:取 x 为积分变量. 区间 $[0,1]$ 上的任一小区间 $[x, x+dx]$ 的窄条,其面积近似于高为 $\sqrt{x} - x^2$、底为 dx 的窄矩形面积. 这样就得到面积元素

$$dA = (\sqrt{x} - x^2)dx.$$

于是,所求图形面积为定积分,即

$$A = \int_0^1 (\sqrt{x} - x^2)dx = \left[\frac{2}{3}x^{\frac{3}{2}} - \frac{x^3}{3}\right]_0^1 = \frac{1}{3}.$$

本题也可由式(1) 直接求解.

例 2 求抛物线 $y=x^2$ 与直线 $y=x, y=2x$ 所围图形的面积(见图 6-21).

解 作出图形,解两个方程组

$$\begin{cases} y = x^2, \\ y = x \end{cases} \text{ 和 } \begin{cases} y = x^2, \\ y = 2x \end{cases}$$

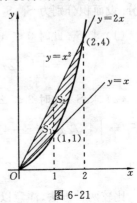

图 6-21

得抛物线与两直线的交点分别为 $(1,1),(2,4)$. 故所求面积为
$$S = S_1 + S_2 = \int_0^1 (2x - x) dx + \int_1^2 (2x - x^2) dx = \frac{7}{6}.$$

例 3　求抛物线 $y^2 = 2x$ 与直线 $y = x - 4$ 围成的平面图形的面积.

解　**方法一**　如图 6-22(a) 所示,首先求两曲线的交点,解方程

得
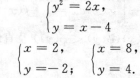

$$\begin{cases} x = 2, \\ y = -2; \end{cases} \quad \begin{cases} x = 8, \\ y = 4. \end{cases}$$

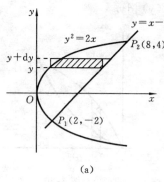
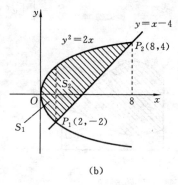

(a) 　　　　　　　　(b)

图 6-22

故 P_1 的坐标为 $(2,-2)$,P_2 的坐标为 $(8,4)$,将该图形的面积 S 表示成对 $y(-2 \leqslant y \leqslant 4)$ 的积分. 不妨取

$$x_1(y) = \frac{y^2}{2}, \quad x_2(y) = y + 4,$$

于是
$$S = \int_{-2}^{4} \left(y + 4 - \frac{y^2}{2} \right) dy = \left(\frac{y^2}{2} + 4y - \frac{y^3}{6} \right) \Big|_{-2}^{4} = 18.$$

故所求的面积为 18.

方法二　如图 6-22(b) 所示,面积 S 表示成对 x 的积分,将图形分成 S_1 和 S_2 两部分. 设面积分别为 S_1, S_2

(1) 求 S_1. 此时 $0 \leqslant x \leqslant 2$, 取 $f(x) = \sqrt{2x}$, $g(x) = -\sqrt{2x}$, 则
$$S_1 = \int_0^2 [\sqrt{2x} - (-\sqrt{2x})] dx = \frac{4}{3} \sqrt{2} x^{\frac{3}{2}} \Big|_0^2 = \frac{16}{3} = 5\frac{1}{3}.$$

(2) 求 S_2. 此时 $2 \leqslant x \leqslant 8$, 取 $f(x) = \sqrt{2x}$, $g(x) = x - 4$, 则
$$S_2 = \int_2^8 [\sqrt{2x} - (x - 4)] dx = \left(\frac{2}{3} \sqrt{2} x^{\frac{3}{2}} + 4x - \frac{x^2}{2} \right) \Big|_2^8 = 18\frac{2}{3} - 6 = 12\frac{2}{3}.$$

所以
$$S = S_1 + S_2 = 5\frac{1}{3} + 12\frac{2}{3} = 18.$$

比较两种方法,注意以下两点:

(1) 选 x 作为积分变量和选 y 作为积分变量都可以计算平面图形的面积；

(2) 选用不同的积分变量，计算的繁简程度往往相差较大.

因此，求平面图形的面积时，积分变量的选择是非常重要的.

6.5.2 积分学在经济分析中的应用举例

1. 由经济函数的边际求经济函数在区间上的增量

根据边际成本、边际收入、边际利润及产量 x 的变动区间 $[a,b]$ 上的改变量（增量）就等于它们各自边际在区间 $[a,b]$ 上的定积分，得

$$R(b) - R(a) = \int_a^b R'(x) dx, \tag{6}$$

$$C(b) - C(a) = \int_a^b C'(x) dx, \tag{7}$$

$$L(b) - L(a) = \int_a^b L'(x) dx. \tag{8}$$

例 4 已知某商品边际收入为 $-0.08x + 25$ 万元/t，边际成本为 5 万元/t，求产量 x 从 250 t 增加到 300 t 时销售收入 $R(x)$、总成本 $C(x)$、利润 $L(x)$ 的改变量（增量）.

解 首先求得边际利润为

$$L'(x) = R'(x) - C'(x) = -0.08x + 25 - 5 = -0.08x + 20,$$

所以根据式(6)、式(7)、式(8)，依次求出

$$R(300) - R(250) = \int_{250}^{300} R'(x) dx = \int_{250}^{300} (-0.08x + 25) dx = 150 \text{ 万元},$$

$$C(300) - C(250) = \int_{250}^{300} C'(x) dx = \int_{250}^{300} 5 dx = 250 \text{ 万元},$$

$$L(300) - L(250) = \int_{250}^{300} L'(x) dx = \int_{250}^{300} (-0.08x + 20) dx = -100 \text{ 万元}.$$

2. 由经济函数的变化率求经济函数在区间上的平均变化率

设某经济函数的变化率为 $f(t)$，则称 $\dfrac{\int_{t_1}^{t_2} f(t) dt}{t_2 - t_1}$ 为该经济函数在时间间隔 $[t_2, t_1]$ 内的平均变化率.

例 5 某银行的利息连续计算，利息率是时间 t（单位：年）的函数：

$$r(t) = 0.08 + 0.015\sqrt{t}.$$

求它在开始 2 年，即时间间隔 $[0,2]$ 内的平均利息率.

解 由于

$$\int_0^2 r(t) dt = \int_0^2 (0.08 + 0.015\sqrt{t}) dt = 0.16 + 0.01 t\sqrt{t} \Big|_0^2 = 0.16 + 0.02\sqrt{2},$$

所以开始 2 年的平均利息率为

$$r = \frac{\int_0^2 r(t)\,dt}{2-0} = 0.08 + 0.01\sqrt{2} = 0.094.$$

例 6 某公司运行 t 年所获利润为 $L(t)$ 元,利润的年变化率为 $L'(t) = 3 \times 10^5 \sqrt{t+1}$ 元/年.求利润从第 4 年初到第 8 年末,即时间间隔 $[3,8]$ 内年平均变化率.

解 由于

$$\int_3^8 L'(t)\,dt = \int_3^8 3 \times 10^5 \sqrt{t+1}\,dt = 2 \times 10^5 (t+1)^{\frac{3}{2}} \bigg|_3^8 = 38 \times 10^5,$$

所以从第 4 年初到第 8 年末,利润的年平均变化率为

$$\frac{\int_3^8 L'(t)\,dt}{8-3} = 7.6 \times 10^5 \text{ 元/年}.$$

即在这 5 年内公司平均每年平均获利 7.6×10^5 元.

3. 由贴现率求总贴现值在时间区间上的增量

设某个项目在 t 年时的收入为 $f(t)$ 万元,年利率为 r,即贴现率是 $f(t)e^{-rt}$,则应用定积分计算,该项目在时间区间 $[a,b]$ 上总贴现值的增量为 $\int_a^b f(t)e^{-rt}\,dt$.

设某工程总投资在竣工时的贴现值为 A 万元,竣工后的年收入预计为 a 万元,年利率为 r,银行利息连续计算.在进行动态经济分析时,把竣工后收入的总贴现值达到 A,即使关系式 $\int_0^T ae^{-rt}\,dt = A$ 成立的时间 T 年称为该项工程的**投资回收期**.

例 7 某工程总投资在竣工时的贴现值为 1 000 万元,竣工后的年收入预计为 200 万元,年利息率为 0.08,求该工程的投资回收期.

解 由题设知,$A = 1\,000$,$a = 200$,$r = 0.08$,则该工程竣工后 T 年内收入的总贴现值为

$$\int_0^T 200e^{-0.08t}\,dt = \frac{200}{-0.08} e^{-0.08t} \bigg|_0^T = 2\,500(1 - e^{-0.08T}).$$

令 $2\,500(1 - e^{-0.08T}) = 1\,000$,即得该工程回收期为

$$T = -\frac{1}{0.08} \ln\left(1 - \frac{1\,000}{2\,500}\right) \text{ 年} = -\frac{1}{0.08} \ln 0.6 \text{ 年} = 6.39 \text{ 年}.$$

4. 已知边际求总量

例 8 某厂生产某种产品,每日生产的产品的总成本 C 的变化率(即边际成本)是日产量 x 的函数 $C'(x) = 7 + \frac{25}{\sqrt{x}}$,已知固定成本为 1 000 元,求总成本函数 y.

解 因总成本是边际成本的一个原函数,所以

$$C(x) = \int \left(7 + \frac{25}{\sqrt{x}}\right) dx = 7x + 50\sqrt{x} + c.$$

当 $x=0$ 时,$C(0)=1\,000$,代入上式得 $c=1\,000$,于是总成本函数为
$$C(x)=7x+50\sqrt{x}+1\,000.$$

例 9 某产品销售总收入是销售量 x 的函数 $R(x)$.已知销售总收入对销售量的变化率(即边际收入)$R'(x)=300-\dfrac{2}{5}x$,求销售量由 100 增加到 400 时所得的销售收入.

解 因销售收入是边际收入的一个原函数,按题意,有
$$R(400)-R(300)=\int_{300}^{400}R'(x)\mathrm{d}x=\int_{300}^{400}\left(300-\frac{2}{5}x\right)\mathrm{d}x$$
$$=\left(300x-\frac{1}{5}x^2\right)\bigg|_{300}^{400}=16\,000 \text{ 元}.$$

5. 利润、产量与开工时数的最佳值的确定

例 10 某厂生产一种产品,年产量为 x t 时,总费用的变化率(即边际费用)为 $f(x)=0.25x+8$(单位:百元/t),这种产品每吨的销售价为 3 000 元,问一年生产多少产品工厂利润最大,并求出年利润的最大值.

解 总费用为边际费用的原函数,故
$$C(x)=\int_0^x(0.25x+8)\mathrm{d}x=0.125x^2+8x.$$
而收入函数 $R(x)=30x$ 百元,又因
$$L(x)=R(x)-C(x)=22x-0.125x^2,$$
则 $L'(x)=22-0.25x$.令 $L'(x)=0$,得 $x=88$ t.驻点唯一,且此时 $L''(88)=-0.25<0$.

由实际问题可知,当 $x=88$ t 时,$L(x)$ 取得最大值 $L(88)=(22\times 88-0.125\times 88^2)$ 百元 $=968$ 百元.因此,年产量为 88 t 时工厂获得最大利润 96 800 元.

例 11 某工厂生产一种产品,每日总收入的变化率(即边际收入)是日产量 x 的函数 $R'(x)=30-0.2x$(单位:元/件).该厂生产此种产品的能力为每小时 30 件,问怎样安排生产才能使这种产品每日的总收入最大?并求出此最大总收入值.

解 由题意知
$$R(x)=\int_0^x(30-0.2x)\mathrm{d}x=30x-0.1x^2,$$
令 $R'(x)=30-0.2x=0$,解得 $x=150$.

又 $R''(x)=-0.2<0$,因为 $R(x)$ 只有唯一的驻点 $x=150$.由实际问题知,当 $x=150$ 时,$R(x)$ 取得最大值
$$R(150)=(30\times 150-0.1\times 150^2) \text{ 元}=2\,250 \text{ 元}.$$
因此,每日取得最大总收入的产量为 150 件,此时 $R(150)=2\,250$ 元.完成 150 件产品需要的工时为 $\dfrac{150}{30}$ h $=5$ h,所以,每天生产这种产品 5 h,就使每日收入最大,最大

值为 2 250 元.

6. 资本存量问题

例 12 资本存量 $s=s(t)$ 是时间 t 的函数. 它的导数等于净投资 $I(t)$. 现知道净投资 $I(t)=30\sqrt{t}$ (单位: 万元/年). 求第 1 年底到第 4 年底的资本存量.

解 因资本存量 s 是净投资的一个原函数, 故

$$s(4)-s(1)=\int_1^4 30\sqrt{t}\,dt=20t^{\frac{3}{2}}\Big|_1^4=140 \text{ 万元},$$

所以, 第 1 年底到第 4 年底的总资本存量为 1 400 000 元.

例 13 某银行根据前四年存款情况, 知该行现金净存量的变化率是时间 t 的函数 $f(x)=14.5t^{\frac{5}{4}}$ (单位: 万元/年), 计划从第 5 年起积存现金 1 000 万元. 问按此变化率需几年时间?

解 依题意知

$$1\,000=\int_4^{4+x}14.5t^{\frac{5}{4}}\,dt,$$

即

$$1\,000=\frac{58}{9}\left[(4+x)^{\frac{9}{4}}-4^{\frac{9}{4}}\right],$$

由此得 $(4+x)^{\frac{9}{4}}=\dfrac{9\,000}{58}+4^{\frac{9}{4}}$, 解此方程得

$$4+x\approx 9.999\,3,\quad 即\quad x\approx 6.$$

所以, 从第 5 年开始积存 1 000 万元现金约需 6 年.

7. 消费者剩余和生产者剩余

在自由市场中, 生产并销售某一商品的数量可由这一商品的供给与需求曲线描述, 它的状态可在如图 6-23 中直观表现如下:

(1) p_0 的经济意义是供应者会生产此商品的最低价;

(2) p_1 是消费者会购买此种商品的最高价;

(3) q_1 是免费供给此种商品的需求量 (如卫生纸等)

经市场功能调节后, 市场将趋于平衡价 p^* 和平衡数量 Q^*, 两条曲线在点 (Q^*,p^*) 处相交.

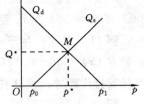

图 6-23

消费者以平衡价格购买了某种商品, 他们本来打算以较高的价格购买这种商品, **消费者剩余**是指消费者因此而省下来的钱的总数. 用积分式描述如下:

$$消费者剩余=\int_0^{Q^*}Q_d(Q)\,dQ-p^*Q^*=曲边三角形\ Mp_1p^*\ 的面积.$$

生产者以平衡价格出售了某种商品, 他们本来打算以较低的价格售出这些商品, **生产者剩余**是指生产者因此而获得的额外收入. 用积分式描述如下:

$$生产者剩余=p^*Q^*-\int_0^{Q^*}Q_s(Q)\,dQ=曲边三角形\ Mp_0p^*\ 的面积.$$

6.6 无穷积分

前面所讨论的定积分都是在有限的积分区间和被积函数有界(特别是连续)的条件下进行的,在科学技术和经济管理中常需要处理积分区间为无限区间或被积函数在有限区间上为无界的积分问题,这两种积分都被称为**广义积分**(或**反常积分**).相应地,前面讨论的积分称为**常义积分**.下面仅讨论无限区间上的广义积分.

定义 1 设函数 $f(x)$ 在区间 $[a,+\infty)$ 上连续,称极限 $\lim\limits_{b\to+\infty}\int_a^b f(x)\mathrm{d}x\ (a<b)$ 为函数 $f(x)$ 在 $[a,+\infty)$ 上的广义积分,记为 $\int_a^{+\infty} f(x)\mathrm{d}x$,即

$$\int_a^{+\infty} f(x)\mathrm{d}x = \lim_{b\to+\infty}\int_a^b f(x)\mathrm{d}x. \tag{1}$$

如果极限 $\lim\limits_{b\to+\infty}\int_a^b f(x)\mathrm{d}x$ 存在,则说广义积分 $\int_a^{+\infty} f(x)\mathrm{d}x$ 收敛. 如果 $\lim\limits_{b\to+\infty}\int_a^b f(x)\mathrm{d}x$ 不存在,就说广义积分 $\int_a^{+\infty} f(x)\mathrm{d}x$ 发散.

类似地,可以定义 $f(x)$ 在 $(-\infty,b]$ 及 $(-\infty,+\infty)$ 上的广义积分:

$$\int_{-\infty}^b f(x)\mathrm{d}x = \lim_{a\to-\infty}\int_a^b f(x)\mathrm{d}x, \tag{2}$$

$$\int_{-\infty}^{+\infty} f(x)\mathrm{d}x = \int_{-\infty}^c f(x)\mathrm{d}x + \int_c^{+\infty} f(x)\mathrm{d}x, \tag{3}$$

其中 $c \in (-\infty,+\infty)$.

对于广义积分 $\int_{-\infty}^{+\infty} f(x)\mathrm{d}x$ 来说,其收敛的充要条件是: $\int_{-\infty}^c f(x)\mathrm{d}x$ 和 $\int_c^{+\infty} f(x)\mathrm{d}x$ 都收敛.

相对于广义积分,前面所学习的定积分称为**常义积分**.广义积分是一类常义积分的极限.因此,广义积分的计算是先计算常义积分,再取极限.

例 1 求 $\int_0^{+\infty} \dfrac{1}{1+x^2}\mathrm{d}x$.

解 由定义 1 知

$$\int_0^{+\infty} \frac{1}{1+x^2}\mathrm{d}x = \lim_{b\to+\infty}\int_0^b \frac{1}{1+x^2}\mathrm{d}x = \lim_{b\to+\infty}(\arctan x)\Big|_0^b$$
$$= \lim_{b\to+\infty}(\arctan b - \arctan 0) = \frac{\pi}{2}.$$

例 2 求 $\int_a^{+\infty} \dfrac{1}{x^2}\mathrm{d}x\ (a>0)$.

解 $\int_a^{+\infty} \dfrac{1}{x^2}\mathrm{d}x = \lim\limits_{b\to+\infty}\int_a^b \dfrac{1}{x^2}\mathrm{d}x = \lim\limits_{b\to+\infty}\left(-\dfrac{1}{x}\right)\Big|_a^b = \lim\limits_{b\to+\infty}\left(-\dfrac{1}{b}+\dfrac{1}{a}\right) = \dfrac{1}{a}.$

例3 试问：积分 $\int_1^{+\infty} \dfrac{1}{x^\alpha} \mathrm{d}x$，当 α 取什么值时收敛？取什么值时发散？

解 （1）当 $\alpha \neq 1$ 时，由定义 1 知

$$\int_1^{+\infty} \frac{1}{x^\alpha} \mathrm{d}x = \lim_{b \to +\infty} \int_1^b \frac{1}{x^\alpha} \mathrm{d}x = \lim_{b \to +\infty} \left(\frac{1}{1-\alpha} x^{1-\alpha} \right) \bigg|_1^b = \lim_{b \to +\infty} \frac{1}{1-\alpha}(b^{1-\alpha} - 1).$$

当 $\alpha > 1$ 时，有

$$\int_1^{+\infty} \frac{1}{x^\alpha} \mathrm{d}x = \lim_{b \to +\infty} \frac{1}{1-\alpha}(b^{1-\alpha} - 1) = \frac{1}{\alpha - 1}.$$

当 $\alpha < 1$ 时，有

$$\int_1^{+\infty} \frac{1}{x^\alpha} \mathrm{d}x = \lim_{b \to +\infty} \frac{1}{1-\alpha}(b^{1-\alpha} - 1) = +\infty.$$

故当 $\alpha < 1$ 时，广义积分 $\int_1^{+\infty} \dfrac{1}{x^\alpha} \mathrm{d}x$ 发散.

（2）当 $\alpha = 1$ 时，有

$$\int_1^{+\infty} \frac{1}{x} \mathrm{d}x = \lim_{b \to +\infty} \int_1^{+\infty} \frac{1}{x} \mathrm{d}x = \lim_{b \to +\infty} (\ln|x|)\big|_1^b = \lim_{b \to +\infty} \ln b = +\infty.$$

故当 $\alpha = 1$ 时，广义积分 $\int_1^{+\infty} \dfrac{1}{x^\alpha} \mathrm{d}x$ 发散.

综上所述，广义积分 $\int_1^{+\infty} \dfrac{1}{x^\alpha} \mathrm{d}x$ 当 $\alpha \leqslant 1$ 时发散，当 $\alpha > 1$ 时收敛.

例4 求 $\int_{-\infty}^{+\infty} \dfrac{1}{1+x^2} \mathrm{d}x$.

解 **方法一** 因被积函数 $f(x) = \dfrac{1}{1+x^2}$ 在 $(-\infty, +\infty)$ 内为偶函数（见图 6-24），故

$$\int_{-\infty}^{+\infty} \frac{1}{1+x^2} \mathrm{d}x = 2 \int_0^{+\infty} \frac{1}{1+x^2} \mathrm{d}x.$$

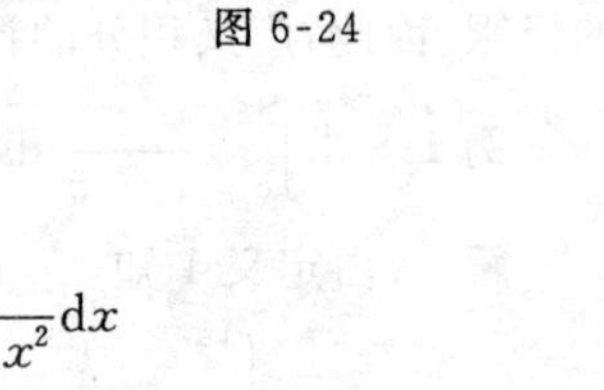

再利用例 1 的结果，可得

$$\int_{-\infty}^{+\infty} \frac{1}{1+x^2} \mathrm{d}x = 2 \times \frac{\pi}{2} = \pi.$$

图 6-24

方法二 由定义 1 知

$$\int_{-\infty}^{+\infty} \frac{1}{1+x^2} \mathrm{d}x = \int_{-\infty}^0 \frac{1}{1+x^2} \mathrm{d}x + \int_0^{+\infty} \frac{1}{1+x^2} \mathrm{d}x$$

$$= \lim_{a \to -\infty} \int_a^0 \frac{1}{1+x^2} \mathrm{d}x + \lim_{b \to +\infty} \int_0^b \frac{1}{1+x^2} \mathrm{d}x$$

$$= \lim_{a \to -\infty} (\arctan x) \bigg|_a^0 + \lim_{b \to +\infty} (\arctan x) \bigg|_0^b$$

$$= \lim_{a \to -\infty} (-\arctan a) + \lim_{b \to +\infty} \arctan b$$

$$= -\left(-\frac{\pi}{2}\right) + \frac{\pi}{2} = \pi.$$

习 题 6

1. 不计算积分,比较下列各组积分值的大小:

(1) $\int_0^1 x\mathrm{d}x$ 与 $\int_0^1 x^2 \mathrm{d}x$;

(2) $\int_1^2 x\mathrm{d}x$ 与 $\int_1^2 x^2 \mathrm{d}x$.

2. 利用定积分性质估计下列积分值:

(1) $\int_0^1 \mathrm{e}^x \mathrm{d}x$;

(2) $\int_{-2}^3 (2x^3 - 6x)\mathrm{d}x$.

3. 求下列函数的导数:

(1) $f(x) = \int_0^x \sqrt[3]{1+t^2}\,\mathrm{d}t$;

(2) $f(x) = \int_x^{-1} t\mathrm{e}^{-t}\mathrm{d}t$.

4. 计算下列定积分:

(1) $\int_1^9 \sqrt{x}\,\mathrm{d}x$;

(2) $\int_1^{27} \frac{1}{\sqrt[3]{x}}\mathrm{d}x$;

(3) $\int_1^2 (3x^2 - 1)\mathrm{d}x$;

(4) $\int_1^4 (x^3 - \sqrt{x})\mathrm{d}x$;

(5) $\int_0^a (\sqrt{a} - \sqrt{x})^2 \mathrm{d}x$;

(6) $\int_0^1 (\mathrm{e}^x - x - 1)\mathrm{d}x$;

(7) $\int_1^{\mathrm{e}} \left(\frac{1}{x} + x\right)\mathrm{d}x$;

(8) $\int_{\frac{\pi}{2}}^{\pi} (2\sin x + 3\cos x)\mathrm{d}x$.

5. 计算下列积分:

(1) $\int_1^2 3(3x+2)^3 \mathrm{d}x$;

(2) $\int_0^{\pi} 2\sin 2x\,\mathrm{d}x$;

(3) $\int_0^3 \mathrm{e}^{\frac{1}{3}x}\mathrm{d}x$;

(4) $\int_0^1 \frac{x\mathrm{d}x}{x^2+1}$;

(5) $\int_2^4 (2x+1)^2 \mathrm{d}x$;

(6) $\int_1^2 \frac{\mathrm{e}^{\frac{1}{x}}}{x^2}\mathrm{d}x$;

(7) $\int_0^{\pi} \cos^2 \frac{x}{2}\mathrm{d}x$;

(8) $\int_{-1}^1 \frac{x}{(x^2+1)^2}\mathrm{d}x$;

(9) $\int_{-1}^2 |2x|\,\mathrm{d}x$.

6. 计算下列积分:

(1) $\int_0^4 \frac{1}{1+\sqrt{t}}\mathrm{d}t$;

(2) $\int_1^5 \frac{\sqrt{u-1}}{u}\mathrm{d}u$;

(3) $\int_0^2 \frac{1}{\sqrt{x+1} + \sqrt{(x+1)^3}}\mathrm{d}x$;

(4) $\int_1^2 \frac{x}{\sqrt{x+2}}\mathrm{d}x$.

7. 计算下列积分:

(1) $\int_1^{\mathrm{e}} \ln x\,\mathrm{d}x$;

(2) $\int_0^1 x\mathrm{e}^{-x}\mathrm{d}x$.

8. 求下列极限:

(1) $\lim\limits_{x \to 0} \frac{\int_0^x \cos^2 t\,\mathrm{d}t}{x}$;

(2) $\lim\limits_{x \to 0} \frac{\int_0^x \arctan t\,\mathrm{d}t}{x^2}$.

9. 求下列各题中平面图形的面积:

(1) 曲线 $y = a - x^2 (a > 0)$ 与 x 轴所围成的图形;

(2) 曲线 $y = x^2 + 3$ 在区间 $[0, 1]$ 上的曲边梯形;

(3) 曲线 $y = x^2$ 与 $y = 2 - x^2$ 所围成的图形.

10. 大福鞋厂最近生产新一款的健步鞋. 已知该产品的边际成本函数为 $MC(x) = C'(x) = 50 - 0.8x\ (0 \leqslant x \leqslant 80)$, 其中 x 表示生产的数量.

(1) 作出边际函数的图像并指出哪部分表示前 50 双鞋子成本;

(2) 利用定积分求出生产前 50 双鞋子的成本.

11. 已知前进巴士公司的边际收入函数为 $MR(x) = R'(x) = 0.000\,045x^2 - 0.03x + 3.75$ $(0 \leqslant x \leqslant 500)$ 其中 x 表示车票的销售量. 计算 $\int_0^{200} MR(x) \mathrm{d}x$ 并解释其经济意义.

12. 小不点玩具公司给出了新一代战斗模型的边际成本函数为 $MC(x) = C'(x) = 4 - 0.02x$ $(0 \leqslant x \leqslant 100)$, 其中 x 代表每天生产的数量.

(1) 作出边际成本函数的图形并指出哪部分表示生产前 30 个模型的成本;

(2) 利用定积分求出前 30 个模型的成本.

附录 A　数学家的故事

笛卡儿——近代数学的奠基人

笛卡儿(Descartes. Rene)(1596—1650)法国数学家、哲学家、物理学家、生物学家.

笛卡儿是欧洲近代哲学的主要开拓者之一.他主张抛弃中世纪以来的神学世界观,声称一切知识只有经过客观的鉴定,才能得到逻辑上的承认.他先后出版了两本名著《形而上学的沉思》和《哲学原理》.黑格尔称他是"现代哲学之父"."我想故我在"是笛卡儿的名言.

1647年深秋的一个夜晚,在巴黎近郊,两辆马车疾驰而过,马车在教堂门前停下,身佩利剑的士兵押着一个瘦小的老头儿——笛卡儿走进教堂.教堂里,烛光照射在圣母玛丽亚的塑像上,塑像前是审判席,被告席上的笛卡儿开始接受天主教会法庭对他的宣判:"笛卡儿散布异端邪说,违背教规,亵渎上帝,为纯洁教义,荡涤谬论,本庭特宣判笛卡儿所著之书全为禁书,并由本人当庭焚毁."

说起笛卡儿投身数学,多少有点偶然,作为一名军人的笛卡儿在荷兰南部一座城市街头遇见了一名中年男子征解几道难题,聪明的笛卡儿就巧妙地交出了正确无误的答案.显露了他的数学才华,原来这个中年人就是当时的数学家贝克曼教授.从此,贝克曼把一个业已离开科学的心灵,带回正确、完美的成功之路.

笛卡儿在数学中引入"变量",完成数学史上一项划时代的变革,恩格斯说:"数学中的转折点是笛卡儿的变量,有了变量,运动进入了数学;有了变量,辩证法进入了数学;有了变量,微积分就成为必要了."

笛卡儿在数学上另一项杰出的贡献是将代数与几何巧妙地联系起来,创造了解析几何这门数学学科.关于这一发现的故事是如此描述的:由于对科学目的和科学方法的狂热的追求,新几何的影子不时萦绕脑际,1619年11月10日这一天,笛卡儿做了个触发灵感的梦,他梦见一只苍蝇飞动划出一条美妙的曲线,然后一个黑点停留在有方格的窗纸上,黑点到窗棂的距离确定了它的位置,梦醒后,笛卡儿异常兴奋,理性主义者的理性追求竟由此顿悟而生.后来笛卡儿说,他的梦是打开宝库的钥匙,这把钥匙就是坐标几何.17世纪以来,数学的巨大发展很大程度上归功于笛卡儿的解析几何,包括微积分的创建也是如此.

1650年2月11日笛卡儿病逝,法国大革命后,笛卡儿的骨灰和遗物放进法国历史博物馆,1819年其骨灰移入圣日尔曼圣心教堂,墓碑上刻着:笛卡儿,欧洲文艺复兴以来,第一个为争取和捍卫理性权利而奋斗的人.

欧拉——征服黑暗的数学英雄

欧拉(Euler. Leonhard)(1707—1783)是瑞士数学家、物理学家,1707年4月15日生于巴塞尔,1783年9月18日卒于彼得堡.

欧拉的父亲是一位爱好数学的基督教牧师,1720年,13岁的欧拉进入巴塞尔大学学神学、医学和东方语言学,年轻的他打算像父亲那样做一名牧师.有着强烈求知欲,朝气蓬勃的欧拉受到著名数学家约翰·贝努利的关注,给予特别指导,每周单独给他授课一次,激发了他对数学的强烈兴趣,从而放弃了当牧师的念头而转攻数学.16岁时他以优异的成绩获得硕士学位,先后担任过彼得堡科学院院士、柏林科学院物理数学所所长等职.

欧拉是数学界最多产的科学家.他从19岁开始写作,直到76岁逝世为止,一共发表了论著500多种,如果加上他生前未及发表和出版的手稿,他一生的论著就有800种之多,在他一生中的大部分年代里,平均每年写出800页左右高质量、有创造性的著作和论文.《欧拉全集》共计74卷.圣彼得堡科学院整理他的遗著忙碌了47年.

欧拉的论著不但数量多,而且涉及面广,包括代数、几何、数论、分析、微分方程、变分法、力学、光学、声学、热学、天文学、航空学、建筑学等.现今,在许多学科中都留下了以他命名的词汇,如"欧拉光"、"欧拉力"、"欧拉法"、"欧拉相关"、"欧拉数"、"欧拉坐标"等,以及不可胜数的"欧拉方程"、"欧拉公式"、"欧拉定理"等.

欧拉被称为数学语言大师,在数学书上人们常可看到他创造的符号:$\pi, e, \Delta x, i, f(x), \sin x, \cos x, \tan x, e^x, \lg x$ 等.

继牛顿和莱布尼兹之后,欧拉通过他的《无穷分析引论》、《微分学原理》、《积分学原理》把微积分发展成为系统的理论,并加入自己的见解加以总结.他首先把导数作为微分学的基本概念,把积分作为原函数的概念也是欧拉首创,在不定积分中居于中心地位的各种方法和技巧几乎都可以在欧拉的作品中找到,他确立了未定式 $\frac{\infty}{\infty}$、$\infty - \infty$ 的极限运算规则.他发展了定积分的理论,并演算了大量的广义积分,如 $\int_0^\infty \frac{\sin x}{x} dx$ 等,从而奠定了 Γ 函数与 β 函数的理论基础.他提出了二阶偏导数的演算,并给出了公式 $\frac{\partial^2 z}{\partial x \partial y} = \frac{\partial^2 z}{\partial y \partial x}$,及二重积分的计算方法,讨论了二重积分的变量替换问题.

欧拉具有坚韧的毅力.为了计算慧星的轨道,欧拉用自己创立的方法奋战三日便完成了其他人需要好几个月才能完成的计算问题.过度的工作使他不幸失明.在黑暗之中,欧拉没有退缩,用坚韧的毅力奋斗着、拼搏着.他凭借惊人的记忆力和罕见的心算能力,艰苦卓绝地从事研究,继续让人笔录他的发现,直到他生命的最后一刻.在双目失明的17年中,他竟口述了400篇左右的论文和好几本专著,并解决了使牛顿头痛的《月球运动理论》问题,因此,大数学家纽曼(Newman)称欧拉是"数学英雄".

欧拉在科学上的卓越贡献和他高尚的品德为世人所崇敬.在他晚年的时候,几乎所有欧洲数学家都把他尊称为老师.法国著名数学家拉普拉斯(Laplace)就向青年们多次说过:"读读欧拉,他是我们大家的老师."著名数学教育家波利亚(Polya)说:"在前辈数学家中,欧拉对我影响最大,主要原因在于,欧拉做了一些跟他才能相当的伟大数学家做过的事,并且他解释了他是如何发现他的结果的."

欧拉认为"一个科学家如果是做出了给科学宝库增加财富的发现,而不能阐述那些引导他做出发现的思想,那么他就没有给科学做出足够的工作."

牛顿——人类真正的骄傲

牛顿(Newton. Isaac)(1642—1727)是英国数学家、物理学家、天文学家.1642年1月4日生于英格兰林肯郡的伍尔宇普,1727年3月31日卒于伦敦.

牛顿出生于农民家庭,幼年颇为不幸,他是一个遗腹子,又是早产儿,从小过着贫困孤独的生活.他在条件较差的地方接受了初等教育,中学时也没有显示出特殊的才华.1661年考入剑桥大学三一学院,由于家庭经济困难,学习期间还从事一些勤杂劳动以减免学费.由于他勤奋学习,并有幸深得著名的数学家巴罗教授的指导,认真钻研了伽利略、开普勒、沃利斯、笛卡儿、巴罗等人的著作,还做了不少的实验,打下了坚实的基础,1665年获得学士学位.

1665年,伦敦地区流行鼠疫,剑桥大学暂时关闭,牛顿回到伍尔宇普,在乡村幽居的两年中终日思考各种问题,探索大自然的奥秘.他平生的三大发明:微积分、万有引力定律、光谱分析都萌发于此,这时他年仅23岁.后来,牛顿在追忆这段峥嵘的青春岁月时,深有感触地说:"当年我正值发明创造能力最强的年华,我的成功当归于精细的思考,没有大胆的猜想就做不出伟大的发明."1669年,仅有26岁的他便被授予教授职位.牛顿的名著《自然哲学的数学原理》不仅首次以几何形式发表了流数术(即微积分)及其应用,更重要的是他完成了对日心地动学的力学解释,把开普勒的行星运动规律、伽利略的运动论和惠更斯的振动论等统一成为力学三大定律.这部巨著1687年一问世,就立刻被公认为人类智慧的最高结晶,哈雷赞誉它是"无与伦比的论著".

他的微积分(流数术)理论主要体现在《运用无穷多项方程的分析学》、《流数术和无穷级数》、《求曲边形的面积》三部论著里.牛顿上述三部论著是微积分发展史上的重要里程碑,为近代数学甚至近代科学的产生与发展开辟了新纪元.

与一切新产生的事物一样,牛顿创立的微积分初期还存在严重的逻辑缺陷,但由于具有旺盛的生命力,在实践中取得了巨大成功、辉煌的胜利.

牛顿的成就,主要是靠辛勤劳动取得的,而不是依靠天才.青年时代的牛顿很少在夜间两三点以前睡觉,有时一直工作到清晨五六点钟,特别是春天或秋天,他常常一个星期不离开实验室,不分昼夜地工作,以火一般的热情追求真理的愿望,炽热地对待新事物的态度,锲而不舍的钻研精神,是牛顿所具有的高尚品质,也是牛顿成功的决定因素.

1727年3月31日,牛顿结束了光辉、灿烂的84个春秋.他死后被安葬在伦敦威尔敏斯特教堂,与英国的伟人们安息在一起,在刻有肖像的墓碑上,雕刻着人们对牛顿一生的评价:"埃萨克·牛顿爵士于此安息,以自己发明的数学及神般的智慧,指示了行星的运动、慧星的轨道、海洋的波纹,探究了任何人没预想到的光的分解和色的本性;解释了自然界运动的性质,他一个人过着朴素的生活,这位值得称赞的人物,岂不是全人类的光荣."

牛顿屹立在当时科学的最高峰,面对知识的海洋,对后人寄予殷切的希望,在他临终前,寄给友人的信中有这样的一段名言:"我不知道,在世人眼里我是什么样的人,但是在我自己看来,我不过像是一位在海滨玩耍的孩子,只是不时发现一块比较光滑的卵石,一片比较漂亮的贝壳而喜悦,而对于展现在我的面前的海潮的真实的海洋,却全然没有发现它."

牛顿还在一封信中说,我之所以比笛卡儿等人看得深远一些,是因为我站在巨人的肩膀上.英国诗人、亚历山大·波普曾这样赞誉这位科学家的伟大:"宇宙和自然的规律都隐匿在黑暗之中,上帝说'让牛顿降生吧',于是世界一切光明".

阿基米德——数学之神

阿基米德(Archimedes)是古希腊的数学家、力学家.公元前287年生于西西里岛的叙拉古,公元前212年卒于叙拉古.

阿基米德的父亲是一位天文学家,自幼给予他良好的教育.早年,他在亚历山大跟欧几里德的学生学习几何.

阿基米德的成果一直被推崇为创造性和精确性的典范.欧洲经历了漫长的中世纪的黑夜之后,才达到他当时的数学水平.罗马时代的科学史家普林尼曾把他誉为

"数学之神".

在意大利南端西西里岛的叙拉古,那里竖立着一块墓碑,上面刻着一个圆柱,里面装了一个球,球和圆柱相切.它让人们记住有名的一个定理:球的体积等于它外切圆柱体积的 2/3.球的表面积也等于这个圆柱表面的 2/3.建立这座墓碑的人,竟是敬畏他的敌军统帅、罗马帝国将军——马塞拉斯.在阿基米德晚年时,罗马大军围攻叙拉古两年,叙拉古仍然屹立,因为聪明的阿基米德运用了杠杆原理制成投石器,把罗马人打得头破血流.罗马人至死都不明白那些巨大的石块怎么会飞出这么远的距离.阿基米德还设计出了聚光镜,把太阳光反射到罗马人的船上,让其莫名其妙地着起火来.马塞拉斯无可奈何地承认:"我们是在同数学家打仗!"围城三年后,叙拉古终因粮绝而陷落.在该城被洗劫时,阿基米德仍专心在沙盘上画几何图形.一个士兵撞入进来,阿基米德严厉地挥手说:"别把我的圆弄坏了!"这位旷古绝伦的伟大学者,竟丧生在凶残无知的士兵手下.

流传至今的阿基米德著作共有十几部.他的几何著作是希腊数学的顶峰.他把欧几里德严格的推理方法与柏拉图的丰富想象和谐地结合在一起,达到了至善至美的境界.从而使由开普勒、卡瓦列利、费马、牛顿、莱布尼兹等人相继培育的微积分日趋完美.他比较早的运用了分割求和的微元法思想,这是微积分的先声,用这种思想他给出了圆面积公式、球体积、表面积公式与旋转体公式等.他的方法很接近于现行的积分法.

阿基米德善于将实践经验提炼为科学定律.他曾说过一句名言"给我一个支点,我能把地球撬起来",这句话体现了一位科学家丰富的想象力.还有一个几乎尽人皆知的故事,他洗澡时发现了浮力原理,解决了国王王冠掺假之迷,最后总结了"阿基米德原理",写成了名著《论浮力》.

近代数学史专家贝尔说:"任何一张开列有史以来三位最伟大的数学家名单,必定会包括阿基米德,另外两位通常是牛顿和高斯.不过以宏伟业绩和所处的时代背景来比较,还应首推阿基米德."有人说"欧洲民族几乎经过了两千年才达到他的水平".历史学家普卢塔切说"阿基米德志气如此之高,心灵如此之深,科学知识如此之丰富……一心追求那美妙不凡的学问."多年后,人们这样盛赞阿基米德:"他与其说是人,不如说是神!"

莱布尼兹——最伟大的数学符号大师

莱布尼兹(Leibniz. Gottfried Wilhelm),德国数学家、自然主义哲学家、自然科学家,1646 年 7 月 1 日生于莱比锡,1716 年 11 月 14 日卒于汉诺威.

公元 14 至 16 世纪间,欧洲地区经历着文化和思想领域的一个蓬勃发展时期,史学家称为文艺复兴时期.在此期间,人们对知识的渴求高涨.为了摆脱愚昧和落后,最迫切需要的就是知识.莱布尼兹的父亲是大学德育哲学教授,学识渊博.受家庭熏陶,又生活在这样的时代,莱布尼兹从小就有强烈追求知识的欲望.那么知识是什么呢?从父亲那儿得知知识就是"哲学",哲学家就是"高智慧的人".孜孜不倦地毕生追求"哲学",这就是他成为饮誉全球的大科学家的成功秘诀.

16岁时父亲便去世,留给他十分丰富的藏书,自幼聪明好学的他经常阅读不同学科的书籍,并自学完中小学的基础课程.莱布尼兹把一切领域的知识作为自己追求的目标,他企图扬弃机械论的近世哲学和目的论的中世纪哲学.他著名的观点是"单子论",认为"单子是自然真正的原子,事物的元素是客观的、能动的、不可分割的精神实体.莱布尼兹的研究还涉及数学、法学、力学、光学、流体静力学、气体学、海洋学、生物学、地质学、机械学、逻辑学、语言学、历史学、神学等40个领域,被誉为"17世纪的亚里斯多德"、"法国的百科全书"或"天才".他终生追求的是一种普遍的方法,这种方法既能获得知识,又能创造文明,他最突出的成就是创建了微积分.

牛顿和莱布尼兹对微积分的创建都作出了巨大的贡献:牛顿是在力学研究的基础上运用几何方法研究微积分的;莱布尼兹是在研究曲线的切线和面积的问题上,运用分析方法引进微积分的.两人殊途同归,各自独立完成了创立微积分的伟业,光荣共享.

莱布尼兹是数学史上最伟大的符号大师.他曾说:"要发明,就要挑选恰当的符号,要做到这点,就要用含义简明的少量符号来表达,能精确地描绘事物的本质,从而使思维活动最大限度地简洁明快."正像印度的阿拉伯数字促进算术和代数发展一样,莱布尼兹创造的这些符号对微积分的发展起了很大的作用,欧洲大陆的数学迅速发展与莱布尼兹的巧妙符号功不可没.现在微积分学中的一些基本符号如 dx, dy, $\frac{dy}{dx}, \int$ 等,都是由他创造的,并延续使用至今.

莱布尼兹十分爱好和重视中国的科学文化和哲学思想.他说:"中国和欧洲各居世界大陆的东西两端,是人类伟大知识的集中点".他曾寄了一封长达四万字的信,专门讨论中国的哲学.信中谈到伏羲的符号、《易经》中的六十四卦和他的"二进制".他说中国许多伟大的哲学家"都曾在六十四卦中找过哲学的秘密,这恰恰是二进制算术,这种算术曾是伟大的伏羲创造几千年之后由我再发现的".他高兴地说:"几千年来不能很好被提示的奥秘被我理解了,让我加入中国国籍吧."据说,他还送过一台他根据二进制原理制作的计算机的复制品给康熙皇帝.

莱布尼兹说:"我有非常多的思想,如果别人比我更加深入透彻地研究这些思想,并把他们心灵美好创造与我的工作结合起来,总有一天会有某些用处."

法国数学家唐内尔评价说:"莱布尼兹是乐于看到自己提供的种子在别人的植物园里开花的人".

高斯——数学王子

高斯(Gauss Grl Fiedriech)(1777—1855)是德国数学家、物理学家和天文学家. 1777 年 4 月 30 日生于布伦瑞克,1855 年 2 月 23 日萃于哥廷根.

高斯的祖父是农民,父亲是园丁兼泥瓦匠.高斯幼年就显露出数学方面的非凡才华.当高斯 6 岁时,一天晚上,高斯的父亲在灯下核算着一笔工程款项,当他好不容易得出结果时,不想在一旁的小高斯却纠正说:"爸爸,你算错了!应该是……"再核算一遍,果然老高斯错了.高斯 10 岁时就发现了 $1+2+3+4+5+\cdots+97+98+99+100$ 的一个巧妙求和算法,11 岁时发现了二项式定理的一般形式.高斯的才华受到布伦瑞克公爵卡尔威廉(Kall Wilhelem)的赏识,并亲自承担起对他的培养教育,送他去哥廷根大学深造.

高斯在校期间,认真研读了牛顿、欧拉、拉格朗日等人的著作.在此期间,他发现了素数定理、最小二乘法.他证明了正 17 边形能用尺规作图的方法,这是自欧几里德以来二千多年悬而未决的难题.后来,在哥廷根大学因此建立的一个以正 17 边形棱柱为底座的高斯纪念像,供世人千秋瞻仰.

高斯 22 岁获得黑尔姆斯泰特大学博士学位,30 岁被聘为哥廷根大学数学和天文学教授,并担任该校天文台的台长.

高斯的博士论文可以说是数学史上一块里程碑.他在这篇文章中第一次严格证明了"每一个实系数或复系数的任意多项式方程存在实根或复根",即所谓的代数基本定理,从而开创了"存在性"证明的新时代.

高斯在数学世界"处处留芳".他对数论、复变函数、椭圆函数、超几何级数、统计数学等各个领域都有卓越的贡献.他是第一个成功地运用复数和复平面几何的数学家;他的《算术探究》一书奠定了近代数论的基础;他的《一般曲面论》是近代微分几何的开端;他是第一个领悟到存在非欧几何的数学家,是现代分析学的一位大师.1812 年发表的论文《无穷级数的一般研究》引入高斯级数的概念,对级数的收敛性作了第一次系统的研究,从而开创了关于级数收敛性研究的新时代,这项工作开辟了通往 19 世界中叶分析学的严密化道路.在《高等数学》、《工程数学》中以他名字命名的有高斯公式、高斯积分、高斯曲率、高斯分布、高斯曲面、高斯记号,等等.拉普拉斯认为:"高斯是世界上最伟大的数学家."

在天文学方面,他研究了月球运动规律,创立了一种可以计算星球椭圆轨道的方法,能准确地预测出行星在运行中所处的位置.他的《天体运动理论》是一本不朽的经典名著.24岁时,高斯利用自己创造的最小二乘法预测出了一个神出鬼没的小行星的轨道,使当时的天文学家终于在高斯精确计算出的位置观察到这颗后来被命名为"谷神"的小行星.接着,高斯又改进了算法,考虑了太阳系其他星球所产生的摄动影响,发现了第二颗小行星"智神星".

高斯一生勤于思考,重视一题多解,他对代数基本定理先后给出了四种不同的证明,对数论中的"二次互反定律"先后给出了八种不同的证明,他说:"决不能以为获得一个证明后研究便结束了.有时候一开始没有得到最简单和最美妙的证明.但恰恰在寻找这样的证明过程中,才能深入到真理的奇妙联想中去."

高斯说:"数学是科学的皇后."

在十八世纪和十九世纪的分界线上竖着高斯庄严的形象,他是近代数学的伟大奠基者之一.他在历史上的影响之大可以与阿基米德、牛顿、欧拉并列.高斯被誉为:"能从九霄云外的某种观点掌握星空和深奥数学的天才."在慕尼黑博物馆高斯的画像下有这样一首诗:

他的思想深入数学、大自然的奥妙;

他测量了星星的路径、地球的行状和自然力;

他推动了数学的进展直到下一个世纪.

附录B 初等数学中的一些常用公式

(一) 指数幂运算法则

1. $x^0 = 1$.

2. $x^{-\alpha} = \dfrac{1}{x^\alpha}$.

3. $x^\alpha \cdot x^\beta = x^{\alpha+\beta}$.

4. $\dfrac{x^\alpha}{x^\beta} = x^{\alpha-\beta}$.

5. $(x^\alpha)^\beta = x^{\alpha\beta}$.

6. $(xy)^\alpha = x^\alpha y^\alpha$.

7. $\left(\dfrac{x}{y}\right)^\alpha = \dfrac{x^\alpha}{y^\alpha}$.

8. $x^{\frac{\beta}{\alpha}} = \sqrt[\alpha]{x^\beta}$.

(二) 对数运算法则 ($a > 0, a \neq 1$)

1. $\log_a 1 = 0$.

2. $\log_a a = 1$.

3. $a^{\log_a m} = m$ (对数恒等式).

4. $\log_a(mn) = \log_a m + \log_a n$.

5. $\log_a\left(\dfrac{m}{n}\right) = \log_a m - \log_a n$.

6. $\log_a m^n = n\log_a m$.

7. $\log_a m = \dfrac{\log_b m}{\log_b a}$ (换底公式).

8. 零和负数无对数.

(三) 指数与对数互化

$a^b = N \Leftrightarrow b = \log_a N$ ($a > 0, a \neq 1$).

(四) 常见的三角公式

1. 同角三角函数的关系

$\sin\alpha \cdot \csc\alpha = 1$；

$\cos\alpha \cdot \sec\alpha = 1$；

$\tan\alpha \cdot \cot\alpha = 1$；

$$\sin^2\alpha + \cos^2\alpha = 1;$$
$$1 + \tan^2\alpha = \sec^2\alpha;$$
$$1 + \cot^2\alpha = \csc^2\alpha;$$
$$\tan\alpha = \frac{\sin\alpha}{\cos\alpha};$$
$$\cot\alpha = \frac{\cos\alpha}{\sin\alpha}.$$

2. 和角公式

$$\sin(\alpha \pm \beta) = \sin\alpha\cos\beta \pm \cos\alpha\sin\beta;$$
$$\cos(\alpha \pm \beta) = \cos\alpha\cos\beta \mp \sin\alpha\sin\beta;$$
$$\tan(\alpha \pm \beta) = \frac{\tan\alpha \pm \tan\beta}{1 \mp \tan\alpha \cdot \tan\beta}.$$

3. 倍角公式和半角公式

$$\sin 2\alpha = 2\sin\alpha\cos\alpha;$$
$$\cos 2\alpha = \cos^2\alpha - \sin^2\alpha = 2\cos^2\alpha - 1 = 1 - 2\sin^2\alpha;$$
$$\tan 2\alpha = \frac{2\tan\alpha}{1 - \tan^2\alpha};$$
$$\cos^2\alpha = \frac{1 + \cos 2\alpha}{2};$$
$$\sin^2\alpha = \frac{1 - \cos 2\alpha}{2}.$$

4. 和差化积和积化和差公式

$$\sin\alpha + \sin\beta = 2\sin\frac{\alpha+\beta}{2}\cos\frac{\alpha-\beta}{2};$$
$$\sin\alpha - \sin\beta = 2\cos\frac{\alpha+\beta}{2}\sin\frac{\alpha-\beta}{2};$$
$$\cos\alpha + \cos\beta = 2\cos\frac{\alpha+\beta}{2}\cos\frac{\alpha-\beta}{2};$$
$$\cos\alpha - \cos\beta = -2\sin\frac{\alpha+\beta}{2}\sin\frac{\alpha-\beta}{2};$$
$$\sin\alpha \cdot \cos\beta = \frac{1}{2}[\sin(\alpha+\beta) + \sin(\alpha-\beta)];$$
$$\cos\alpha \cdot \sin\beta = \frac{1}{2}[\sin(\alpha+\beta) - \sin(\alpha-\beta)];$$
$$\cos\alpha \cdot \cos\beta = \frac{1}{2}[\cos(\alpha+\beta) + \cos(\alpha-\beta)];$$
$$\sin\alpha \cdot \sin\beta = -\frac{1}{2}[\cos(\alpha+\beta) - \cos(\alpha-\beta)].$$

附录 C 积分表

(一) 含有 $ax+b$ 的积分

1. $\int \dfrac{dx}{ax+b} = \dfrac{1}{a}\ln|ax+b| + C.$

2. $\int (ax+b)^\alpha dx = \dfrac{1}{a(\alpha+1)}(ax+b)^{\alpha+1} + C \ (\alpha \neq -1).$

3. $\int \dfrac{x}{ax+b}dx = \dfrac{1}{a^2}(ax+b - b\ln|ax+b|) + C.$

4. $\int \dfrac{x^2}{ax+b}dx = \dfrac{1}{a^3}\left[\dfrac{1}{2}(ax+b)^2 - 2b(ax+b) + b^2\ln|ax+b|\right] + C.$

5. $\int \dfrac{dx}{x(ax+b)} = -\dfrac{1}{b}\ln\left|\dfrac{ax+b}{x}\right| + C.$

6. $\int \dfrac{dx}{x^2(ax+b)} = -\dfrac{1}{bx} + \dfrac{a}{b^2}\ln\left|\dfrac{ax+b}{x}\right| + C.$

7. $\int \dfrac{x}{(ax+b)^2}dx = \dfrac{1}{a^2}\left(\ln|ax+b| + \dfrac{b}{ax+b}\right) + C.$

8. $\int \dfrac{x^2}{(ax+b)^2}dx = \dfrac{1}{a^3}\left[ax+b - 2b\ln|ax+b| - \dfrac{b^2}{ax+b}\right] + C.$

9. $\int \dfrac{dx}{x(ax+b)^2} = \dfrac{1}{b(ax+b)} - \dfrac{1}{b^2}\ln\left|\dfrac{ax+b}{x}\right| + C.$

(二) 含有 $\sqrt{ax+b}$ 的积分

10. $\int \sqrt{ax+b}\,dx = \dfrac{2}{3a}\sqrt{(ax+b)^3} + C.$

11. $\int x\sqrt{ax+b}\,dx = \dfrac{2}{15a^2}(3ax-2b)\sqrt{(ax+b)^3} + C.$

12. $\int x^2\sqrt{ax+b}\,dx = \dfrac{2}{105a^3}(15a^2x^2 - 12abx + 8b^2)\sqrt{(ax+b)^3} + C.$

13. $\int \dfrac{x}{\sqrt{ax+b}}dx = \dfrac{2}{3a^2}(ax-2b)\sqrt{ax+b} + C.$

14. $\int \dfrac{x^2}{\sqrt{ax+b}}dx = \dfrac{2}{15a^3}(3a^2x^2 - 4abx + 8b^2)\sqrt{ax+b} + C.$

15. $\int \dfrac{dx}{x\sqrt{ax+b}} = \begin{cases} \dfrac{1}{\sqrt{b}}\ln\left|\dfrac{\sqrt{ax+b}-\sqrt{b}}{\sqrt{ax+b}+\sqrt{b}}\right| + C & (b>0), \\ \dfrac{2}{\sqrt{-b}}\arctan\sqrt{\dfrac{ax+b}{-b}} + C & (b<0). \end{cases}$

16. $\int \dfrac{\mathrm{d}x}{x^2\sqrt{ax+b}} = -\dfrac{\sqrt{ax+b}}{bx} - \dfrac{a}{2b}\int \dfrac{\mathrm{d}x}{x\sqrt{ax+b}}$.

17. $\int \dfrac{\sqrt{ax+b}}{x}\mathrm{d}x = 2\sqrt{ax+b} + b\int \dfrac{\mathrm{d}x}{x\sqrt{ax+b}}$.

18. $\int \dfrac{\sqrt{ax+b}}{x^2}\mathrm{d}x = -\dfrac{\sqrt{ax+b}}{x} + \dfrac{a}{2}\int \dfrac{\mathrm{d}x}{x\sqrt{ax+b}}$.

(三) 含有 $x^2 \pm a^2$ 的积分

19. $\int \dfrac{\mathrm{d}x}{x^2+a^2} = \dfrac{1}{a}\arctan\dfrac{x}{a} + C, a \neq 0$.

20. $\int \dfrac{\mathrm{d}x}{(x^2+a^2)^n} = \dfrac{x}{2(n-1)a^2(x^2+a^2)^{n-1}} + \dfrac{2n-3}{2(n-1)a^2}\int \dfrac{\mathrm{d}x}{(x^2+a^2)^{n-1}}$.

21. $\int \dfrac{\mathrm{d}x}{x^2-a^2} = \dfrac{1}{2a}\ln\left|\dfrac{x-a}{x+a}\right| + C$.

(四) 含有 $ax^2 + b(a>0)$ 的积分

22. $\int \dfrac{\mathrm{d}x}{ax^2+b} = \begin{cases} \dfrac{1}{2\sqrt{-ab}}\ln\left|\dfrac{\sqrt{a}x - \sqrt{-b}}{\sqrt{a}x + \sqrt{-b}}\right| + C & (b<0) \\ \dfrac{1}{\sqrt{ab}}\arctan\sqrt{\dfrac{a}{b}}x + C & (b>0) \end{cases}$

23. $\int \dfrac{x}{ax^2+b}\mathrm{d}x = \dfrac{1}{2a}\ln|ax^2+b| + C$.

24. $\int \dfrac{x^2}{ax^2+b}\mathrm{d}x = \dfrac{x}{a} - \dfrac{b}{a}\int \dfrac{\mathrm{d}x}{ax^2+b}$.

25. $\int \dfrac{\mathrm{d}x}{x(ax^2+b)} = \dfrac{1}{2b}\ln\dfrac{x^2}{|ax^2+b|} + C$.

26. $\int \dfrac{\mathrm{d}x}{x^2(ax^2+b)} = -\dfrac{1}{bx} - \dfrac{a}{b}\int \dfrac{\mathrm{d}x}{ax^2+b}$.

27. $\int \dfrac{\mathrm{d}x}{x^3(ax^2+b)} = \dfrac{a}{2b^2}\ln\dfrac{|ax^2+b|}{x^2} - \dfrac{1}{2bx^2} + C$.

28. $\int \dfrac{\mathrm{d}x}{(ax^2+b)^2} = \dfrac{x}{2b(ax^2+b)} + \dfrac{1}{2b}\int \dfrac{\mathrm{d}x}{ax^2+b}$.

(五) 含有 $ax^2 + bx + c(a>0)$ 的积分

29. $\int \dfrac{\mathrm{d}x}{ax^2+bx+c} = \begin{cases} \dfrac{1}{\sqrt{b^2-4ac}}\ln\left|\dfrac{2ax+b-\sqrt{b^2-4ac}}{2ax+b+\sqrt{b^2-4ac}}\right| + C & (b^2>4ac) \\ \dfrac{2}{\sqrt{4ac-b^2}}\arctan\dfrac{2ax+b}{\sqrt{4ac-b^2}} + C & (b^2<4ac) \end{cases}$

30. $\int \dfrac{x}{ax^2+bx+c}\mathrm{d}x = \dfrac{1}{2a}\ln|ax^2+bx+c| - \dfrac{b}{2a}\int \dfrac{\mathrm{d}x}{ax^2+bx+c}$.

(六) 含有 $\sqrt{x^2+a^2}(a>0)$ 的积分

31. $\int \dfrac{\mathrm{d}x}{\sqrt{x^2+a^2}} = \operatorname{arsh}\dfrac{x}{a} + C_1 = \ln(x+\sqrt{x^2+a^2}) + C$.

32. $\int \dfrac{dx}{\sqrt{(x^2+a^2)^3}} = \dfrac{x}{a^2\sqrt{x^2+a^2}} + C.$

33. $\int \dfrac{x}{\sqrt{x^2+a^2}} dx = \sqrt{x^2+a^2} + C.$

34. $\int \dfrac{x}{\sqrt{(x^2+a^2)^3}} dx = -\dfrac{1}{\sqrt{x^2+a^2}} + C.$

35. $\int \dfrac{x^2}{\sqrt{x^2+a^2}} dx = \dfrac{x}{2}\sqrt{x^2+a^2} - \dfrac{a^2}{2}\ln(x+\sqrt{x^2+a^2}) + C.$

36. $\int \dfrac{x^2}{\sqrt{(x^2+a^2)^3}} dx = -\dfrac{x}{\sqrt{x^2+a^2}} + \ln(x+\sqrt{x^2+a^2}) + C.$

37. $\int \dfrac{dx}{x\sqrt{x^2+a^2}} = \dfrac{1}{a}\ln\dfrac{\sqrt{x^2+a^2}-a}{|x|} + C.$

38. $\int \dfrac{dx}{x^2\sqrt{x^2+a^2}} = -\dfrac{\sqrt{x^2+a^2}}{a^2 x} + C.$

39. $\int \sqrt{x^2+a^2}\, dx = \dfrac{x}{2}\sqrt{x^2+a^2} + \dfrac{a^2}{2}\ln(x+\sqrt{x^2+a^2}) + C.$

40. $\int \sqrt{(x^2+a^2)^3}\, dx = \dfrac{x}{8}(2x^2+5a^2)\sqrt{x^2+a^2} + \dfrac{3a^4}{8}\ln(x+\sqrt{x^2+a^2}) + C.$

41. $\int x\sqrt{x^2+a^2}\, dx = \dfrac{1}{3}\sqrt{(x^2+a^2)^3} + C.$

42. $\int x^2\sqrt{x^2+a^2}\, dx = \dfrac{x}{8}(2x^2+a^2)\sqrt{x^2+a^2} - \dfrac{a^4}{8}\ln(x+\sqrt{x^2+a^2}) + C.$

43. $\int \dfrac{\sqrt{x^2+a^2}}{x} dx = \sqrt{x^2+a^2} + a\ln\dfrac{\sqrt{x^2+a^2}-a}{|x|} + C.$

44. $\int \dfrac{\sqrt{x^2+a^2}}{x^2} dx = -\dfrac{\sqrt{x^2+a^2}}{x} + \ln(x+\sqrt{x^2+a^2}) + C.$

(七) 含有 $\sqrt{x^2-a^2}$ $(a>0)$ 的积分

45. $\int \dfrac{dx}{\sqrt{x^2-a^2}} = \dfrac{x}{|x|}\mathrm{arsh}\dfrac{|x|}{a} + C_1 = \ln|x+\sqrt{x^2-a^2}| + C.$

46. $\int \dfrac{dx}{\sqrt{(x^2-a^2)^3}} = -\dfrac{x}{a^2\sqrt{x^2-a^2}} + C.$

47. $\int \dfrac{x}{\sqrt{x^2-a^2}} dx = \sqrt{x^2-a^2} + C.$

48. $\int \dfrac{x}{\sqrt{(x^2-a^2)^3}} dx = -\dfrac{1}{\sqrt{x^2-a^2}} + C.$

49. $\int \dfrac{x^2}{\sqrt{x^2-a^2}} dx = \dfrac{x}{2}\sqrt{x^2-a^2} + \dfrac{a^2}{2}\ln|x+\sqrt{x^2-a^2}| + C.$

50. $\int \dfrac{x^2}{\sqrt{(x^2-a^2)^3}} dx = -\dfrac{x}{\sqrt{x^2-a^2}} + \ln|x+\sqrt{x^2-a^2}| + C.$

51. $\int \dfrac{dx}{x\sqrt{x^2-a^2}} = \dfrac{1}{a}\arccos\dfrac{a}{|x|} + C.$

52. $\int \dfrac{dx}{x^2 \sqrt{x^2-a^2}} = \dfrac{\sqrt{x^2-a^2}}{a^2 x} + C.$

53. $\int \sqrt{x^2-a^2}\, dx = \dfrac{x}{2}\sqrt{x^2-a^2} - \dfrac{a^2}{2}\ln|x+\sqrt{x^2-a^2}| + C.$

54. $\int \sqrt{(x^2-a^2)^3}\, dx = \dfrac{x}{8}(2x^2-5a^2)\sqrt{x^2-a^2} + \dfrac{3a^4}{8}\ln|x+\sqrt{x^2-a^2}| + C.$

55. $\int x\sqrt{x^2-a^2}\, dx = \dfrac{1}{3}\sqrt{(x^2-a^2)^3} + C.$

56. $\int x^2\sqrt{x^2-a^2}\, dx = \dfrac{x}{8}(2x^2-a^2)\sqrt{x^2-a^2} - \dfrac{a^4}{8}\ln|x+\sqrt{x^2-a^2}| + C.$

57. $\int \dfrac{\sqrt{x^2-a^2}}{x}\, dx = \sqrt{x^2-a^2} - a\arccos\dfrac{a}{|x|} + C.$

58. $\int \dfrac{\sqrt{x^2-a^2}}{x^2}\, dx = -\dfrac{\sqrt{x^2-a^2}}{x} + \ln|x+\sqrt{x^2-a^2}| + C.$

（八）含有 $\sqrt{a^2-x^2}$ （$a>0$）的积分

59. $\int \dfrac{dx}{\sqrt{a^2-x^2}} = \arcsin\dfrac{x}{a} + C.$

60. $\int \dfrac{dx}{\sqrt{(a^2-x^2)^3}} = \dfrac{x}{a^2\sqrt{a^2-x^2}} + C.$

61. $\int \dfrac{x}{\sqrt{a^2-x^2}}\, dx = -\sqrt{a^2-x^2} + C.$

62. $\int \dfrac{x}{\sqrt{(a^2-x^2)^3}}\, dx = \dfrac{1}{\sqrt{a^2-x^2}} + C.$

63. $\int \dfrac{x^2}{\sqrt{a^2-x^2}}\, dx = -\dfrac{x}{2}\sqrt{a^2-x^2} + \dfrac{a^2}{2}\arcsin\dfrac{x}{a} + C.$

64. $\int \dfrac{x^2}{\sqrt{(a^2-x^2)^3}}\, dx = \dfrac{x}{\sqrt{a^2-x^2}} - \arcsin\dfrac{x}{a} + C.$

65. $\int \dfrac{dx}{x\sqrt{a^2-x^2}} = \dfrac{1}{a}\ln\dfrac{a-\sqrt{a^2-x^2}}{|x|} + C.$

66. $\int \dfrac{dx}{x^2\sqrt{a^2-x^2}} = -\dfrac{\sqrt{a^2-x^2}}{a^2 x} + C.$

67. $\int \sqrt{a^2-x^2}\, dx = \dfrac{x}{2}\sqrt{a^2-x^2} + \dfrac{a^2}{2}\arcsin\dfrac{x}{a} + C.$

68. $\int \sqrt{(a^2-x^2)^3}\, dx = \dfrac{x}{8}(5a^2-2x^2)\sqrt{a^2-x^2} + \dfrac{3a^4}{8}\arcsin\dfrac{x}{a} + C.$

69. $\int x\sqrt{a^2-x^2}\, dx = -\dfrac{1}{3}\sqrt{(a^2-x^2)^3} + C.$

70. $\int x^2\sqrt{a^2-x^2}\, dx = \dfrac{x}{8}(2x^2-a^2)\sqrt{a^2-x^2} + \dfrac{a^4}{8}\arcsin\dfrac{x}{a} + C.$

71. $\int \dfrac{\sqrt{a^2-x^2}}{x}\, dx = \sqrt{a^2-x^2} + a\ln\dfrac{a-\sqrt{a^2-x^2}}{|x|} + C.$

72. $\int \dfrac{\sqrt{a^2-x^2}}{x^2}dx = -\dfrac{\sqrt{a^2-x^2}}{x} - \arcsin\dfrac{x}{a} + C.$

(九) 含有 $\sqrt{\pm ax^2+bx+c}$ $(a>0)$ 的积分

73. $\int \dfrac{dx}{\sqrt{ax^2+bx+c}} = \dfrac{1}{\sqrt{a}}\ln|2ax+b+2\sqrt{a}\sqrt{ax^2+bx+c}| + C.$

74. $\int \sqrt{ax^2+bx+c}\,dx = \dfrac{2ax+b}{4a}\sqrt{ax^2+bx+c}$
$\qquad + \dfrac{4ac-b^2}{8\sqrt{a^3}}\ln|2ax+b+2\sqrt{a}\sqrt{ax^2+bx+c}| + C.$

75. $\int \dfrac{x}{\sqrt{ax^2+bx+c}}dx = \dfrac{1}{a}\sqrt{ax^2+bx+c}$
$\qquad - \dfrac{b}{2\sqrt{a^3}}\ln|2ax+b+2\sqrt{a}\sqrt{ax^2+bx+c}| + C.$

76. $\int \dfrac{dx}{\sqrt{c+bx-ax^2}} = -\dfrac{1}{\sqrt{a}}\arcsin\dfrac{2ax-b}{\sqrt{b^2+4ac}} + C.$

77. $\int \sqrt{c+bx-ax^2}\,dx = \dfrac{2ax-b}{4a}\sqrt{c+bx-ax^2}$
$\qquad + \dfrac{b^2+4ac}{8\sqrt{a^3}}\arcsin\dfrac{2ax-b}{\sqrt{b^2+4ac}} + C.$

78. $\int \dfrac{x}{\sqrt{c+bx-ax^2}}dx = -\dfrac{1}{a}\sqrt{c+bx-ax^2}$
$\qquad + \dfrac{b}{2\sqrt{a^3}}\arcsin\dfrac{2ax-b}{\sqrt{b^2+4ac}} + C.$

(十) 含有 $\sqrt{\pm\dfrac{x-a}{x-b}}$ 或 $\sqrt{(x-a)(b-x)}$ 的积分

79. $\int \sqrt{\dfrac{x-a}{x-b}}\,dx = (x-b)\sqrt{\dfrac{x-a}{x-b}} + (b-a)\ln(\sqrt{|x-a|}+\sqrt{|x-b|}) + C.$

80. $\int \sqrt{\dfrac{x-a}{b-x}}\,dx = (x-b)\sqrt{\dfrac{x-a}{b-x}} + (b-a)\arcsin\sqrt{\dfrac{x-a}{b-a}} + C.$

81. $\int \dfrac{dx}{\sqrt{(x-a)(b-x)}} = 2\arcsin\sqrt{\dfrac{x-a}{b-a}} + C \quad (a<b).$

82. $\int \sqrt{(x-a)(b-x)}\,dx = \dfrac{2x-a-b}{4}\sqrt{(x-a)(b-x)} + \dfrac{(b-a)^2}{4}\arcsin\sqrt{\dfrac{x-a}{b-a}} + C \quad (a<b).$

(十一) 含有三角函数的积分

83. $\int \sin x\,dx = -\cos x + C.$

84. $\int \cos x\,dx = \sin x + C.$

85. $\int \tan x\,dx = -\ln|\cos x| + C.$

86. $\int \cot x \, dx = \ln|\sin x| + C.$

87. $\int \sec x \, dx = \ln\left|\tan\left(\dfrac{\pi}{4} + \dfrac{x}{2}\right)\right| + C = \ln|\sec x + \tan x| + C.$

88. $\int \csc x \, dx = \ln\left|\tan\dfrac{x}{2}\right| + C = \ln|\csc x - \cot x| + C.$

89. $\int \sec^2 x \, dx = \tan x + C.$

90. $\int \csc^2 x \, dx = -\cot x + C.$

91. $\int \sec x \tan x \, dx = \sec x + C.$

92. $\int \csc x \cot x \, dx = -\csc x + C.$

93. $\int \sin^2 x \, dx = \dfrac{x}{2} - \dfrac{1}{4}\sin 2x + C.$

94. $\int \cos^2 x \, dx = \dfrac{x}{2} + \dfrac{1}{4}\sin 2x + C.$

95. $\int \sin^n x \, dx = -\dfrac{1}{n}\sin^{n-1} x \cos x + \dfrac{n-1}{n}\int \sin^{n-2} x \, dx.$

96. $\int \cos^n x \, dx = \dfrac{1}{n}\cos^{n-1} x \sin x + \dfrac{n-1}{n}\int \cos^{n-2} x \, dx.$

97. $\int \dfrac{dx}{\sin^n x} = -\dfrac{1}{n-1}\cdot\dfrac{\cos x}{\sin^{n-1} x} + \dfrac{n-2}{n-1}\int \dfrac{dx}{\sin^{n-2} x}.$

98. $\int \dfrac{dx}{\cos^n x} = \dfrac{1}{n-1}\cdot\dfrac{\sin x}{\cos^{n-1} x} + \dfrac{n-2}{n-1}\int \dfrac{dx}{\cos^{n-2} x}.$

99. $\int \cos^m x \sin^n x \, dx = \dfrac{1}{m+n}\cos^{m-1} x \sin^{n+1} x + \dfrac{m-1}{m+n}\int \cos^{m-2} x \sin^n x \, dx$

$= -\dfrac{1}{m+n}\cos^{m+1} x \sin^{n-1} x + \dfrac{n-1}{m+n}\int \cos^m x \sin^{n-2} x \, dx.$

100. $\int \sin ax \cos bx \, dx = -\dfrac{1}{2(a+b)}\cos(a+b)x - \dfrac{1}{2(a-b)}\cos(a-b)x + C,$
    $(a^2 \neq b^2).$

101. $\int \sin ax \sin bx \, dx = -\dfrac{1}{2(a+b)}\sin(a+b)x + \dfrac{1}{2(a-b)}\sin(a-b)x + C,$
    $(a^2 \neq b^2).$

102. $\int \cos ax \cos bx \, dx = \dfrac{1}{2(a+b)}\sin(a+b)x + \dfrac{1}{2(a-b)}\sin(a-b)x + C,$
    $(a^2 \neq b^2).$

103. $\int \dfrac{dx}{a + b\sin x} = \dfrac{2}{\sqrt{a^2 - b^2}}\arctan\dfrac{a\tan\dfrac{x}{2} + b}{\sqrt{a^2 - b^2}} + C \quad (a^2 > b^2).$

104. $\int \dfrac{dx}{a + b\sin x} = \dfrac{1}{\sqrt{b^2 - a^2}}\ln\left|\dfrac{a\tan\dfrac{x}{2} + b - \sqrt{b^2 - a^2}}{a\tan\dfrac{x}{2} + b + \sqrt{b^2 - a^2}}\right| + C \quad (a^2 < b^2).$

105. $\int \dfrac{\mathrm{d}x}{a+b\cos x} = \dfrac{1}{a+b}\sqrt{\dfrac{a+b}{b-a}}\ln\left|\dfrac{\tan\dfrac{x}{2}+\sqrt{\dfrac{a+b}{b-a}}}{\tan\dfrac{x}{2}-\sqrt{\dfrac{a+b}{b-a}}}\right|+C \quad (a^2<b^2).$

106. $\int \dfrac{\mathrm{d}x}{a+b\cos x} = \dfrac{2}{a+b}\sqrt{\dfrac{a+b}{a-b}}\arctan\left(\sqrt{\dfrac{a-b}{a+b}}\tan\dfrac{x}{2}\right)+C \quad (a^2>b^2).$

107. $\int \dfrac{\mathrm{d}x}{a^2\cos^2 x + b^2\sin^2 x} = \dfrac{1}{ab}\arctan\left(\dfrac{b}{a}\tan x\right)+C.$

108. $\int \dfrac{\mathrm{d}x}{a^2\cos^2 x - b^2\sin^2 x} = \dfrac{1}{2ab}\ln\left|\dfrac{b\tan x + a}{b\tan x - a}\right|+C.$

109. $\int x\sin ax\,\mathrm{d}x = \dfrac{1}{a^2}\sin ax - \dfrac{1}{a}x\cos ax + C.$

110. $\int x^2\sin ax\,\mathrm{d}x = -\dfrac{1}{a}x^2\cos ax + \dfrac{2}{a^2}x\sin ax + \dfrac{2}{a^3}\cos ax + C.$

111. $\int x\cos ax\,\mathrm{d}x = \dfrac{1}{a^2}\cos ax + \dfrac{1}{a}x\sin ax + C.$

112. $\int x^2\cos ax\,\mathrm{d}x = \dfrac{1}{a}x^2\sin ax + \dfrac{2}{a^2}x\cos ax - \dfrac{2}{a^3}\sin ax + C.$

（十二）含有反三角函数的积分（$a>0$）

113. $\int \arcsin\dfrac{x}{a}\mathrm{d}x = x\arcsin\dfrac{x}{a} + \sqrt{a^2-x^2} + C.$

114. $\int x\arcsin\dfrac{x}{a}\mathrm{d}x = \left(\dfrac{x^2}{2} - \dfrac{a^2}{4}\right)\arcsin\dfrac{x}{a} + \dfrac{x}{4}\sqrt{a^2-x^2} + C.$

115. $\int x^2\arcsin\dfrac{x}{a}\mathrm{d}x = \dfrac{x^3}{3}\arcsin\dfrac{x}{a} + \dfrac{1}{9}(x^2+2a^2)\sqrt{a^2-x^2} + C.$

116. $\int \arccos\dfrac{x}{a}\mathrm{d}x = x\arccos\dfrac{x}{a} - \sqrt{a^2-x^2} + C.$

117. $\int x\arccos\dfrac{x}{a}\mathrm{d}x = \left(\dfrac{x^2}{2} - \dfrac{a^2}{4}\right)\arccos\dfrac{x}{a} - \dfrac{x}{4}\sqrt{a^2-x^2} + C.$

118. $\int x^2\arccos\dfrac{x}{a}\mathrm{d}x = \dfrac{x^3}{3}\arccos\dfrac{x}{a} - \dfrac{1}{9}(x^2+2a^2)\sqrt{a^2-x^2} + C.$

119. $\int \arctan\dfrac{x}{a}\mathrm{d}x = x\arctan\dfrac{x}{a} - \dfrac{a}{2}\ln(a^2+x^2) + C.$

120. $\int x\arctan\dfrac{x}{a}\mathrm{d}x = \dfrac{1}{2}(a^2+x^2)\arctan\dfrac{x}{a} - \dfrac{a}{2}x + C.$

121. $\int x^2\arctan\dfrac{x}{a}\mathrm{d}x = \dfrac{1}{3}x^3\arctan\dfrac{x}{a} - \dfrac{a}{6}x^2 + \dfrac{a^3}{6}\ln(a^2+x^2) + C.$

（十三）含有指数函数的积分

122. $\int a^x\mathrm{d}x = \dfrac{1}{\ln a}a^x + C \quad (a>0\text{ 且 }a\neq 1).$

123. $\int \mathrm{e}^{ax}\mathrm{d}x = \dfrac{1}{a}\mathrm{e}^{ax} + C.$

124. $\int xe^{ax}dx = \frac{1}{a^2}(ax-1)e^{ax} + C.$

125. $\int x^n e^{ax}dx = \frac{1}{a}x^n e^{ax} - \frac{n}{a}\int x^{n-1}e^{ax}dx.$

126. $\int xa^x dx = \frac{x}{\ln a}a^x - \frac{1}{(\ln a)^2}a^x + C \quad (a>0 \text{ 且 } a \neq 1).$

127. $\int x^n a^x dx = \frac{1}{\ln a}x^n a^x - \frac{n}{\ln a}\int x^{n-1}a^x dx \quad (a>0 \text{ 且 } a \neq 1).$

128. $\int e^{ax}\sin bx\, dx = \frac{1}{a^2+b^2}e^{ax}(a\sin bx - b\cos bx) + C.$

129. $\int e^{ax}\cos bx\, dx = \frac{1}{a^2+b^2}e^{ax}(b\sin bx + a\cos bx) + C.$

130. $\int e^{ax}\sin^n bx\, dx = \frac{1}{a^2+b^2n^2}e^{ax}\sin^{n-1}bx(a\sin bx - nb\cos bx)$
$\qquad + \frac{n(n-1)b^2}{a^2+b^2n^2}\int e^{ax}\sin^{n-2}bx\, dx.$

131. $\int e^{ax}\cos^n bx\, dx = \frac{1}{a^2+b^2n^2}e^{ax}\cos^{n-1}bx(a\cos bx + nb\sin bx)$
$\qquad + \frac{n(n-1)b^2}{a^2+b^2n^2}\int e^{ax}\cos^{n-2}bx\, dx.$

（十四）含有对数函数的积分

132. $\int \ln x\, dx = x\ln x - x + C \quad (x>0 \text{ 且 } x \neq 1).$

133. $\int \frac{dx}{x\ln x} = \ln|\ln x| + C \quad (x>0 \text{ 且 } x \neq 1).$

134. $\int x^n \ln x\, dx = \frac{1}{n+1}x^{n+1}\left(\ln x - \frac{1}{n+1}\right) + C \quad (x>0 \text{ 且 } x \neq 1).$

135. $\int (\ln x)^n dx = x(\ln x)^n - n\int (\ln x)^{n-1}dx \quad (x>0 \text{ 且 } x \neq 1).$

136. $\int x^m (\ln x)^n dx = \frac{1}{m+1}x^{m+1}(\ln x)^n - \frac{n}{m+1}\int x^m (\ln x)^{n-1}dx \quad (x>0 \text{ 且 } x \neq 1).$

（十五）含有双曲函数的积分

137. $\int \text{sh}x\, dx = \text{ch}x + C.$

138. $\int \text{ch}x\, dx = \text{sh}x + C.$

139. $\int \text{th}x\, dx = \ln\text{ch}x + C.$

140. $\int \text{sh}^2 x\, dx = -\frac{x}{2} + \frac{1}{4}\text{sh}2x + C.$

141. $\int \text{ch}^2 x\, dx = \frac{x}{2} + \frac{1}{4}\text{sh}2x + C.$

(十六) 定积分

142. $\int_{-\pi}^{\pi} \cos nx \, dx = \int_{-\pi}^{\pi} \sin nx \, dx = 0.$

143. $\int_{-\pi}^{\pi} \cos mx \sin nx \, dx = 0.$

144. $\int_{-\pi}^{\pi} \cos mx \cos nx \, dx = \begin{cases} 0, m \neq n, \\ \pi, m = n. \end{cases}$

145. $\int_{-\pi}^{\pi} \sin mx \sin nx \, dx = \begin{cases} 0, m \neq n, \\ \pi, m = n. \end{cases}$

146. $\int_{0}^{\pi} \sin mx \sin nx \, dx = \int_{0}^{\pi} \cos mx \cos nx \, dx = \begin{cases} 0, m \neq n, \\ \pi/2, m = n. \end{cases}$

147. $I_n = \int_{0}^{\frac{\pi}{2}} \sin^n x \, dx = \int_{0}^{\frac{\pi}{2}} \cos^n x \, dx, I_n = \dfrac{n-1}{n} I_{n-2}, I_1 = 1, I_0 = \dfrac{\pi}{2}.$

参 考 文 献

[1] 吴传生. 经济数学——微积分[M]. 北京:高等教育出版社,2003.
[2] 周哲达. 微积分[M]. 北京:中国人民大学出版社,2005.
[3] 同济大学应用数学系. 高等数学(上)[M]. 第5版. 北京:高等教育出版社,2001.
[4] 贾晓峰,石冰. 微积分与数学模型(上)[M]. 北京:高等教育出版社,1999.
[5] 林益,李中林,金丽宏,等. 高等数学(上)[M]. 武汉:华中科技大学出版社,2008.
[6] 周德才,林益. 大学数学(文科)[M]. 北京:北京邮电大学出版社,2008.